电子商务人才培养系列教材·服务岗位群

国际贸易基础教程

杨 荔 主 编
张明萌 戴 岱 副主编
何文生 江学斌 主 审

電子工業出版社
Publishing House of Electronics Industry
北京 · BEIJING

内 容 简 介

本书分为四篇：第一篇为国际贸易买卖合同关系的建立；第二篇为国际贸易术语；第三篇为国际贸易买卖合同条款；第四篇为国际贸易买卖合同的履行。每篇按照知识的逻辑关系划分为若干模块，每个模块具体设计如下：案例导入、知识要点、思维导图、知识拓展、案例解析、模块训练。

本书不仅可作为职业院校国际商务、商务英语、电子商务类专业和其他相关财经类专业学生学习及自学用书，还可作为涉外考证培训国际商务基础知识的用书。为方便师生学习，本书配有微课资源和教学资料包，扫描书中二维码可获得微课资源，登录华信教育资源网（http://www.hxedu.com.cn）注册后可免费下载教学资料包。

图书在版编目（CIP）数据

国际贸易基础教程 / 杨荔主编. —北京：电子工业出版社，2021.4

ISBN 978-7-121-36309-2

Ⅰ. ①国… Ⅱ. ①杨… Ⅲ. ①国际贸易－职业教育－教材 Ⅳ. ①F74

中国版本图书馆 CIP 数据核字（2019）第 068285 号

责任编辑：罗美娜　　文字编辑：郑小燕
印　　刷：北京虎彩文化传播有限公司
装　　订：北京虎彩文化传播有限公司
出版发行：电子工业出版社
　　　　　北京市海淀区万寿路 173 信箱　邮编　100036
开　　本：787×1 092　1/16　印张：14.25　字数：364.8 千字
版　　次：2021 年 4 月第 1 版
印　　次：2024 年 9 月第 5 次印刷
定　　价：38.00 元

凡所购买电子工业出版社图书有缺损问题，请向购买书店调换。若书店售缺，请与本社发行部联系，联系及邮购电话：（010）88254888，88258888。

质量投诉请发邮件至 zlts@phei.com.cn，盗版侵权举报请发邮件至 dbqq@phei.com.cn。

本书咨询联系方式：（010）88254617，luomn@phei.com.cn。

前言

“国际贸易基础”是涉外贸易相关专业必须掌握的一门理论基础课程。该课程具有信息量大、理论性强和内容抽象的特点。目前的教材中多数侧重于对进出口贸易知识、政策法规等进行表述解释，教学活动的开展比较吃力。为适应我国外贸尤其是跨境电子商务发展的新形势，解决目前国际贸易基础知识教学过程中存在的问题，本教材结合企业实际工作特点并汲取各教材精华，重新构建教材顶层设计，在教材编排上有别于以往出版的教材，具有如下特点。

1．化繁为简

（1）框架脉络清晰。在整体编排上，按照国际贸易的业务流程、环节设计了国际贸易买卖合同关系的建立、国际贸易术语、国际贸易买卖合同条款、国际贸易买卖合同的履行四篇，将各业务环节的知识要点以模块形式展示，知识体系逻辑性强。

（2）符合认知规律。在模块单元设计中以案例为切入点，采用思维导图方式绘制出模块单元的逻辑知识点，梳理重点知识，有助于强化记忆和加深理解。

（3）内容新且实用。精心选择实际工作中最常用的知识、案例，以及考证的重点及难点作为知识要点，以最新的国际贸易惯例进行解释，力求贴近实际。

2．化难为易

本书在知识展示的处理上有两大亮点：一是概念表格化，将大量的基础性概念通过提炼共性的概念要素，分门别类归纳要素内容，以图表的方式直观地展示出来，易于辨识理解和记忆。二是解读精准化。知识要点解读是教材的核心内容，通过凝练概念内涵、实例解析、判断说明、比较图示、案例分析等多种形式对抽象的重点、难点进行全方位解析，做到理论联系实际，转抽象为具体，提高学习效率。

3．教材立体化

（1）扫描书中二维码可免费获得微课资源。

（2）配有教学资料包，登录华信教育资源网（http://www.hxedu.com.cn）注册后可免费下载。

教材具体编写分工如下：第一篇由杨荔、廖卓萍、赖佩琦编写；第二篇由张明萌编写；第三篇模块七、模块八、模块九、模块十由吴凤编写，模块十一、模块十三由赖佩琦编写，模块十二由潘柳静编写；模块十四、模块十五由覃艳冰编写，模块十六、模块十七由尹秀华编写，模块十八、模块十九由李颖编写；第四篇由陈琦编写。全书由杨荔负责总纂和修审，戴岱老师审阅了全稿，在此一并表示感谢。

本教材不仅可作为高职高专和中等职业技术学校的国际商务、商务英语、电子商务类专业和其他相关财经类专业学生学习及自学用书，还可作为涉外考证培训国际商务基础知识的用书。

本书在编写过程中参考了大量的资料，还引用了大量公司案例，由于编者水平有限，教材中难免有错漏之处，欢迎老师和同学们提出宝贵意见。

目　　录

FIRST CHAPTER

第一篇

国际贸易买卖合同关系的建立

模块一 询盘与发盘

案例导入

以下是一份传真的中文版，阅读完后请回答问题。

关于 SWC 糖

××省粮油进出口公司：

我们已收到你方 10 月 12 日关于要求向你方报出往比利时的食糖的贸易条件的来信，现报如下。

1. 商品：特级白砂糖
2. 包装：每 100 千克以新麻袋装
3. 数量：100000 公吨
4. 价格：每公吨 US＄120CIFC2%东京
5. 支付：不可撤销的跟单信用证
6. 装运：2018 年 5 月

该发盘有效期至 2017 年 12 月 5 日。

比利时进出口贸易公司

2017 年 11 月 25 日

请思考：

1. 10 月 12 日的信是合同磋商的哪一环节？它的实质是什么？11 月 25 日的传真是合同磋商的哪一个环节？该传真是否是有效发盘？

2. 指出发盘人、受盘人、交易条件。

知识要点

序　号	知　识	重 要 性
1	询盘与发盘的概念	★★★☆☆
2	构成有效发盘的条件	★★★★☆
3	发盘的撤回与撤销	★★★★★
4	发盘的有效期及效力的终止	★★★★☆

思维导图

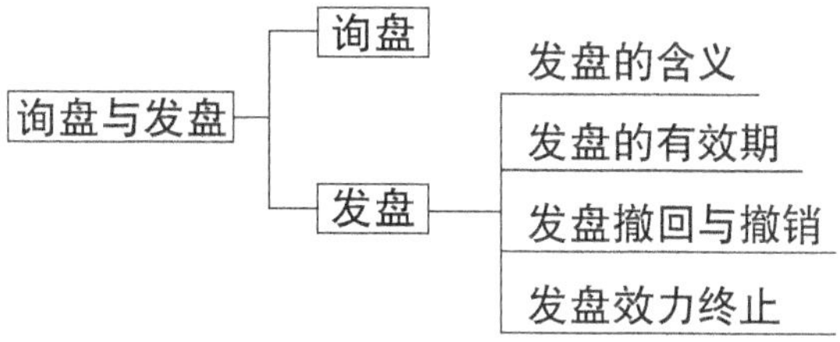

知识拓展

一、询盘

询盘（Enquiry）是准备购买或出售商品的人向潜在的供货商或买主询问该商品的成交条件或存在的交易可能性的业务行为。

询盘的内容可以涉及商品的规格、数量、品质、包装、价格和装运的成交条件，也可以索取样品，其中询盘大多数是询问价格，因此询盘也被称作询价。

知识要点解读

1. 询盘的发出者。

询盘可以由买方或卖方发出，例如：

（1）买方询盘：

例 1. PLS quote your lowest prices with CIF New York for 1500 PCS Butterfly Brand sewing machines May shipment.

请报 1500 台蝴蝶牌缝纫机 CIF 纽约最低价，5 月装运。

例 2. We are interested in your bicycle in the sample book. PLS send us your quotations.

我们对你方样品本里的自行车感兴趣，请寄报价单来。

（2）卖方询盘：

例 1. We are sending you here our latest catalog and price list.

随函附寄我方最新产品目录和价目表。

例 2. If any of our products are of interest to you, please send us your inquiry sheet.

若对任何产品感兴趣，请寄询价单。

2. 询盘表现形式。

买方询盘和卖方询盘表现形式不同。

（1）买方询盘表现为对某商品感兴趣，询问对方商品信息或交易条件。例如，了解商品规格、型号、价格等交易条件或索取样品。

在询盘中一般不直接用“询盘”术语，而通常使用下列句式表达：

Please advise…　　请告知……商品信息

Please quote…　　请报价……

We are in the market for ..., please send us your quotations.　我们欲购买……请寄报价单。

Interested...please quote us…　　对……感兴趣，请报出……

（2）卖方询盘表现为推销商品，吸引潜在消费者或主动提供商品信息给老客户的具体行为。如发促销函、在网上发布商品信息等。通常使用下列表达句式：

We can supply... 我方能提供……

We are sending you here our latest catalogue and price list.

随函附寄我方最新产品目录和价格表。

If any of our products are of interest to you, please give us your inquiry sheet.

若对任何产品感兴趣，请报出询价单。

思考：以下是询盘实例，请判断分别属于哪一方询盘。

Please quote lowest price CFR New York for 200 metric tons of walnut.

（请报 200 公吨核桃 CFR 纽约港最低价。）

We are interested in your Forever Brand Bicycle. Please quote your lowest price for 200 pieces CFR New York, for shipment during May/June. Please cable reply promptly.

（对贵方永久牌自行车感兴趣，请报 200 辆 CFR 纽约港最低价，5～6 月装运，尽速复。）

We can supply DC camera. Please cable us if you are interested.

（我方可供数码相机，若有兴趣请电告。）

3. 询盘不是法律步骤

询盘并不是每笔交易都要经过的程序，如果交易的双方对彼此的情况非常了解，则不需要使用询盘来探询成交条件和交易的可能性，可直接向对方做出发盘。它在法律上是不具有约束力的。

4. 若一方向另一方表达交易的愿望、希望及建议等均被视为邀请发盘，则不具备法律约束力。

思考：请参看一组电子邮件，思考 B 星期四的复电性质是什么。

（1）A 于星期三向 B 发电：“中国松香 W 级 100 吨，青岛仓库交货价，每公吨 500 美元，现货现金交易，星期五电复有效。”

（2）B 星期四复电：“中国松香 W 级 100 吨，青岛仓库交货价，每公吨 500 美元，现货现金交易，你能否同意两个月内交货？”

二、发盘

1. 发盘的含义

发盘（Offer）又称为发价或报价，法律上称为要约。《联合国国际货物销售合同公约》第 14 条第 1 款规定：“凡向一个或一个以上的特定的人提出的订立合同的建议，如果其内容十分确定并且表明要约人有在其发盘一旦得到接受就受其约束的意思，即构成发盘。”

知识要点解读

1. 发盘的发出者

发盘可以由卖方提出，也可以由买方提出，而后者习惯上称为递盘（Bid）。发盘的发出者与接收者分别被称为发盘人和受盘人，一笔交易可以经过多次反复的发盘。

2. 发盘的实例

OFFER 5000 DOZEN SPORT SHIRTS SAMPLED MARCH 15TH UED 84.50 PER DOZEN CIF NEWYORK EXPORTS STANDARD PACKING MAY/JUNE SHIPMENT IRREVOCABLE SIGHT L/C SUBJECT REPLY HERE 20TH.（兹发盘5000打运动衫，规格按3月15日样品，每打CIF纽约价84.50美元，标准出口包装，5～6月装运，以不可撤销即期信用证支付，限20日复到。）

3. 发盘是法律步骤

它是交易磋商环节中必不可少的步骤，具备法律约束力。

4. 构成有效发盘的必要条件

（1）发盘向一个或一个以上特定的人提出。也就是说，受盘人应是有具体名称的公司或个人。《联合国国际货物销售合同公约》第14条第2款规定："凡向一个或一个以上特定的人提出的建议，仅应视为邀请发盘，除非提出建议的人明确地提出表示相反的意向。"据此，对广大公众发出的商业广告一般情况下不是发盘。但是，如果商业广告的内容符合发盘的条件，并且刊登广告的人明确表示相反意愿，如"使用本产品无效，将补偿当事人某某金额"等，则这项建议可以作为一项发盘，而不是普通意义上的广告。

（2）发盘内容必须十分确定。发盘的内容主要是指交易条件。主要交易条件有品名、品质、数量、包装、价格、交货时间、交货地点及支付方式。根据《联合国国际货物销售合同公约》第14条第1款的规定，所谓十分确定，是指至少包括三个基本要素：

① 标明货物的名称；

② 明示或默示地规定货物的数量或规定数量的方法；

③ 明示或默示地规定货物的价格或规定确定价格的方法。

（3）发盘必须表明发盘人对其发盘一旦被受盘人接受即受约束的意思。这表明发盘的表述要明确并且是终局性的。不能出现"大概""可能""仅供参考""以我方最后确认为准"或出现其他保留条件，否则，这样的订约建议只是邀请对方发盘。

（4）发盘必须送达受盘人。根据《联合国国际货物销售合同公约》第15条的规定，发盘送达受盘人时生效。口头发盘应当场接受才有效。

2. 发盘的有效期

发盘的有效期（Duration of Offer）是指给予对方表示接受的时间限制，超过发盘规定的时限，发盘人即不受约束。当发盘未具体列明有效期时，受盘人应在合理时间内接受才能有效。

知识要点解读

1. 发盘可以不明确规定有效期

合理时间是指根据具体情况而定。根据《联合国国际货物销售合同公约》的规定，采用口头发盘时，除发盘人发盘时另有声明外，受盘人只能当场表示接受，方为有效。

2. 发盘也可以明确规定发盘的有效期

其规定方法有以下几种。

（1）规定最迟接受的期限。例如，限6月6日复，或限6月6日复到此地。当规定限6月6日复时，按有些国家的法律解释，受盘人只要在当地时间6月6日24点以前将表示接受的通知投邮或向电报局交发即可。但在国际贸易中，由于交易双方所在地的时间大多存在差异，所以发盘人往往采取以接受通知送达发盘人为准的规定方法。按此规定，受盘人的接受通知不得迟于6月6日内送达发盘人。

（2）规定一段接受的期限。例如，发盘有效期为6天，或发盘限8天内复。采取此类规定方法，其期限的计算，按《联合国国际货物销售合同公约》规定，这个期限应从电报交发时刻或信上载明的发信日期起算。如信上未载明发信日期，则从信封所载日期起算。采用电话、电传发盘时，则从发盘送达受盘人时起算。如果时限的最后一天在发盘人营业地是正式假日或非营业日，则应顺延至下一个营业日。

3. 发盘撤回与撤销

1）发盘的撤回

发盘的撤回（Withdrawal of Offer）是指在对受盘人尚未收到的发盘予以取消，阻止其生效的行为。

《联合国国际货物销售合同公约》第15条第2款规定：“一项发盘，即使是不可撤销的，也是可以撤回的，如果撤回通知在发盘到达受盘人之前或同时到达受盘人。”发盘的撤回是阻止发盘的生效。因此，发盘人如果想修改原发盘的内容，可以采用更加快捷的通信方式，将发盘的撤回通知或修改通知赶在原发盘到达受盘人之前或同时到达受盘人，就可以将原发盘撤回或进行修改。

2）发盘的撤销

发盘的撤销（Revocation of Offer）是指发盘已经送达受盘人，即发盘生效之后将其取消，使其失去效力的行为。

《联合国国际货物销售合同公约》第16条规定：“（1）在未订立合同之前，发盘可以撤销，如果撤销的通知于受盘人发出接受通知之前送达受盘人。（2）但在下列情况下，发盘不能撤销：① 发盘中写明了发盘的有效期或以其他方式表明发盘是不可撤销的；② 受盘人有理由信赖该发盘是不可撤销的，并且受盘人已本着对发盘的依赖行事。”

知识要点解读

（1）发盘撤回与撤销在时间及成立条件等方面有所不同，见表1-1。

表1-1 撤回与撤销的区别

项 目	撤 回	撤 销
行为时间	发盘在未生效之前可以撤回	发盘生效之后，受盘人未做出接受之前可以撤销
成立条件	发盘人发出撤回通知，撤回通知早于或同时于发盘到达受盘人	发盘人发出撤销通知，撤销通知早于接受通知送达受盘人
其他	注明不可撤销的发盘可以撤回	注明不可撤销的发盘不可以撤销
实例	A方于3月8日发盘给B方，3月10日到达B方，3月8日下午发出撤回通知，该通知3月9日到达B方	A方于3月8日发盘给B方，3月10日到达B方，3月11日发出撤销通知，3月12日到达B方

（2）《联合国国际货物销售合同公约》第 16 条中关于"受盘人有理由信赖该发盘是不可撤销的，并且受盘人已本着对发盘的依赖行事"的案例。

思考： B 公司欲参加一项工程的投标，向供货商 A 公司询问商品报价，在询盘中表明发盘是用来参加 6 月 11 日的投标，开标日期为 6 月 26 日。A 公司在 5 月 8 日向 B 公司发盘，6 月 2 日 A 公司发出撤销通知，B 公司不同意撤盘。6 月 26 日 B 公司中标，向 A 公司发出接受 5 月 8 日的发盘。试分析发盘能否撤销。

4．发盘效力终止

发盘效力终止简称发盘终止（Termination），是指发盘失去法律效力。发盘终止一般有以下几种原因：

（1）发盘在有效期内未被接受；

（2）发盘被有效撤销；

（3）受盘人拒绝或还盘；

（4）发生不可抗力事件，如国家突然颁布禁止进出口该发盘中商品的法令、战争、灾难、当事人丧失了行为能力、死亡、法人破产等。

在交易中，不论哪种原因导致发盘终止，发盘人均不再受其发盘的约束。

案例解析

1．10 月 12 日的信是合同磋商中的询盘环节，它的实质是邀请发盘。11 月 25 日的传真是合同磋商中的发盘环节，该传真是一份有效的发盘，完全符合构成有效发盘的条件。

2．其中比利时进出口贸易公司是发盘人，××省粮油进出口公司是受盘人，交易条件分别为品名、数量、包装、价格、支付、装运。

模块训练

一、单选题

1．构成一项有效发盘的条件中，不包括（　　）。

A．向一个特定的人发出

B．发盘必须送达受盘人

C．内容完整且明确肯定，并送达对方

D．表明受益人一旦接受发盘的内容时，发盘人当即受到约束

2．下列关于询盘的说法正确的是（　　）。

A．询盘就是发盘，邀请对方订立交易合同

B．询盘对询盘人具备法律约束力

C．询盘大多数是询问成交价格

D．询盘是交易的起点，是交易所必须经过的程序

3．按照《联合国国际货物销售合同公约》的解释，发盘于（　　）生效。

A．向特定的人发出时　　B．合理时间内

C．送达受盘人时　　D．受盘人收到并确认时

4．某公司对外发盘时规定了发盘的有效期，根据《联合国国际货物销售合同公约》的规定，这项发盘（　　）。

A．不得撤销　　B．可随意撤销

C．在对方表示接受前可以撤销　　D．撤销的通知先于发盘到达对方即可

5．我国甲进出口公司于 11 月 15 日上午 8:50 用电报向美国乙公司发出要约，规定承诺须于 11 月 20 日前到达甲公司才有效。11 月 18 日，甲公司同时接到乙公司的承诺和撤回承诺的通知。根据《联合国国际货物销售合同公约》的规定，在此情况下，（　　）。

A．该合同成立

B．该合同不成立

C．须甲公司同意乙公司撤回，该合同才不成立

D．须甲公司不同意乙公司撤回，该合同才成立

6．发盘的撤回与撤销的区别在于（　　）。

A．两者均发生在发盘生效前

B．两者均发生在发盘生效后

C．前者发生在发盘生效后，后者发生在发盘生效前

D．前者发生在发盘生效前，后者发生在发盘生效后

7．向一个或者一个以上的特定的人提出订立合同的意思表示为（　　）。

A．询盘　　B．发盘　　C．还盘　　D．接受

二、判断题

（　　）1．询盘无论是采用口头还是书面都同样具有法律约束力。

（　　）2．询盘就是询价，只能由买方发出，卖方接受。

（　　）3．发盘是国际贸易双方订立法律有效合同中不可缺少的环节和必经的法律步骤。

（　　）4．有询盘必须有发盘，二者紧密结合，缺一不可。

（　　）5．询盘仅仅表示一个愿望，不一定明确表示意向，只是一个邀请发盘，通常是交易的起点。

三、实操题

中国某出口公司 2018 年 2 月 10 日收到美国某商行 2 月 5 日的信函，在信函中该美国商行表示对该公司的男士纯棉衬衫（货号为 GS0）感兴趣，现索取商品的详细资料，要求寄送不同颜色的衬衫样品，如果质量和价格理想的话，想订购 1000 打，希望能进一步合作。现请以该美国商行业务员 Tony 的身份拟写一份询盘。

四、案例分析

1．请报 300 辆飞鸽牌自行车成本加运费至新加坡最低价，4 月装运，尽速电告。（Please quote lowest price CFR Singapore for 300 pcs Flying Pigeon Brand bicycles Apr shipment cable promptly.）

请问：上述电文内容属于交易磋商的哪一环节？请说明理由。

2．A 向 B 发盘，发盘中说："供应 50 台拖拉机，100 匹马力，每台 CIF 青岛 3500 美元，订立合同后两个月装船，不可撤销即期信用证付款，请电复。"B 收到发盘后，立即电复说："我接受你的发盘，在订立合同后立即装船。"但 A 未做任何答复。

请问：合同是否成立？请说明理由。

3．兹报 1000 打运动衫，规格按 3 月 15 日样品，每打 86.50 美元，CIF 纽约价标准出口包装，5～6 月装运，以不可撤销信用证支付，限 12 日复到。

请问：上述发盘是否有效？

模块二 还盘与接受

案例导入

海外A公司于2月15日向广东B公司发出询盘，有意订购货号为GSO的棉质男式T-shirt 1000打，希望B公司告知产品详细资料，并提供该型号不同颜色的T-shirt样品。2月19日B公司对A公司的询盘做出了发盘，要求对方订1000打货号GSO棉质男士T-shirt，每打120澳元CIF悉尼，要求以不可撤销的即期信用证支付，5月装运，以B公司在3月10日前回复有效。3月3日A公司进行了还盘，认为对方价格太高，报出每打110澳元CIF悉尼，其他条款不变，约定回复时间为一周内。3月5日B公司接到A公司的还盘后，未予表态，直到3月15日，看市场价格跌了才决定接受对方还盘，并寄送销售确认书，希望对方会签并邮寄一份供他们存档。

请思考： 本案例中交易双方交易合同是否成立？为什么？

知识要点

序　号	知　识	重要性
1	还盘与接受的概念	★★★☆☆
2	构成有效接受的条件	★★★★★
3	接受的生效时间	★★★★☆
4	逾期接受及接受撤回	★★★★☆

思维导图

- 还盘与接受
  - 还盘
  - 接受
    - 接受的含义
    - 逾期接受
    - 接受生效时间
    - 接受撤回

知识拓展

一、还盘

还盘（Counter-Offer）是指受盘人不同意或不完全同意发盘提出的条件，对发盘提出修改意见的行为，在法律上称为反要约。

知识要点解读

1. 还盘的行为表现

（1）拒绝。

（2）对发盘主要交易条件进行添加、限制或修改。

（3）有条件的接受。如受盘人在答复发盘人时，附加由“以最后确认为准”或“以购买数量为前提”等语句。

主要交易条件是指品名、价格、付款、质量、数量、保险、交货地点和时间、一方当事人对另一方当事人赔偿责任范围或解决争端方式等。

《联合国国际货物销售合同公约》第 19 条第 3 款规定：“受盘人对货物价格、付款、质量、数量、交货地点和时间、一方当事人对另一方当事人赔偿责任范围或解决争端等条件提出添加或更改，均视为实质上变更发盘的条件。”只要受盘人在实质上变更了发盘条件，即构成还盘。

思考： 我某公司与外商洽谈进口交易一宗，经往来磋商，就合同的主要条件全部达成协议，并规定合同的争议适用中国法律，但在最后一次我方所发的表示接受中列有“以签订书面合同为准”。事后对方拟就合同草稿要求我方确认，但由于对某些条款的措辞尚待进一步研究，故我方未及时给予答复。问：接受是否有效？

2. 还盘不是交易磋商必经步骤

还盘是对原发盘的否定，还盘的内容符合发盘条件，就构成新发盘，具有法律约束力；不符合发盘条件的，视为“邀请发盘”。

思考： A 公司 7 月 10 日收到 B 公司某商品的发盘，有效期至 7 月 26 日。7 月 22 日，A 公司电复：“如能把单价降低 5 美元，则可以接受。”对方没有回应。后因用货部门急需此货，并且该商品国际市场行情见涨，A 公司于 7 月 25 日又去电，表示同意对方 7 月 20 日发盘所提各项条件，对方称原发盘失效而不予考虑。问：此项交易是否达成？

二、接受

1. 接受的含义

接受（Acceptance）在法律上称为承诺，它表示受盘人在发盘规定的时间内，以声明或者行为的方式同意发盘提出的各项条件。表示接受，一般用“接受”（Accept）、“同意”（Agree）和“确认”（Confirm）等术语。

模块二　交易磋商接受的概念

知识要点解读

（1）接受的实质是对发盘表示同意。

（2）接受是交易磋商环节中必不可少的步骤，具有法律约束力。

（3）构成有效接受的必要条件。

① 人。接受必须是受盘人做出。任何特定受盘人以外的第三者对发盘所做的接受，都不是有效接受。

思考： A与B在茶楼谈生意，A向B做出发盘，B沉默。此时C听到了A的发盘，第二天向A表示接受。问：C的接受是否有效？B的沉默是否构成接受？

② 方式。接受的传递方式应符合要求。接受的方式有口头、书面、实际行动（如支付预付款、买方开立信用证、卖方开始生产等）。一般情况下，沉默或不行动不等于接受，除非有协议或买卖双方一直习惯该做法。

③ 内容。接受必须是同意发盘所提出的交易条件。对发盘内容作出的变更要分析判断是属于实质性变更还是非实质性变更。只接受发盘中部分内容、提出实质性修改、有条件接受，均视为实质性变更，构成还盘，原发盘失去法律效力。

《联合国国际货物销售合同公约》规定，若受盘人表示接受时，对发盘内容提出某些非实质性的添加、限制或更改，如要求增加单据份数、改变包装等，除非发盘人在不过分迟延的时间内反对其间的差异外，仍可构成有效接受。

思考：

（1）我国某出口公司于5月10日向外商发盘某商品每吨USD200 CFR Shanghai，5月15日复到有效。5月12日收到该外商发来电传称“接受USD180 CFR Shanghai”，我方公司未予答复。5月14日，该商品价格剧涨。外商于5月15日又向我方公司电传表示：“接受你方5月10日发盘，信用证已开出。”请问此项交易是否达成？

（2）外商A公司在某出口公司发盘的有效期内复电：“接受，请提供装箱单。”某出口公司着手备货，数日后，市场价格下跌，A公司以复电做了变更而出口公司未确认为由，坚持合同并未成立，双方对此发生争执。你认为如何处理？

④ 时间。接受必须在发盘的有效期内做出。逾期接受在法律上被视为无效接受或是构成一项新的发盘。

2．逾期接受

逾期接受（Late Acceptance），又称迟到的接受，是指如果接受通知未在发盘规定的时限或未在合理时间内送达发盘人的行为。

知识要点解读

（1）一般情况下，逾期接受是无效接受。

（2）特殊情况下，逾期接受仍然有效。

根据《联合国国际货物销售合同公约》第21条的规定，以下两种情况下，逾期接受仍有效。

① 发盘人认为该逾期接受仍然有效，并且毫不迟延地以口头或书面形式将此种意见通知受盘人。

② 载有逾期接受的信件或其他书面文件表明，它在传递正常的情况下是能够及时送达发盘人的，则此项逾期接受仍然有效，除非发盘人毫不迟延地以口头或书面形式通知受盘人，认为其发盘因逾期接受而失效。

思考： 我某公司拟向德国某公司出口一批钢材，我方发盘限7月5日复到有效，德商7月3日用电报表示接受，由于电信部门的原因，我方7月5日才收到接受通知。如果此时国际市场钢材价格猛涨，我方应如何处理？

（3）逾期接受是否有效，关键要看发盘人如何表态。如果发盘人不表态，上述两种情况产生的后果就是截然相反的。在第①种情况下，原发盘失效，双方不存在合同关系；在第②种情况下，逾期接受仍有效，则双方即可达成交易，确立合同关系。

鉴于发盘人对于逾期接受是否有效掌握主动权，为避免争议，对于逾期接受，发盘人最好明确通知受盘人是否承认该逾期接受。

3. 接受生效时间

接受生效时间，各地区法律有不同规定，英美法采用“投邮生效”，大陆法与《联合国国际货物销售合同公约》采取的是“到达生效”的原则。按照公约的规定，以声明表示的接受，于送达发盘人时生效，如口头接受立即生效、书信或电子数据到达之日生效；若以某种行为表示接受的，以行动做出时生效，如装运货物。

4. 接受撤回

接受在表示同意的通知送达发盘人时生效，《联合国国际货物销售合同公约》第22条规定：“撤回接受的通知在接受通知到达发盘人之前或与接受通知同时到达发盘人时，接受得以撤回。”

知识要点解读

1. 接受撤回成立条件

撤回或修改接受的通知先于接受或与接受通知同时送达发盘人，受盘人即可撤回或修改接受。

2. 接受可以撤回，但不能撤销

因为接受一经生效，合同关系即告成立，撤销接受无异于撤销合同。

思考： 10月1日：A邮寄一份实盘给B。10月8日：B收到实盘，立即用电报发接受通知。10月11日：B邮寄一份撤回通知。10月15日：A收到B的接受通知。10月16日：A收到B邮寄撤回通知。双方合同是否成立？

案例解析

A 公司与 B 公司合同关系不成立。根据《联合国国际货物销售合同公约》的规定，接受必须在发盘规定的有效期内送达发盘人。而本案例中，3 月 3 日 A 公司的还盘构成新的发盘，并规定一周内回复有效。而 B 公司在 3 月 15 日内做出接受，已经超过了 3 月 12 日有效期，因此接受无效，双方合同不成立，而 3 月 15 日的接受只能视为一项新的发盘。

模块训练

一、单选题

1. 接受生效的时间，各地区法律有不同规定，其中“投邮生效”原则是（　　）规定的。

A. 英美法　　B. 大陆法　　C. 公约　　D. 我国合同法

2. “××公司：你方 20 日传真收悉。请用纸箱包装。”这份传真属于（　　）。

A. 询盘　　B. 发盘　　C. 接受　　D. 还盘

3. 我 A 外贸公司于 5 月 10 日接到海外 B 公司 5 月 8 日发出的发盘函，5 月 12 日回函表示接受，B 公司于 5 月 14 日收到。则按照《联合国国际货物销售合同公约》的规定，A、B 两公司订立的合同生效时间应是（　　）。

A. 5 月 10 日　　B. 5 月 12 日　　C. 5 月 14 日　　D. 5 月 8 日

4.《联合国国际货物销售合同公约》规定，受盘人对发盘表示接受，可以有几种方式，下列（　　）方式不在其中。

A. 通过口头向发盘人声明　　B. 通过书面形式向发盘人声明

C. 通过沉默或不行为表示接受　　D. 通过实际行动表示接受

5. 受盘人对发盘表示接受，但要求将装运期由 6 月改为 5 月，这是（　　）。

A. 接受　　B. 还盘　　C. 承诺　　D. 询盘

6. 某公司对外发盘，可供 A 商品 100 公吨，每公吨 1000 美元。对方同意接受 A 商品 100 公吨，要求增加 20 公吨，这是（　　）。

A. 询盘　　B. 发盘　　C. 还盘　　D. 接受

7. 某公司向外商表示，可供鲜桃 1000 箱，装运期为 8 月，即期信用证支付，这是（　　）。

A. 承诺　　B. 还盘　　C. 发盘　　D. 询盘

8. 某公司对外报价，在发盘有效期内，政府颁布该商品的出口禁令，并于一个月后生效，该发盘是（　　）。

A. 有效发盘　　B. 失效发盘　　C. 发盘撤回　　D. 发盘撤销

二、多选题

1. 从法律上讲，要达成一项有效的合同，必不可少的环节是（　　）。

A. 询盘　　B. 发盘　　C. 还盘　　D. 再还盘

E. 接受

2．构成一项有效的接受要具备以下（　　）条件。

A．接受必须是由受盘人做出

B．发盘人不表示拒绝

C．接受的内容要与发盘的内容相符

D．接受的通知要在发盘的有效期内送达发盘人

E．受盘人表示接受

三、判断题

（　　）1．还盘就是还价，是发盘人对受盘人的交易条件的一种不完全接受。

（　　）2．在国际贸易实际业务中，只允许交易双方最多各还盘一次，然后洽商必须结束，结果要么合同订立，要么交易终止。

（　　）3．接受是交易的一方向另一方发出的询盘的一种肯定，无条件的同意，一旦接受，即宣告合同成立。

（　　）4．接受在本质上与还盘相反，接受之后洽商终止，双方必须按要求履行各自责任，同时享有相应的权利。

（　　）5．受盘人在发出接受后若后悔可以撤销接受，也可以撤回接受。

四、实操题

结合国际贸易中还盘的相关知识，将下列提供的英文翻译为中文。

1. Thank you for your e-mail of May 21. We learn that you are interested in our school tools, but you can’t accept our higher price of April 30.

2．Our quotation has been accepted by other clients, a great of orders have been bargained and large enquiries are pouring in our company.So we can’t cut down our price .

3．Please think better of above,we are looking forward to your early fax.

五、案例分析

1．A 向 B 发盘，发盘中说：“供应 50 台拖拉机，100 匹马力，每台 3500 美元 CIF 香港，订立合同后两个月装船，不可撤销即期信用证付款，请电复。”B 收到发盘后，立即电复说：“我接受你的发盘，在订立合同后立即装船。”但 A 未做任何答复。

请问：双方的合同是否成立？为什么？

2．中国 A 公司向国外询购某商品，不久接到法国 B 公司 3 月 20 日的发盘，有效期至 3 月 26 日。A 公司于 3 月 22 日电复：“如能把单价降低 5 美元，可以接受。”对方没有回应。后因用货部门要货心切，又鉴于该商品行市看涨，A 公司随即于 3 月 25 日又去电表示同意对方 3 月 20 日发盘所提各项条件。

请问：A 公司、B 公司交易双方合同是否成立？为什么？

3．中国某出口 A 公司对意大利 B 公司发出发盘限 10 日复电有效。9 日意大利 B 公司电报通知 A 公司接受发盘。由于电报局传递延误，A 公司于 11 日上午才收到对方的接受通知。而 A 公司在收到该通知前已获悉市场价格上涨，于是 A 公司立即复电 B 公司通知对方原发盘已失效。而 B 公司则认为合同已成立，A 公司应当履约。

请问：A 公司是否应该履行合约？为什么？

模块三　合同订立

案例导入

2018 年 2 月 10 日南京 A 公司向国外 B、C、D、E 公司邮寄本公司的商品价目表，2 月 16 日国外 B 公司来电称接受南京 A 公司对于型号 C15 产品 FOB 上海 15 美元/件的价格，南京 A 公司考虑到该商品国际价格猛涨，立即回电称价格 FOB 上海 16 元/件可以成交。国外 B 公司要求南京 A 公司以 FOB 上海 15 元/件交货，否则要承担赔偿责任。

请思考：双方合同是否成立？南京 A 公司应该赔偿吗？

知识要点

序　号	知　识	重　要　性
1	合同成立的时间	★★★☆☆
2	合同有效成立的条件	★★★★☆
3	合同的形式	★★★★☆
4	合同内容	★★★★★

思维导图

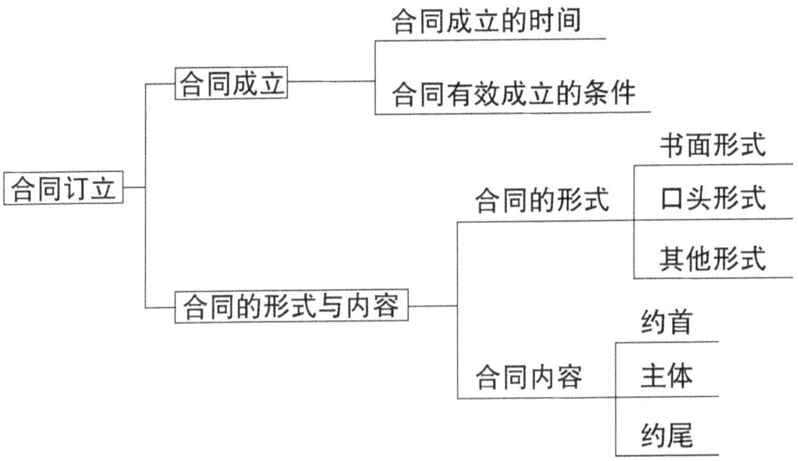

知识拓展

一、合同成立

1. 合同成立的时间

根据《联合国国际货物销售合同公约》的规定，接受送达发盘人时生效，接受生效的时间就是合同成立的时间，合同一经订立，买卖双方即存在合同关系，受到合同的约束。

知识要点解读

1. 从法律角度判读合同成立的时间有两个标准：

（1）有效接受的通知到达发盘人时，合同成立；

（2）受盘人做出接受行为时，合同成立。

2. 在实际业务中，大多数当事人约定合同成立的时间是：

（1）以签约时合同上所写明的日期为准；

（2）以收到对方确认合同的日期为准。

在上述两种情况下，买卖双方合同关系在签订正式书面合同时成立。

2. 合同有效成立的条件

买卖双方合同关系成立，并不意味着合同一定有效，一项有效合同需要具备相应的条件，才具有法律约束力，见表 1-2。

表 1-2 合同有效成立的五个条件

序号	内容	解读
1	当事人必须具有订立合同的行为能力	签订合同的当事人主要是自然人或法人。一般各国法律规定： （1）自然人签订合同的行为能力是指精神正常的成年人才能订立合同，如未成年人、精神病患者等，都被视为没有签订合同能力的人 （2）法人订立合同的行为能力是指法人必须通过其代理人在法人的经营范围内订立合同，越权的合同不能发生法律效力
2	合同必须有对价或约因	在买卖合同中，买方支付和卖方交货就是买卖合同的"对价"
3	合同内容必须合法	不得违反法律、违反公共秩序或政策、违反善良风俗或道德
4	合同必须符合法律规定的形式	（1）《联合国国际货物销售合同公约》对国际货物买卖合同的形式不加以限制 （2）我国《合同法》规定：我国对外订立、修改或终止合同，必须采用书面形式
5	合同当事人的意思必须真实	采取欺诈或者胁迫手段订立的合同无效

二、合同的形式与内容

1. 合同的形式

我国《合同法》规定，当事人订立合同的形式有书面形式、口头形式和其他形式。在国际贸易实务中，为了避免纠纷，确保合同有效，一般都采用正规的书面形式。

书面合同形式有以下几种：合同（Contract）、确认书（Confirmation）、协议（Agreement）、备忘录（Memorandum）、订单（Order）和委托订购单（Indent）等。

知识要点解读

1. 书面合同采用的主要形式

在我国对外贸易业务中，主要采用的书面合同是销售合同、销售确认书及协议书。

2. 实际工作操作

按照我国的商业惯例，签署合同一般有两种方式：

（1）交易当面成交的操作。由双方共同签署书面合同，合同、确认书和协议书通常都是一式两份，由双方分别签字后各执一份。

（2）通过函电往来成交的操作。一般由我方签署后，将正本一式两份送交外方签署后退回一份，以备存查，作为合同订立的证据和合同履行的法律依据。

3. 虽然各种形式的合同在格式、条款项目和内容的繁简上有所不同，但在法律上具有同等效力，对买卖双方均有约束力

2. 合同内容

书面合同不管采用哪种形式，其内容一般都包括约首、主体和约尾三个部分，见表 1-3。

表 1-3　书面合同的内容

序　号	名　称	内 容 要 素
1	约首	合同名称、合同编号、缔约日期、缔约地点、订约双方当事人的名称、地址和电传号码等
2	主体	具体列明交易的条件、条款，规定双方当事人的权利和义务，具体包括品名、品质或规格、数量或重量、包装、价格、交货、支付、运输、保险、检验、索赔、理赔、不可抗力和仲裁等条款
3	约尾	说明合同的份数、使用的方案及效力、订约日期、订约地点、缔约双方的盖章或签字等

知识要点解读

思考： 请指出合同样本中合同内容的三个组成部分。

SHANGHAI TOOL IMPORT & EXPORT CO.，LTD.

31, GANXIANG ROAD SHANGHAL, CHINA

SALES CONFIRMATION

TEL: 021-65756156　　S/C NO.: RT05342

FAX: 021-65756155　　DATE: Mar. 20TH, 2015

E-mail: STI@ 168.com　　P/I NO.: 20150320

TO:

MAMUT ENTERPRISE SAV

TARRAGONA75-3ER, BARCELONA, SPAIN

Dear Sirs,

We hereby confirm having sold to you the following goods on terms and conditions as specified below:

MARKS & NO	DESCRIPTIONS	QUANTITY	U/PRICE	AMOUNT
M.E BARCELONA C/NO.1-515	HAND TOOLS		FOB SHANGHAI	
	1) 9pc Extra Long Hex Key Set Packing: Plastic carton	1200 SETS	USD 1.76	USD 2 112
	2) 8pc Double Offset Ring Spanner Packing: Plastic carton	1200 SETS	USD 3.10	USD 3 720
	3) 12pc Double Offset Ring Spanner Packing: Plastic carton	800 SETS	USD 7.50	USD 6 000
	4) 12pc Combination Spanner Packing: Plastic carton	1200 SETS	USD 3.55	USD 4 260
	5) 10pc Combination Spanner Packing: Plastic carton	1000 SETS	USD 5.80	USD 5 800

Payment: IRREVOCABLE L/C 30 DAYS AFTER SIGHT.

Our bank information is as follows

1) Beneficiary : SHANGHAI TOOL IMPORT & EXPORT CO.，LTD

2) Bank name: BANK OF CHINA SHANGHAI BRANCH

3) Account NO.:97 148090235684

4) Switch code: BKCHCNBJ300

THE BUYER: MAMUT ENTERPRISE SAV JUN

THE SELLER: SHANGHAI TOOL IMPORT & EXPORT CO. LILI

案例解析

此案例涉及的是合同有效性与合同履行的相关内容。案例中 A 公司在 2 月 10 日发出的是询盘，2 月 16 日 B 公司向 A 公司发来的是发盘。面对 B 公司的发盘，A 公司选择了还盘，还盘实质就是对原发盘的拒绝，向对方提出了一项新的发盘，B 公司没有及时接受，合同就不成立。

在合同没订立的情况下，B 公司强制要求 A 公司按照原发盘来进行交易是不合理的，南京 A 公司不应该赔偿。

模块训练

一、单选题

1. 国际贸易合同的订立必须由（　　）签订。

A. 发盘人　　B. 受盘人　　C. 询盘人　　D. 发盘人和受盘人

2.《联合国国际货物销售合同公约》对合同的订立时间原则上采用（　　）。

A. 双方协商　　B. 合理时间段　　C. 接受送达时　　D. 交易完成时

3. 美国有关法律规定，只要是超过（　　）美元的货物买卖合同必须有书面文件为证，否则不得以法律强制执行。

A. 100　　B. 500　　C. 1000　　D. 10000

4. 只有（　　）才能为履行合约提供强有力的法律依据。

A. 口头承诺　　B. 风俗习惯　　C. 书面合同　　D. 社会道德

5.（　　）在法律上是合同的同义词，只要对买卖双方的权利和义务做出明确、具体和肯定的规定，一经双方签署确认，即与合同一样对买卖双方具有约束力。

A. 书面合同　　B. 协议　　C. 订单　　D. 确认书

二、多选题

1. 一般常用的书面合同有（　　）。

A. 销售合同　　B. 购货合同　　C. 确认书　　D. 意向书

E. 订单

2. 签订合同的当事人可以是（　　）。

A. 自然人　　B. 企业的授权代表

C. 未成年人　　D. 精神病患者

E. 被剥夺政治权利的犯人

3. 在国家贸易实际业务中书面合同的作用主要是（　　）。

A. 体现交易双方的资金实力　　B. 作为合同成立的证据

C. 作为履行合同的依据　　D. 作为合同生效的条件

E. 树立企业的品牌

4. 书面合同的格式一般由下列（　　）共同组成。

A. 抬头　　B. 称呼　　C. 约首　　D. 主体

E. 约尾

5. 在（　　）情况下订立的合同是无效的。

A. 欺诈威迫手段　　B. 精神失常

C. 损害国家利益　　D. 违反法律法规

E. 自然人签订的合同

三、判断题

（　　）1. 交易洽商中，凡是经过了发盘和接受两个环节的合同必然是有效的合同。

（　　）2. 签订合同的当事人必须是自然人或法人，只有精神状态正常的成人才能订立合同，未成年人、精神病人订立合同必须受到限制。

（　　）3．国际货物销售合同主要包括称呼、正文、结束语三个部分。

（　　）4．口头合同比书面合同效率更高、执行更方便，是最常见的合同形式。

（　　）5．品质、数量、日期、价格、包装、运输等条款应放在合同的主体部分。

四、实操题

我方某公司与美国A公司磋商进口计算机配件。经往来传真磋商，已就合同主要交易条件达成一致意见，但我方在最后给美方发出的表示接受的传真中列有“以签署确认书为准”之后，美方起草合同书寄给我方确认，我方在审核该合同时，发现有一些条款的措辞需要进一步商榷，因此未及时给予签字确认。此时该商品的市场价格趋疲，美方来电催促我方按合同书的规定开立信用证，但我方拒绝开证。

试分析我方拒绝开证是否合理并说明理由。

五、案例分析

1．我出口公司于5月10日向外商发盘某商品每公吨USD$200 FOB Shanghai，有效期至5月17日复到。5月12日收到该外商发来电传“接受USD$180 FOB Shanghai”，我方未予答复。后外商要求我方发货，我方拒绝，认为合同不成立，引起纠纷。

请就合同是否成立阐述你的观点及理由。

2．7月17日中国出口A公司向荷兰B公司电报发盘：“售农产品C514型号300吨即期装船，不可撤销即期信用证付款，每吨USD$900 CIF鹿特丹，7月25日前电复有效。”B公司于7月22日复电如下：“你7月17日发盘，我接受，要求提供产地证、植物检证明书和适合海洋运输的良好包装。”A公司接到B公司电报后立即发电表示不同意。7月26日B公司来电称：信用证已开，请及时办理装运。而A公司认为合同未成立，不同意装运。为此，双方就合同是否成立发生激烈的争论。

请就合同是否成立阐述你的观点及理由。

3．我国出口公司于4月11日向外商发盘小麦每公吨USD$300 CFR伦敦，有效期至4月18日复到。4月12日收到该外商发来电传称“接受USD$280 CFR伦敦”，我方未予答复。4月15日，该商品价格上涨。外商于4月16日又向我方电传表示“接受你方4月11日发盘，信用证已开出”。我方拒绝交货，认为合同不成立，引起纠纷。

请就合同是否成立阐述你的观点及理由。

SECOND CHAPTER

第二篇

国际贸易术语

模块四 贸易术语概述

案例导入

天津某外贸公司与美商签订进口合同，规定在美国旧金山的船上交货。新手业务员小李对选用 FOB San Francisco 术语还是 FOB Vessel San Francisco 术语产生了疑惑。

请思考：在北美，使用 FOB San Francisco 术语与使用 FOB Vessel San Francisco 术语有何区别？

知识要点

序　号	知　识	重 要 性
1	贸易术语的含义	★★★☆☆
2	贸易术语的国际惯例	★★★★☆
3	贸易术语分类	★★★★☆

思维导图

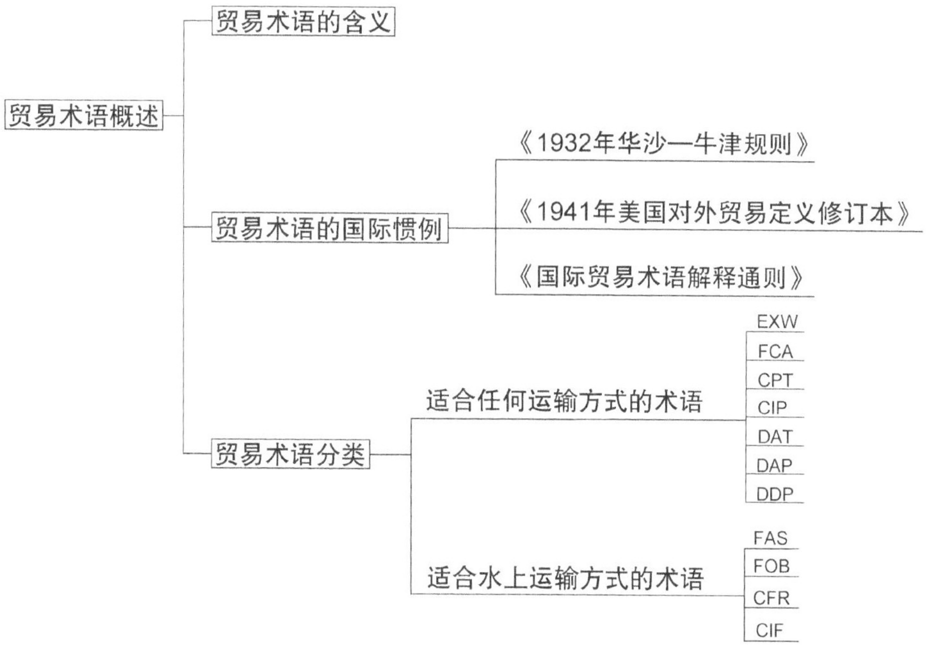

知识拓展

一、贸易术语的含义

贸易术语（Trade Terms），是指以简单的概念或三个英文大写字母，来说明价格的构成和买卖双方在货物交接、有关手续、费用和风险责任的划分。

知识要点解读

1. 贸易术语具有双重性质

（1）价格构成；

（2）明确交货条件（责任、风险、费用）。

2. 贸易术语的作用，归纳为四个“有利于”

（1）有利于买卖双方洽商交易和订立合同；

（2）有利于买卖双方核算价格和成本；

（3）有利于解决合同履约过程中的争议；

（4）有利于其他有关机构开展业务。

二、贸易术语的国际惯例

国际贸易惯例（International Trade Practice），一般是指在国际贸易业务中经反复实践并经国际组织加以编纂与解释的贸易习惯和一般做法，其主要由国际商会、国际法协会等国际组织及美国的一些商业团体制定。

目前，国际上常用的关于贸易术语的国际惯例主要有以下三种。

1.《1932 年华沙—牛津规则》（Warsaw Oxford Rules 1932）

这是国际法协会专门为解释 CIF 合同而制定的规则。《1932 年华沙—牛津规则》对 CIF 合同的性质、特点及买卖双方的权利和义务都做了具体的规定和说明，为那些按 CIF 贸易术语成交的买卖双方提供了一套可在 CIF 合同中易于使用的统一规则，供买卖双方自愿采用。该规则自 1932 年公布后，一直沿用至今。

知识要点解读

（1）国际贸易惯例不是法律，对贸易双方不具有强制性，双方均可采用。

（2）一旦交易双方约定使用某种国际贸易惯例，并写入合同中，这种惯例就具有法律上的约束力。

（3）《1932 年华沙—牛津规则》主要解释的是 CIF 合同。

2.《1941 年美国对外贸易定义修订本》（Revised American Foreign Trade Definitions 1941）

这是由美国九大商业团体在 1919 年共同制定的有关对外贸易定义的统一解释，供从事对外贸易人员参考使用，原名为《美国出口报价及其缩写条例》。后来于 1941 年在美国第

27 届全国对外贸易会议上团体对该条例做了修订，定名为《1941 年美国对外贸易定义修订本》。目前该条例在美国、加拿大和一些拉美国家使用。

知识要点解读

（1）《1941 年美国对外贸易定义修订本》对六种贸易术语做了解释，分别为：

Ex（Point of Origin）	原产地交货
FOB（Free on Board）	运输工具上交货
FAS（Free Alongside Ship）	运输工具旁边交货
C&F（Cost and Freight）	成本加运费
CIF（Cost,Insurance and Freight）	成本、保险费加运费
Ex Dock（named port of destination）	目的港码头交货

（2）将 FOB 分为六种类型，只有其中第五种 FOB Vessel 与《2010 年国际贸易术语解释通则》中的 FOB 含义大体相同，但仍有区别，两者区别见表 2-1。

表 2-1　两种国际惯例对 FOB 释义的比较

国际惯例	《2010 年国际贸易术语解释通则》	《1941 年美国对外贸易定义修订本》
表示方式	FOB（装运港）	FOB Vessel（装运港）
风险划分	装运港船上	装运港船舱
出口清关手续费用	卖方	买方

3.《国际贸易术语解释通则》（International Rules for the Interpretation of Trade Terms，INCOTERMS）

《国际贸易术语解释通则》是国际商会为统一各种贸易术语的不同解释于 1936 年制定的。随后，为适应国际贸易实践发展的需要，国际商会先后于 1953 年、1967 年、1976 年、1980 年、1990 年、1999 年和 2010 年进行了多次修订和补充。最后一次修订在 2010 年 9 月 27 日完成，于 2011 年 1 月 1 日正式生效。目前，《2010 年国际贸易术语解释通则》（以下简称《2010 年通则》）在国际上使用最广泛。

知识要点解读

（1）《2010 年通则》是目前国际上使用最广泛的国际贸易惯例。

（2）《2000 年通则》仍在沿用。

三、贸易术语分类

目前，国际上使用最广泛的是《2010 年通则》。《2010 年通则》中共有 11 种贸易术语，按照所适用的运输方式划分为两大类，见表 2-2。

表 2-2 《2010 年通则》中贸易术语一览表

组　别	术语简写	术语英文全称	术语中文译名
适合任何运输方式	EXW	Ex-Works	工厂交货
	FCA	Free Carrier	货交承运人
	CPT	Carriage Paid To	运费付至
	CIP	Carriage and Insurance Paid to	运费、保险费付至
	DAT	Delivered At Terminal	运输终端交货
	DAP	Delivered At Place	目的地交货
	DDP	Delivered Duty Paid	完税后交货
适合水上运输方式	FAS	Free Alongside Ship	装运港船边交货
	FOB	Free On Board	装运港船上交货
	CFR	Cost and Freight	成本加运费
	CIF	Cost, Insurance and Freight	成本、保险费加运费

案例解析

在北美国家的国际贸易中通常援引的国际惯例是《1941 年美国对外贸易定义修订本》。该惯例对于 FOB 术语有六种不同的解释，其中只有第五种 FOB Vessel 与国际贸易中一般通用的 FOB 的含义大体相同，其余五种 FOB 的含义则完全不同。因此，在和美国商定 FOB 进口合同时，应加上“Vessel”字样。

在本案例中，合同规定在美国旧金山的船上交货，应选用 FOB Vessel San Francisco。如使用 FOB San Francisco，卖方只负责把货物运到旧金山城内的任何场所即可，不负责把货物运到旧金山港口并交到船上。

模块训练

一、单选题

1.《1932 年华沙—牛津规则》是国际法协会专门为解释（　　）合同而制定的。

A. FOB　　B. CFR　　C. CIF　　D. FCA

2.《1941 年美国对外贸易定义修订本》对（　　）种贸易术语做出解释。

A. 6　　B. 3　　C. 4　　D. 5

3.《2010 年通则》共有（　　）种贸易术语。

A. 8　　B. 13　　C. 11　　D. 9

4.《1941 年美国对外贸易定义修订本》中的（　　）与《2010 年通则》中的 FOB 相近。

A. FOB Under Tackle　　B. FOB

C. FOB Vessel　　D. FOB Liner Terms

5.《1932 年华沙—牛津规则》是由（　　）制定的。

A. 国际商会　　B. 国际协会

C. 国际法协会　　D. 美国九大商业团体

二、多选题

1. 下列对《2010 年通则》描述正确的是（　　）。

A. 它由国际法协会制定

B. 它解释了 13 种贸易术语

C. 它解释了 11 种贸易术语

D. 它不是法律，对交易双方无法律约束力

2. 贸易术语在国际贸易中的主要作用是（　　）。

A. 简化交易手续　　B. 明确交易双方责任

C. 缩短磋商时间　　D. 节省费用开支

3. 国际贸易术语的两重性是指（　　）。

A. 它反映了交货时买卖双方的责任划分

B. 它反映了交货时买卖双方的风险划分

C. 它反映了交易商品价格中的费用构成

D. 它反映了交货的条件

4. 下列对国际贸易惯例描述正确的是（　　）。

A. 它是在国际贸易实践中逐渐形成的

B. 它是国际商会、国际法协会等国际组织制定的规则

C. 它对贸易双方有很大作用

D. 它对贸易双方有强制约束力

5. 有关贸易术语的国际惯例有（　　）。

A.《1932 年华沙—牛津规则》

B.《1941 年美国对外贸易定义修订本》

C.《2010 年通则》

D.《汉堡规则》

三、判断题

（　　）1. 国际贸易惯例对交易双方有强制约束力。

（　　）2.《1941 年美国对外贸易定义修订本》目前在美国、加拿大和一些拉美国家使用。

（　　）3.《1932 年华沙—牛津规则》主要解释 FOB 合同。

（　　）4.《2010 年通则》适用于水上运输方式，包括 FAS、FOB、CFR、CIF。

（　　）5.《2010 年通则》共有 13 种贸易术语，按照所适用的运输方式划分为两大类。

四、实操题

请根据《2010 年通则》中 11 种贸易术语的分类，填写表 2-3。

表 2-3 《2010 年通则》贸易术语分组一览表

组别	术语英文全称	术语简称	术语中文译名	所适用的运输方式
E 组	Ex-Works			
F 组	Free on Board			
	Free Alongside Ship			
	Free Carrier			
C 组	Cost and Freight			
	Cost, Insurance and Freight			
	Carriage Paid to			
	Carriage and Insurance Paid to			
D 组	Delivered At Place			
	Delivered At Terminal			
	Delivered Duty Paid			

模块五 主要贸易术语解释

案例导入

A 公司以 FOB 条件出口一批茶具，买方要求 A 公司代为租船，费用由买方负担。由于 A 公司在约定日期内无法租到合适的船，以致延误了装运期，买方以此为由提出撤销合同。

请思考： 买方的要求是否合理？

知识要点

序号	知识	重要性
1	装运港船上交货的三种常用贸易术语 FOB \ CFR \ CIF	★★★★★
2	货交承运人的三种贸易术语 FCA \ CPT \ CIP	★★★★★

思维导图

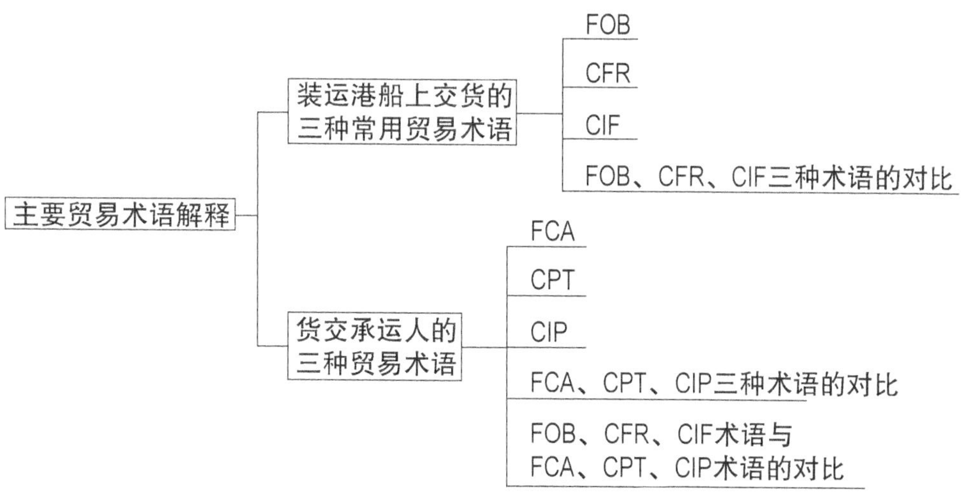

知识拓展

在《2010 年通则》解释的 11 种贸易术语中，最常使用的 6 种术语是 FOB、CFR、CIF、FCA、CPT 和 CIP。其中，FOB、CFR、CIF 是装运港船上交货的常用贸易术语，而 FCA、CPT 和 CIP 是货交承运人的常用贸易术语。

第二篇 模块五
FOB 术语

一、装运港船上交货的三种常见贸易术语

1. FOB

FOB 的全称是 Free On Board（...named port of shipment），中文名称是装运港船上交货（……指定装运港）。FOB 术语是指卖方在合同规定的装运期内，在指定的装运港，将货物交到买方指定的船上，卖方即完成交货义务。FOB 项下买卖双方的主要责任义务划分见表 2-4。

表 2-4 FOB 项下买卖双方的主要责任义务划分

责任、义务	卖　方	买　方
基本责任	按规定交货，移交单据	付款
进出口手续	办理出口清关手续，支付费用	办理进口清关手续，支付费用
租船订舱	不负责	租船订舱、支付运费
保险	不负责	办理保险、支付保险费
风险划分	承担货物在装运港装上船之前的一切风险	承担货物在装运港装上船之后的一切风险

如图 2-1 所示为 FOB 术语风险及责任的划分。

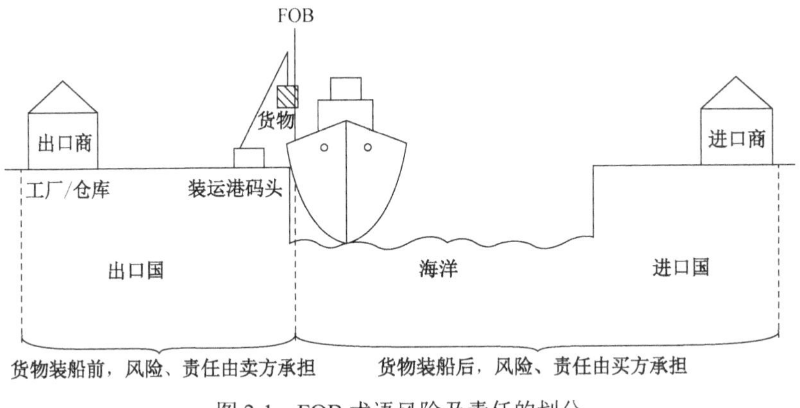

图 2-1 FOB 术语风险及责任的划分

注：在《2010 年通则》中，FOB 术语风险及责任的划分是以装运港船上为界的。

知识要点解读

1. FOB 术语含义的解读

（1）交货地点：装运港。

（2）风险划分界限：装运港船上。

（3）国际运输办理：买方负责。

（4）国际运输保险：买方自理。

（5）出口清关：卖方负责办理，并支付费用。

（6）进口清关：买方负责办理，并支付费用。

（7）适用范围：水上运输（海运和内河运输）。

（8）价格构成及费用：成本价+利润+其他费用。

2. 使用 FOB 术语时应注意的问题

（1）FOB 不能称为“离岸价”。若货船不能靠岸，用驳船将货物运至货船边以装上船为界，在此之前的费用应由卖方负担。

（2）卖方代办运输的责任。在以 FOB 条件成交的交易中，买方往往要求卖方代办运输事宜，卖方只提供服务，其风险和费用仍然由买方承担。

（3）做好船货衔接工作。由于在 FOB 条件下，是由买方负责安排货物的运输，买方要及时将船名和要求装货的具体时间、地点通知卖方，使卖方能按时做好交货准备。所以存在一个船货衔接的问题。根据有关法律和惯例，如买方指派的船只未按时到港接受货物，或者比规定的时间提前停止装货，或者买方未能及时发出派船通知，只要货物已被清楚地划出，或以其他方式确定为本合同项下的货物，由此产生的风险和费用均由买方承担。

3. 为解决装货费用由谁负担的问题，产生了 FOB 术语的变形

大宗商品按 FOB 术语成交时，买方通常采用租船运输，由于船方通常按不负担装卸条件出租船舶，买卖双方最容易产生争议的是装船费用、理舱费用、平舱费用由谁负担的问题。为了明确这些费用由谁承担，产生了 FOB 术语的变形。

（1）FOB 班轮条件（FOB Liner Terms）。按此术语，装船费用按班轮条件办理，卖方只负责将货物交到港口码头，装卸及平舱、理舱费均由支付运费的一方（买方）负担。

（2）船上交货并理舱（FOB Stowed 或 FOBS）。卖方负责将货物装上船，并支付包括理舱费在内的装船费用。此术语多用于杂货船运输。

（3）船上交货并平舱（FOB Trimmed 或 FOBT）。卖方负责将货物装入船舱，并支付包括平舱费在内的装船费用，多用于散装船运输。若买方租用自动平舱船，卖方应退回平舱费用。

（4）FOB 包括理舱、平舱（FOB Stowed and Trimmed）。卖方负责将货物装上船，并支付包括理舱费和平舱费在内的装船费用。

注意：

（1）FOB 术语的变形和 FOB 术语相比，只是在装船费用的支付上有些变化，在风险、责任划分上没有任何区别。

（2）只有 FOB 班轮条件的装船费用由买方负担，其余三种术语变形所涉及的装船费均由卖方负担。

思考： 国内某贸易货栈以 FOB 条件进口一批货物。在目的港卸货时，发现有几件货物外包装破裂，并且货物有被水浸泡的痕迹。经查证，货物是在装船时因吊钩不牢掉在甲板上摔破的，因包装破裂导致里面的货物被水浸泡。试分析该贸易货栈能否以对方未完成交货义务为由提出索赔。

2. CFR

CFR 的全称是 Cost and Freight（…named port of destination），中文名称是成本加运费（……指定目的港）。CFR 术语是指卖方在合同规定的装运期内，在指定装运港将货物装上船时，卖方即完成交货，买方承担货物在装船后的一切费用和货物灭失或损坏的风险及由

各种事件造成的任何额外费用，并负责租船订舱，支付货到目的港的正常运费。CFR 项下买卖双方的主要责任义务划分见表 2-5。

表 2-5　CFR 项下买卖双方的主要责任义务划分

责任、义务	卖　方	买　方
基本责任	按规定交货，移交单据	付款
进出口手续	办理出口清关手续，支付费用	办理进口清关手续，支付费用
租船订舱	租船订舱、支付运费	不负责
保险	不负责	办理保险、支付保险费
风险划分	承担货物在装运港装上船之前的一切风险	承担货物在装运港装上船之后的一切风险

如图 2-2 所示为 CFR 术语风险及责任的划分。

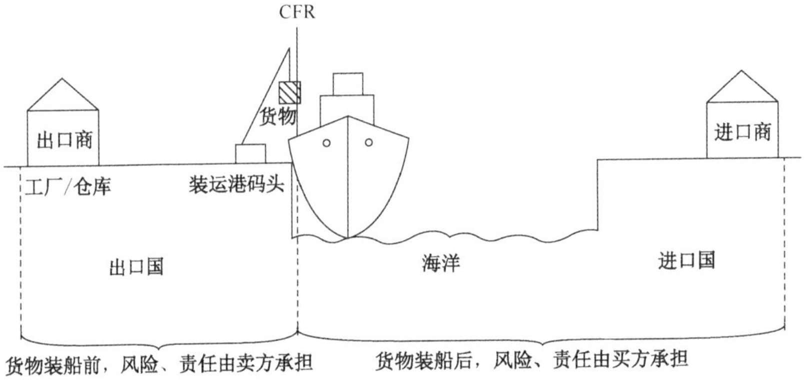

图 2-2　CFR 术语风险及责任的划分

注：在《2010 年通则》中，CFR 术语风险、责任的划分是以装运港船上为界的。

知识要点解读

1. CFR 术语解读

（1）交货地点：装运港。

（2）风险划分界限：装运港船上。

（3）国际运输办理：卖方负责。

（4）国际运输保险：买方自理。

（5）出口清关：卖方负责办理，并支付费用。

（6）进口清关：买方负责办理，并支付费用。

（7）适用范围：水上运输（海运和内河运输）。

（8）价格构成及费用：成本价+运费+利润+其他费用。

CFR 术语买卖双方只有一点与 FOB 不同，即租船订舱由卖方负责。

2. 使用 CFR 术语应注意的问题

（1）卖方必须及时发出装船通知，以便买方及时购买保险。

按照国际贸易惯例，合同的卖方都必须在货物装船后及时向买方发出装船通知，有些国外开来的信用证中规定受益人必须提供装船通知。在 CFR 合同中，卖方及时发出装船通知尤为重要，因为这关系到买方能否为进口货物及时办理保险。有些国家的法律，如英国《1893 年货物买卖法》（1973 年修订本）规定：如卖方未向买方发出装船通知，导致买方未对货物办理保险，那么，货物在海运途中的风险应由卖方负担。所以，在出口贸易中，作为 CFR 合同的卖方，一旦知道运载船名后应立即发出装船通知。出口商还应注意根据货源和船源的实际情况合理规定装运期。

思考：英国某公司与我国某公司签订一份 CFR 合同，由英国公司向我国公司出口化工原料。合同规定：英国公司 4 月交货。英国公司按合同规定时间交货后，载货船于当天起航驶往目的港青岛。5 月 10 日，英国公司向我公司发出传真，通知货已装船。我公司于当天向保险公司投保。但货到目的港后，经我公司检验发现，货物于 5 月 8 日在海上运输途中发生了损失。问题：上述运输期间发生的损失由哪一方承担？

（2）为解决卸货费用由谁负担的问题，产生了 CFR 术语的变形。

CFR 贸易术语下卖方负担的费用，只是在 FOB 基础上增加了运费。运费是指正常运费，不包括在运输途中可能发生的额外费用。在装运港的装船费用由卖方负担，货到目的港的卸货费可由买卖双方洽商如何支付。如果货物使用班轮装运，卸货费由卖方负担，因为班轮运费内已包括装船费和卸货费。如果是大宗货物，使用租船装运，那么买卖双方应对卸货费由何方负担进行商定。其方法可以在合同中用文字做具体规定，也可在 CFR 术语后增列附加条件，即采用 CFR 术语变形（这些变形同样适用于 CIF 术语）。

① CFR 班轮条件（CFR Liner Terms），指卸货费按班轮的办法处理，即卖方负担。

② CFR 舱底交货（CFR Ex Ship's Hold），指买方负担将货物从目的港船舱舱底起吊卸到码头的费用。

③ CFR 着陆费在内（CFR Landed），指由卖方负担到岸上为止的卸货费，包括从轮船到码头转运时可能发生的驳船费和码头捐税。

④ CFR 吊钩下交货（CFR Ex Tackle），卖方负担货物从舱底吊至船边卸离吊钩为止的费用。卖方必须及时发出装船通知，以便买方及时购买保险。如果卖方未向买方及时发出装船通知，导致买方漏保，货物在运输途中遭受损失或灭失均由卖方负担。

注意：

（1）CFR 术语的变形和 CFR 术语相比，只是在卸货费用的支付上有些变化，在风险、责任划分上没有任何区别。

（2）只有 CFR 班轮条件由卖方负担卸货费，其余三种均由买方负担。

3．CIF

CIF 的全称是 Cost、Insurance and Freight（...named port of destination），中文名称是成本、保险费加运费（……指定目的港）。CIF 术语是指卖方在合同规定的装运期内，在指定装运港将货物装上船时，卖方即完成交货，买方承担货物在装船后的一切费用和货物灭失或损坏的风险及由各种事件造成的任何额外费用，卖方负责租船订舱，支付货到目的港的正常运费，办理货运保险，支付保险费。CIF 项下买卖双方的主要责任义务划分见表 2-6。

表 2-6　CIF 项下买卖双方的主要责任义务划分

责任、义务	卖　方	买　方
基本责任	按规定交货，移交单据	付款
进出口手续	办理出口清关手续，支付费用	办理进口清关手续，支付费用
租船订舱	租船订舱、支付运费	不负责
保险	办理保险、支付保险费	不负责
风险划分	承担货物在装运港装上船之前的一切风险	承担货物在装运港装上船之后的一切风险

如图 2-3 所示为 CIF 术语风险及责任的划分。

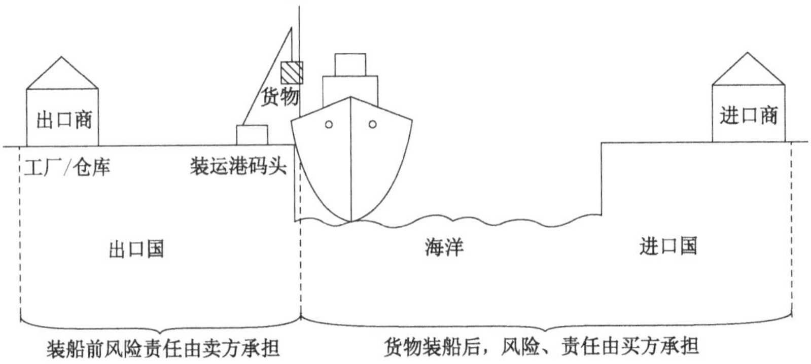

图 2-3　CIF 术语风险及责任的划分

注：在《2010 年通则》中，CIF 术语风险、责任的划分是以装运港船上为界的。

知识要点解读

1. CIF 术语解读

（1）交货地点：装运港。

（2）风险划分界限：装运港船上。

（3）国际运输办理：卖方负责。

（4）国际运输保险：卖方负责。

（5）出口清关：卖方负责办理，并支付费用。

（6）进口清关：买方负责办理，并支付费用。

（7）适用范围：水上运输（海运和内河运输）。

（8）价格构成及费用：成本价+运费+保险费+利润+其他费用。

CIF 术语买卖双方责任与 FOB 不同之处：租船订舱和办理保险均由卖方负责。

2. 使用 CIF 术语应注意的问题

（1）CIF 不是“到岸价”。

这是因为该术语的风险界限是装运港的船上，卖方不负责将货物安全运达目的港。在 CIF 条件下，卖方只需要负担正常运费和保险费，不负担诸如转船、绕航等产生的额外费用，以及根据需要加保各种特殊附加险而支付的保险费。

（2）CIF 是一种典型的“象征性交货”。

所谓象征性交货，是针对实际交货（Physical Delivery）而言的，主要是指卖方按合同规定在装运港将货物装船，并提交了全套合格单据后，即使货物中途灭失，卖方也完成了交货义务，无须保证到货，可凭有关单据结汇。反之，卖方提交的单据不符合合同或信用证要求，即使货物安全到达目的地也不算完成交货义务，也不能结汇，买方可以拒绝付款。CIF 术语下，卖方凭单交货，买方凭单付款；卖方只保证按时交货，但不保证按时到货，交单即视为交货；买方凭单付款，而非凭货付款。

思考： 我公司以 CIF 术语出口一批货物，我方按期将货物装上船，并取得全套合格单据。不料货物出运后，船触礁沉没，货物灭失。随后买方以货物灭失且 CIF 是到岸价为由，拒绝付款赎单。请问：该案例应如何处理？

（3）卖方的投保属于代办性质，投最低险别。

由于货物装上船以后的风险由买方承担，因此在实际业务中若在装船以后发生了承保范围内的风险，是由买方凭卖方转让的保单向保险公司索赔的。所以在 CIF 条件下，卖方实质上是代买方办理保险，支付保险金额。按照《2010 年通则》对 CIF 的解释，在没有其他明确协议的情况下，卖方只需投保最低程度的险别。

思考： 我国某外贸公司向日本商人以 CIF 价格出售蘑菇罐头，有关被保险人均办理了保险手续。这批货物自启运地仓库运往装运港的途中遭受损失。请问：这笔交易中应由谁办理货运保险手续？该货物损失的风险与责任由谁承担？保险公司是否给予赔偿？并简述理由。

（4）为解决卸货费用由谁负担的问题，产生了 CIF 术语的变形。CIF 术语的变形和 CFR 术语内容一致。

4. FOB、CFR、CIF 三种术语的对比

FOB、CFR、CIF 的异同点，见表 2-7。

表 2-7　FOB、CFR、CIF 的异同点

内　容		术　语		
		FOB	CFR	CIF
不同点	1. 表达式	FOB（装运港）	CFR（目的港）	CIF（目的港）
	2. 运输	买方	卖方	卖方
	3. 保险	买方	买方	卖方
	4. 价格	成本价	成本 + 运费	成本 + 运费 + 保险费
	5. 术语变形	明确装货费	明确卸货费	明确卸货费
相同点	1. 交货地点	装运港		
	2. 风险点	装运港船上		
	3. 运输方式	水上运输（海运和内河运输）		
	4. 进出口手续	出口清关手续均由卖方办理，进口清关手续均由买方办理		
	5. 术语性质	象征性交货		
	6. 合同性质	装运合同		

二、货交承运人的三种贸易术语

1. FCA

FCA 的全称是 Free Carrier(...named place)，中文名称是货交承运人(……指定装运地)。

承运人是指在任何运输合同中，承诺通过铁路、公路、空运、海运、内河运输或上述运输的联合方式履行运输的人。

FCA 术语是指卖方必须在合同规定的期限内，在指定地点将经出口清关的货物交给买方指定的承运人监管，并负担货物交由承运人监管为止的一切费用和货物灭失或损坏的风险。FCA 项下买卖双方的主要责任、义务划分见表 2-8。

表 2-8　FCA 项下买卖双方的主要责任、义务划分

责任、义务	卖　方	买　方
基本责任	按规定交货，移交单据	付款
进出口手续	办理出口清关手续，支付费用	办理进口清关手续，支付费用
租船订舱	不负责	办理运输、支付运费
保险	不负责	办理保险、支付保险费
风险划分	承担货物交给承运人之前的一切风险和费用	承担货物交给承运人之后的一切风险和费用

如图 2-4 所示为 FCA 术语风险及责任的划分。

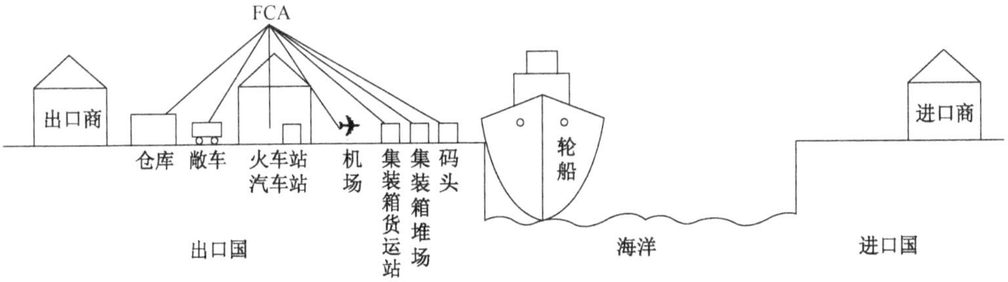

图 2-4　FCA 术语风险及责任的划分

注：在《2010 年通则》中，FCA 术语风险及责任的划分是以货物交给承运人为界的。货物交给承运人之前的风险及责任由卖方承担。货物交给承运人之后的风险及责任由买方承担。

知识要点解读

1. FCA 术语解读

（1）交货地点：指定装运地。

（2）风险划分界限：货交第一承运人。

（3）国际运输办理：买方负责。

（4）国际运输保险：买方自理。

（5）出口清关：卖方负责办理，并支付费用。

（6）进口清关：买方负责办理，并支付费用。

（7）适用范围：任何运输方式。

（8）价格构成及费用：成本价+利润+其他费用。

2. FCA 术语与 FOB 术语的异同

FCA 术语与 FOB 术语在买卖双方风险、责任、费用的划分上基本相同，但在适用范围、交货点和风险划分界限等方面存在不同之处，见表 2-9。

表 2-9 FCA 术语与 FOB 术语的比较

项目		FCA	FOB
不同点	表达式	FCA（装运地）	FOB（装运港）
	适用范围	任何运输方式	水上运输
	交货地点	指定地点	装运港
	风险划分界限	货交承运人	装运港装上船
相同点	买卖双方风险、责任、费用的划分基本相同		

3. 使用 FCA 术语应注意的问题

（1）交货地点影响装卸问题。

使用 FCA 术语时，卖方在其所在地交货，应负责装货；卖方在任何其他地点交货，不负责卸货。

（2）FCA 条件下的风险转移问题。

由于 FCA 适用于任何运输方式，买卖双方的风险划分均是以货交承运人为界的。如果买方未能及时向卖方通知承运人名称及有关事项，致使卖方不能如约将货物交给承运人，自规定的交货日期或期限届满之日起，将由买方承担货物灭失或损坏的一切风险。

思考：我方某公司出口手表到印度，按 FCA Shanghai Airport 签约，交货期为 8 月。出口企业 8 月 31 日将该手表运到上海虹桥机场并由航空公司收货开具航空运单。我方即电传印度发出装运通知。9 月 2 日手表抵达孟买，将到货通知连同发票和航空运单送交孟买××银行。该银行即通知印商提货、付款，但印商以延迟交货为由拒绝提货及付款。试分析印商拒绝提货及付款的理由是否合理。

（3）关于运输问题。

① FCA 术语适用于任何运输方式，包括多式联运。若实际工作中采用集装箱运输时，需要选用 FCA 术语。

② FCA 术语可以由卖方代办运输。FCA 术语是由买方负责订立运输合同、指定承运人的。如果卖方被要求协助与承运人订立运输合同，只要买方承担风险和费用，卖方可以办理，也可以拒绝。如果卖方拒绝，应及时通知买方。

2. CPT

CPT 的全称是 Carriage Paid To（...named place of destination)，中文名称是运费付至（……指定目的地）。CPT 术语是指卖方须支付货物运至指定目的地的运费。在货物交由承运人监管时，货物灭失或损坏的风险及其他额外费用均从卖方转移至买方。CPT 项下买卖双方的主要责任、义务划分见表 2-10。

表 2-10 CPT 项下买卖双方的主要责任、义务划分

责任、义务	卖 方	买 方
基本责任	按规定交货，移交单据	付款
进出口手续	办理出口清关手续，支付费用	办理进口清关手续，支付费用
租船订舱	办理运输、支付运费	不负责
保险	不负责	办理保险、支付保险费
风险划分	承担货物交给承运人之前的一切风险和费用	承担货物交给承运人之后的一切风险和费用

如图 2-5 所示为 CPT 术语风险及责任的划分。

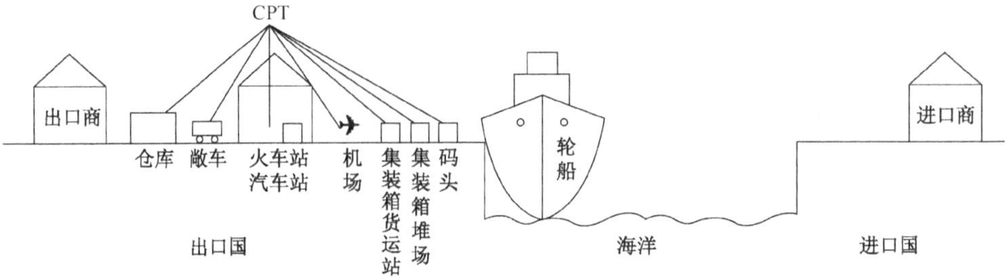

图 2-5　CPT 术语风险及责任的划分

注：在《2010 年通则》中，CPT 术语风险及责任的划分是以货物交给承运人为界的。货物交给承运人之前的风险及责任由卖方承担。货物交给承运人之后的风险及责任由买方承担。

知识要点解读

1. CPT 术语解读

（1）交货地点：指定装运地。

（2）风险划分界限：货交第一承运人。

（3）国际运输办理：卖方负责。

（4）国际运输保险：买方自理。

（5）出口清关：卖方负责办理，并支付费用。

（6）进口清关：买方负责办理，并支付费用。

（7）适用范围：任何运输方式。

（8）价格构成及费用：成本价+运费+利润+其他费用。

CPT 与 FCA 的不同之处只有一点：CPT 由卖方办理运输，而 FCA 由买方办理。

2. 使用 CPT 术语应注意的问题

（1）风险划分的界限问题。

根据《2010 年通则》的规定，卖方只承担货物交给承运人控制之前的风险。在多式联运方式下，卖方只承担货物交给第一承运人控制之前的风险，货物自交货地至目的地的运输途中的风险由买方承担。

思考： 我国 A 公司按 CPT 条件出口 2000 吨小麦给国外 B 公司。A 公司按规定的时间和地点将 5000 吨散装小麦装到火车上，其中的 2000 吨属于卖给 B 公司的小麦。待货物抵达目的地后，由货运公司负责分拨。A 公司装船后及时给 B 公司发出了装运通知。承载火车在途中遇险，使该批货物损失了 3000 吨，剩余 2000 吨安全抵达目的地。而卖方不予交货，声称卖给 B 公司的 2000 吨小麦已经全部灭失，而且按照 CPT 合同，货物风险已经在装运地交至火车时即转移给 B 公司，卖方对此项损失不负任何责任。试分析 B 公司能否收取 2000 吨小麦。

（2）责任和费用的划分问题。

由卖方负责订立运输合同，并负担从交货地点到指定目的地的正常运费。正常运费之外的其他有关费用，一般由买方负担。货物的装卸费用可以包括在运费中，由卖方负担，也可由买卖双方在合同中另行约定。

（3）使用 CPT 术语应及时发出交货通知。

CPT 术语实际上是 CFR 术语在适用的运输方式上的扩展。CFR 术语只适用于水上运输方式，而CPT术语适用于任何运输方式。两者在买卖双方义务划分原则上是完全相同的，卖方只负责货物的运输，买方负责货物的运输保险。因此，在使用CPT术语时，卖方在交货后应及时通知买方，以便买方投保。

思考：加拿大某出口商同时与一个日本进口商和一个韩国进口商分别签订了3000公吨和2000公吨的小麦出口合同，合同中皆规定采用CPT条件。由于两份合同交货时间相近，且又在同一地点分别交付指定的承运人，因而，按照约定的时间，卖方将5000公吨小麦使用同一运输工具一同运往指定的地点，并打算货到后再进行分拨。然而，由于运到指定地点时天色已晚，来不及划分货物，而卖方又有急事需要连夜返回，在这种情况下，卖方遂将全部货物交付给两承运人，请他们第二天自行划分。没想到当天晚上突降暴雨，存放小麦的仓库进水，小麦损失了2500公吨。对此，韩、日两进口商均以货物未特定化为由要求卖方赔偿，而卖方认为已将货物交付承运人处置，风险已转移，其不应承担损失责任。试问：（1）CPT术语下，买卖双方的责任和义务如何划分？（2）本案例中，卖方是否完成了交货义务？风险是否已转移给买方？

3. CIP

CIP的全称是Carriage and Insurance Paid to（...named place of destination），中文名称是运费、保险费付至（……目的地）。CIP术语是指卖方须承担除了在CPT术语下同样的义务外，还须对货物在运输途中灭失或损坏的买方风险进行货物保险，订立保险合同，并支付保险费。CIP项下买卖双方的主要责任、义务划分见表2-11。

表2-11 CIP项下买卖双方的主要责任、义务划分

责任、义务	卖 方	买 方
基本责任	按规定交货，移交单据	付款
进出口手续	办理出口清关手续，支付费用	办理进口清关手续，支付费用
租船订舱	办理运输、支付运费	不负责
保险	办理保险、支付保险费	不负责
风险划分	承担货物交给承运人之前的一切风险和费用	承担货物交给承运人之后的一切风险和费用

如图2-6所示为CIP术语风险及责任的划分。

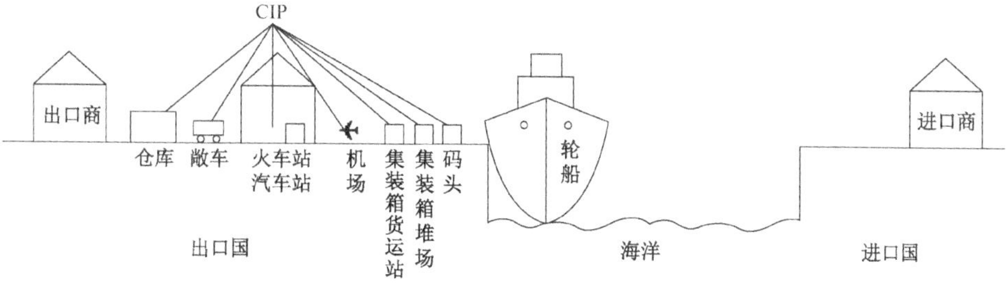

图2-6 CIP术语风险及责任的划分

注：在《2010年通则》中，CIP术语风险及责任的划分是以货物交给承运人为界的。货物交给承运人之前的风险及责任由卖方承担。货物交给承运人之后的风险及责任由买方承担。

知识要点解读

1. CIP术语解读

（1）交货地点：指定装运地。

（2）风险划分界限：货交第一承运人。

（3）国际运输办理：卖方负责。

（4）国际运输保险：卖方办理。

（5）出口清关：卖方负责办理，并支付费用。

（6）进口清关：买方负责办理，并支付费用。

（7）适用范围：任何运输方式。

（8）价格构成及费用：成本价+运费+保险费+利润+其他费用。

CIP与FCA的不同之处：运输和保险均由卖方办理。

2. 使用CIP术语应注意的问题

（1）卖方的投保属于代办性质。

按CIP术语成交的合同，由卖方负责办理货物运输保险，并支付保险费。但是，货物从交货地点运往目的地途中的风险则由买方承担。所以，卖方的投保仍属于代办性质。

（2）投保最低险别。

根据《2010年通则》的规定，与CIF术语相同，如果买卖双方没有在合同中约定具体的投保险别，卖方按惯例投保最低的险别即可。如买卖双方有约定，则按双方约定的险别投保。保险金额一般在合同价格的基础上加成10%。

（3）应合理地确定价格。

与FCA术语相比，CIP条件下卖方要承担较多的责任和费用。CIP的价格构成中包括运费和约定的保险费。所以，卖方在对外报价时，要认真核算运费和保险费，并考虑运费和保险费的变动趋势。

4. FCA、CPT、CIP三种术语的对比

FCA、CPT、CIP的异同点，见表2-12。

表2-12　FCA、CPT、CIP的异同点

内容		术语		
		FCA	CPT	CIP
不同点	1. 表达式	FCA（装运地）	CPT（目的地）	CIP（目的地）
	2. 运输	买方	卖方	卖方
	3. 保险	买方	买方	卖方
	4. 价格、费用	成本价	成本 + 运费	成本 + 运费 + 保险费
相同点	1. 交货地点	指定装运地		
	2. 风险点	指定装运地货物交给承运人		
	3. 运输方式	任何运输方式		
	4. 进出口手续	出口清关手续均由卖方办理，进口清关手续均由买方办理		
	5. 术语性质	象征性交货		
	6. 合同性质	装运合同		

5. FOB、CFR、CIF 术语与 FCA、CPT、CIP 术语的对比

FOB、CFR、CIF 与 FCA、CPT、CIP 术语的异同点，见表 2-13。

表 2-13　FOB、CFR、CIF 与 FCA、CPT、CIP 术语的异同点

		FOB、CFR、CIF	FCA、CPT、CIP
不同点	1. 运输方式	海洋运输和内河运输	任何运输方式
	2. 表达式	FOB（装运港） CFR（目的港） CIF（目的港）	FCA（装运地） CPT（目的地） CIP（目的地）
	3. 交货地点	出口国装运港船上	承运人的运输工具上或承运人控制下
	4. 风险、费用转移界限	装运港船上	卖方将货物交由承运人保管时转移至买方
	5. 装卸货费用负担	通过价格术语的变形或合同的具体规定来确定	装卸货费用均由支付运费的一方承担（没有术语变形）
	6. 运输单据	卖方一般提供海运提单	卖方提交的运输单据因运输方式的不同而不同，如铁路运单、航空运单、国际多式联运单据等
	7. 运费负担	从装运港到目的港的海运运费	包括从出口国指定地点到进口国指定地点，中间可能涉及几种不同的运输方式
	8. 保险的内容	主要涉及海洋货物运输保险	涉及各种运输方式下的货物保险
相同点		1. 买卖双方的责任、义务相似	
		2. 术语价格构成相似	

知识要点解读

近年来，FCA、CPT、CIP 术语在实际工作中使用的比例不断上升，采用 FCA、CPT、CIP 术语成交对卖方有以下好处：

（1）灵活选用运输方式。卖方可以任意选用合适的运输方式，不一定使用海运；

（2）提前转移风险。卖方只要将货物交给承运人风险就转移给了买方；

（3）降低费用。卖方不用承担将货物运至装运港的费用；

（4）提前收汇。卖方将货物交给承运人后，就可以到当地指定银行交单结汇，而不必等到货物装船后取得海运提单才制单结汇，大大缩短了结汇时间。

思考： 我国青海地区一家公司向美国出口农产品，我国公司提出 FCA 西宁成交，而美国提出 FOB 大连成交。试分析哪种条件对我国公司有利。

案例解析

不合理，风险应由买方承担。根据《2010 年通则》的规定，在 FOB 价格条件下，卖方

A 公司没有租船的义务。买方委托卖方 A 公司办理租船订舱属于代办性质，风险和费用仍由买方承担。如果卖方 A 公司租不到船无须承担后果，买方无权撤销合同或者要求索赔。

模块训练

一、单选题

1.《2010 年通则》共包括（　　）种贸易术语。

A. 10　　B. 13　　C. 11　　D. 9

2. 根据《2010 年通则》的解释，以 CIF 汉堡成交，卖方对货物所承担的风险界限（风险责任）是（　　）。

A. 货物在装运港装上船以前　　B. 货物在装运港卸下卖方车辆以前

C. 货物在目的港卸货越过船舷以前　　D. 货物在目的港装上买方车辆以前

3. 根据《2010 年通则》C 组中包括（　　）种贸易术语。

A. 2　　B. 3　　C. 4　　D. 5

4. 一般情况下，在以 FOB 贸易术语成交的合同中，货物的价格构成是（　　）。

A. 成本　　B. 成本 + 运费

C. 成本 + 保险费　　D. 成本 + 运费 + 保险费

5. 根据《2010 年通则》的解释，CIF 术语与 CFR 术语的主要区别在于（　　）。

A. 办理租船订舱的责任方不同　　B. 办理货运保险的责任方不同

C. 风险划分的界限不同　　D. 办理出口手续的责任方不同

6. 在一般情况下，按 CFR 贸易术语成交的合同中，不应计入货物价格的是（　　）。

A. 货物成本　　B. 运费　　C. 保险费　　D. 各项出口税费

7. 在使用（　　）贸易术语进行交易时，卖方及时向买方发出“已装船通知”至关重要，因为它将直接影响买卖双方在运输途中的风险承担。

A. CIP　　B. FOB　　C. FCA　　D. CFR

8. FOB 术语与 CFR 术语相比，主要区别在于（　　）。

A. 适用的运输方式不同　　B. 办理出口手续的责任方不同

C. 负责订立运输合同的责任方不同　　D. 风险和费用是否同时转移不同

9. 根据《2010 年通则》的解释，FOB 和 FCA 的主要区别是（　　）。

A. 适用的运输方式不同　　B. 办理出口手续的责任方不同

C. 负责订立运输合同的责任方不同　　D. 风险和费用是否同时转移不同

10. 如果合同中规定装船费用由支付运费的一方负担，这属于（　　）。

A. CIF 舱底交货　　B. FOB 班轮条件

C. CIF 卸到岸上　　D. CIF 班轮条件

二、多选题

1. 适用于水上运输的贸易术语有（　　）。

A. FOB　　B. CFR　　C. CIF　　D. CIP

2．适用于任何运输方式的贸易术语有（　　）。

A．FCA　　B．FOB　　C．CIP　　D．CPT

3．根据《2010年通则》的解释，CIP、CPT与FCA的相同之处表现在（　　）。

A．交货地点相同　　B．风险划分界限相同

C．买方承担责任相同　　D．使用的运输方式相同

4．根据《2010年通则》的解释，下列术语中风险划分以货交承运人为界的有（　　）。

A．CPT　　B．FCA　　C．CFR　　D．FOB

5．根据《2010年通则》的解释，CPT和CFR的相同之处表现在（　　）。

A．两者均由卖方负责订立自装运地至目的地的运输契约并负担正常运费

B．两者均由买方承担货物运输途中的风险

C．风险转移的界限均为交货地随交货义务的完成而转移

D．按两者订立的合同均属装运合同

三、判断题

（　　）1．在出口贸易中，要尽量选择我方责任、费用和风险较少的贸易术语。

（　　）2．以CIF和CIP术语成交时，卖方购买保险属于代办性质。

（　　）3．FCA、CPT和CIP三个贸易术语在风险的划分上是一样的。

（　　）4．把CIF称作“到岸价”，理所当然包括成本、运费和保险费。

（　　）5．以CIF条件成交，卖方在装船后至交单这段时间内，如果货物发生灭失或损坏，应由卖方负责。

四、实操题

1. FOB、CFR、CIF三个贸易术语有何不同点和相同点？完成表2-14、表2-15的内容。

表2-14　FOB、CFR、CIF三个贸易术语的不同点

贸易术语	术语后注地点	卖方义务	卖方承担的费用	价格构成

表2-15　FOB、CFR、CIF三个贸易术语的相同点

运输方式	交货地点	风险划分界限

2．FCA、CPT、CIP三个贸易术语有何不同点和相同点？完成表2-16、表2-17的内容。

表2-16　FCA、CPT、CIP三个贸易术语的不同点

贸易术语	术语后注地点	卖方义务	卖方承担的费用	价格构成

表 2-17　FCA、CPT、CIP 三个贸易术语的相同点

运输方式	交货地点	风险划分界限

五、案例分析

1. 我国某外贸公司以 FOB 条件向美国出口一批圣诞节装饰品，合同签订后我方接到美方来电，称租船比较困难，委托我方代为租船，有关费用由买方负担。我方经过多方面考虑，为了方便履行合同，接受了美方的要求，但此时已临近装运期，我方在规定的装运港无法租到合适的船，此时买方坚决不同意更换装运港，因此到装运期时，货仍未装船。买方因耽误圣诞节销售，来函以我方未按期租船履行交货义务为由撤销合同。请问：我方应如何处理？

2. 我国天津某外贸公司出口一批瓷器，以 CFR 术语成交。我方按期在装运港装船后，业务人员忘记向买方发出装船通知，即着手准备向买方收款。一周后，买方来电向我方提出索赔，称货物在海上运输途中损毁。买方称因卖方未发出装运通知，故没有投保，发生的损失应由卖方承担。我方认为 CFR 术语下货物越过船舷后，风险就由我方转移给了买方，因此货物在海上运输途中的损失不应由我方承担。请问：我方所述是否有理？为什么？

3. 我国某公司按 FCA 条件向南非出口一批钢材，合同规定 5 月装运，我方积极备货，但直至 5 月 31 日，仍未收到买方发来关于承运人名称及有关事项的通知。6 月 3 日，储存货物的仓库发生火灾，货物全部焚毁。请问：关于此项货损，我方可否向进口方索赔？

模块六 其他贸易术语解释

案例导入

广东某创世纪贸易有限公司派小李协助处理与日本某公司的一笔出口业务。如果该创世纪公司希望在自己的工厂交接货物，应该使用什么术语？如果日本该公司希望在自己的工厂交接货物，又该使用什么术语？

请思考：选择不同的术语会有怎样的区别？

知识要点

序　号	知　识	重 要 性
1	EXW 与 FAS	★★★★☆
2	D 组贸易术语 DAT、DAP、DDP	★★★★☆

思维导图

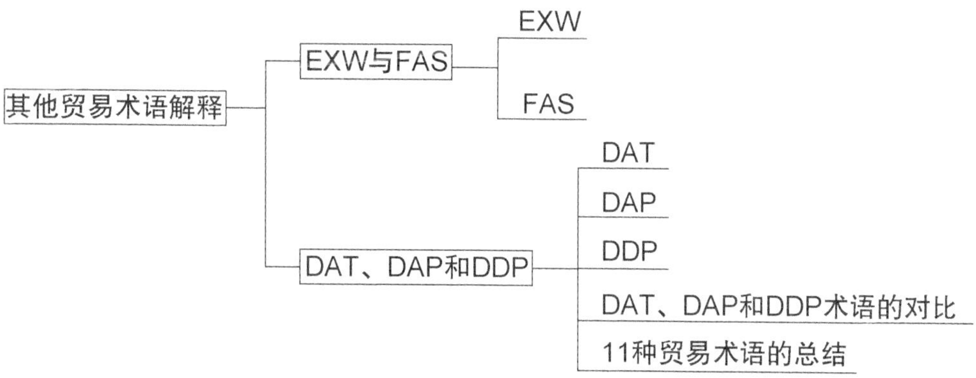

知识拓展

一、EXW 与 FAS

1．EXW

EXW 的全称是 Ex-Works（...named place），中文名称是工厂交货（……指定地点）。

EXW 术语指卖方在其所在处所（工厂、仓库等）将货物提供给买方时，即履行了交货义务，并负担货物交由承运人监管为止的一切费用和货物灭失或损坏的风险。按这种贸易术语成交，卖方承担的责任、风险及其费用类似于国内贸易，仅限于出口国内的交货地点。EXW 项下买卖双方的主要责任、义务划分见表 2-18。

表 2-18　EXW 项下买卖双方的主要责任、义务划分

责任、义务	卖　方	买　方
基本责任	按规定交货，移交单据	付款、接单、提取货物
进出口手续	不负责	办理进、出口清关手续，支付费用
租船订舱	不负责	办理运输、支付运费
保险	不负责	办理保险、支付保险费
风险划分	承担货物交给买方处置前的一切风险和费用	承担货物交给买方处置后的一切风险和费用

如图 2-7 所示为 EXW 术语风险及责任的划分。

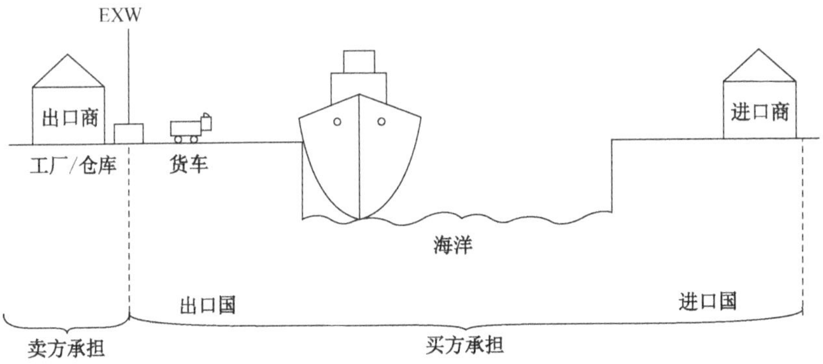

图 2-7　EXW 术语风险及责任的划分

注：在《2010 年通则》中，EXW 术语风险及责任的划分是在卖方所在的处所（工厂、仓库等）货交买方处置时为界的。

知识要点解读

1. EXW 术语解读

（1）交货地点：商品产地、所在地。

（2）风险划分界限：国内工厂或仓库。

（3）国际运输办理：买方负责。

（4）国际运输保险：买方自理。

（5）出口清关：买方负责办理，并支付费用。

（6）进口清关：买方负责办理，并支付费用。

（7）适用范围：任何运输方式。

2. 使用 EXW 术语应注意的问题

（1）EXW 是在 11 个贸易术语中，买方承担责任、风险、费用最大的术语，卖方承担责任、风险、费用最小的术语。

（2）EXW 是在 11 个贸易术语中，唯一由买方办理货物的出口清关手续的术语。在成交之前，买方应了解出口国政府的有关规定。当买方无法做到直接或间接办理货物出口手续时，则不宜采用这一术语成交。在这种情况下，最好选用 FCA 术语。

（3）关于 EXW 术语中货物的装运问题。

按照《2010 年通则》的解释，卖方没有装货义务，若由卖方装货，则应由买方承担相关风险和费用。

思考：有一份出售茶叶的合同，采用 EXW 条件，数量为 10000 千克，总值为 25000 美元，合同规定买方应于 10 月提取货物，卖方于 10 月 8 日将提货单交付给买方，买方也已付清货款。但买方直到 10 月 31 日尚未提走货物，于是卖方将茶叶搬到存放牛皮的仓库与牛皮一起存放。当买方于 11 月 15 日提货时，发现有 10%的茶叶已与牛皮串味而失去商销价值，对此双方发生争议。试分析卖方是否需要承担责任。

2. FAS

FAS 的全称是 Free Alongside Ship（…named port of shipment），中文名称是船边交货（……指定装运港）。FAS 是指卖方在装运港将货物放置码头或将货物放置船边，即完成了交货义务。但装船的责任和费用由买方来负担。FAS 项下买卖双方的主要责任、义务划分见表 2-19。

表 2-19 FAS 项下买卖双方的主要责任、义务划分

责任、义务	卖 方	买 方
基本责任	按规定交货，移交单据	付款、接单、提取货物
进出口手续	办理出口清关手续，支付费用	办理进口清关手续，支付费用
租船订舱	不负责	办理运输、支付运费
保险	不负责	办理保险、支付保险费
风险划分	承担货物交给船边之前的一切风险和费用	承担货物交给船边之后的一切风险和费用

如图 2-8 所示为 FAS 术语风险及责任的划分。

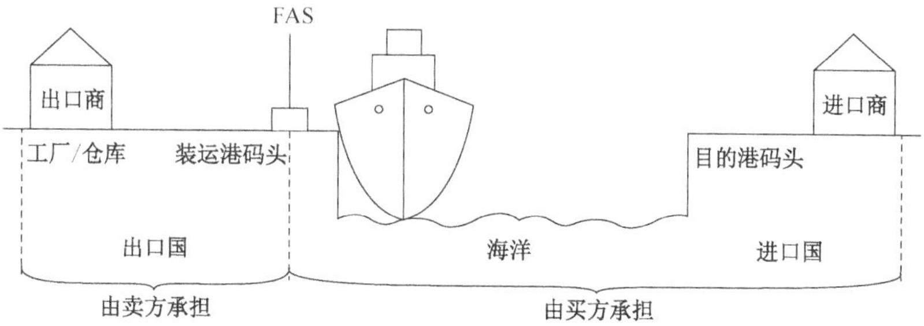

图 2-8 FAS 术语风险及责任的划分

注：在《2010 年通则》中，FAS 术语风险及责任的划分是以船边为界的。

知识要点解读

1. FAS 术语解读

（1）交货地点：装运港船边。

（2）风险划分界限：装运港船边。

（3）国际运输办理：买方负责。

（4）国际运输保险：买方自理。

（5）出口清关：卖方负责办理，并支付费用。

（6）进口清关：买方负责办理，并支付费用。

（7）适用范围：水上运输（海运和内河运输）。

2. 使用 FAS 术语应注意的问题

FAS 术语与 FOB 术语含义最接近。主要区别在于，FAS 术语的交货点和风险点在装运港船的船边，而 FOB 术语的交货点和风险点在装运港船上。其他注意问题与 FOB 一样。

二、DAT、DAP 和 DDP

1. DAT

DAT 的全称是 Delivered At Terminal（…named place），中文名称是运输终端交货（……指定地点）。DAT 是指卖方在规定时间将货物运到指定的港口或目的地指定运输终端，将货物从抵达的载货运输工具上卸下，交由买方处置时，即视为卖方已完成交货义务，完成出口清关手续。卖方承担将货物送至指定港口或目的地的运输终端并将其卸下的一切风险。DAT 项下买卖双方的主要责任、义务划分见表 2-20。

表 2-20　DAT 项下买卖双方的主要责任、义务划分

责任、义务	卖　方	买　方
基本责任	按规定交货，移交单据	付款、接单、提取货物
进出口手续	办理出口清关手续，支付费用	办理进口清关手续，支付费用
租船订舱	办理运输、支付运费	不负责
保险	自理	不负责
风险划分	承担货物在指定运输终端卸下后交到买方处置之前的一切风险和费用	承担货物在指定运输终端卸下后交到买方处置之后的一切风险和费用

如图 2-9 所示为 DAT 术语风险及责任的划分。

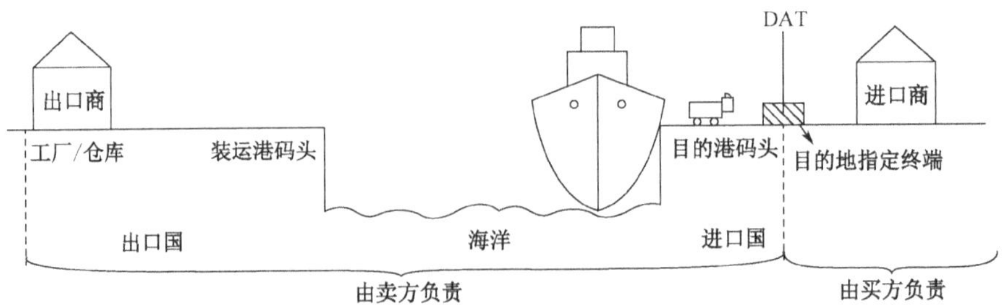

图 2-9　DAT 术语风险及责任的划分

注：在《2010 年通则》中，DAT 术语风险及责任的划分是以目的地指定终端（需要卸货）为界的。

知识要点解读

1. DAT 术语解读

（1）交货地点：目的地指定终端。

（2）风险划分界限：目的地指定终端交货（含卸货）。

（3）国际运输办理：卖方负责。

（4）国际运输保险：卖方自理。

（5）出口清关：卖方负责办理，并支付费用。

（6）进口清关：买方负责办理，并支付费用。

（7）适用范围：任何运输方式。

2. 使用 DAT 术语应注意的问题

（1）指定终端一定要明确具体。

“运输终端”是指任何地点，不论该地点是否封闭，如码头、仓库、集装箱堆场，或公路、铁路、空运的货站。为避免产生纠纷，在运输合同中一定要尽量详细地说明这个终端是在目的地的哪里。

（2）使用 DAT 术语时，卖方要将货物送至运输终端并负责卸货。

（3）卖方没有订立保险合同的义务，但运输途中的风险由卖方承担。卖方承担将货物送至指定港口或目的地的运输终端并将其卸下的一切风险，此后的风险由买方承担。

（4）若双方希望由卖方承担自运输终端至另一地点间运送和受理货物的风险和费用，则应使用 DDP 或 DAP 术语。

2．DAP

DAP 的全称是 Delivered at Place（...named port of destination），中文名称是目的地交货（……指定地点）。此术语是指卖方要负责将合同规定的货物运到指定的目的地，将抵达的仍处于运输工具上的，且已做好卸货准备的货物交由买方处置时，即视为卖方完成了交货义务。DAP 项下买卖双方的主要责任、义务划分见表 2-21。

表 2-21　DAP 项下买卖双方的主要责任、义务划分

责任、义务	卖　方	买　方
基本责任	按规定交货，移交单据	付款、接单、提取货物
进出口手续	办理出口清关手续，支付费用	办理进口清关手续，支付费用
租船订舱	办理运输、支付运费	不负责
保险	自理	不负责
风险划分	承担货物在指定目的地交买方处置之前的一切风险和费用	承担货物在指定目的地交买方处置之后的一切风险和费用

如图 2-10 所示为 DAP 术语风险及责任的划分。

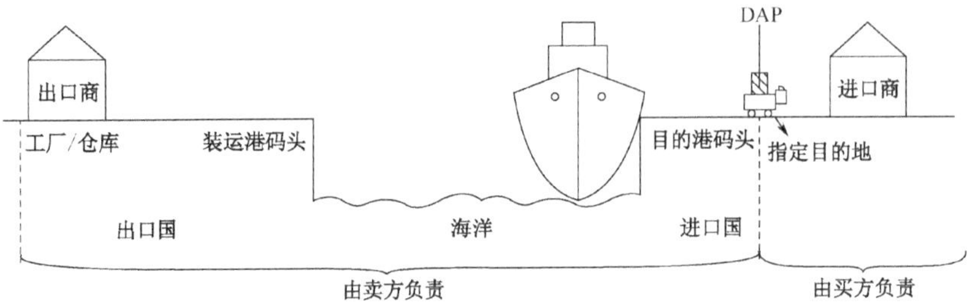

图 2-10　DAP 术语风险及责任的划分

注：在《2010 年通则》中，DAP 术语风险及责任划分界限是目的地运输工具上（不需要卸货）。

知识要点解读

1. DAP 术语解读

（1）交货地点：最终目的地。

（2）风险划分界限：目的地运输工具上货物交由买方处置时。

（3）国际运输办理：卖方负责。

（4）国际运输保险：卖方自理。

（5）出口清关：卖方负责办理，并支付费用。

（6）进口清关：买方负责办理，并支付费用。

（7）适用范围：任何运输方式。

2. 使用 DAP 术语注意的问题

（1）DAP 术语下，承担将货物运送到指定地点的一切风险和费用。

（2）使用 DAP 术语时，卖方不负责卸货。

卖方只需在指定目的地将仍处于运输工具上的货物置于买方控制之下，而无需承担卸货费（由买方或船方卸货），也不负责进口清关。若卖方按照运输合同在目的地产生了卸货费用，除非双方另有约定，否则卖方无权向买方要求偿付。

（3）卖方没有订立保险合同的义务，但运输途中的风险由卖方承担。

3. DDP

DDP 的全称是 Delivered Duty Paid（...named place of destination），中文名称是完税后交货（……指定目的地）。DDP 术语是指卖方要负责将货物从启运地一直运到合同规定的进口国内的指定目的地，把货物实际交到买方手中时，才算完成交货。DDP 项下买卖双方的主要责任、义务划分见表 2-22。

表 2-22　DDP 项下买卖双方的主要责任、义务划分

责任、义务	卖　方	买　方
基本责任	按规定交货，移交单据	付款、接单、提取货物
进出口手续	办理出口清关手续，支付费用	办理进口清关手续，支付费用
租船订舱	办理运输、支付运费	不负责
保险	自理	不负责
风险划分	承担货物在指定目的地交买方处置之前的一切风险和费用	承担货物在指定目的地交买方处置之后的一切风险和费用

如图 2-11 所示为 DDP 术语风险及责任的划分。

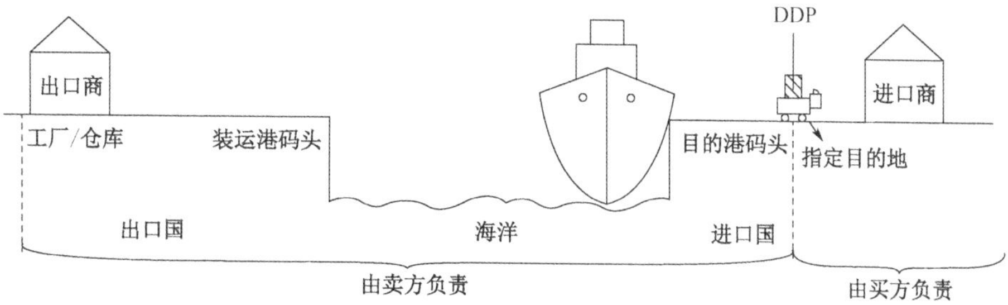

图 2-11　DDP 术语风险及责任的划分

注：在《2010 年通则》中，DDP 术语风险及责任划分界限是目的地运输工具上（不需要卸货）。

知识要点解读

1. 术语解读

（1）交货地点：最终目的地。

（2）风险划分界限：目的地运输工具上货物交由买方处置时。

（3）国际运输办理：卖方负责。

（4）国际运输保险：卖方自理。

（5）出口清关：卖方负责办理，并支付费用。

（6）进口清关：买方负责办理，并支付费用。

（7）适用范围：任何运输方式。

2. 使用 DDP 术语应注意的问题

（1）DDP 是 11 种术语中，卖方承担的风险、责任、费用最多的术语，也是买方承担的风险、责任、费用最少的术语。

（2）DDP 是 11 种术语中，唯一由卖方负责进口清关手续的术语。

使用 DDP 术语时，卖方需承担将货物运送到指定地点的一切风险和费用，包括完成货物出口和进口清关，支付所有出口和进口的关税和办理所有海关手续。若卖方不能直接或间接地完成进口清关，则不应使用 DDP 术语。

（3）使用 DDP 术语时，卖方不负责卸货。

卖方订立运输合同，若按照运输合同，卖方在目的地产生了卸货费用，除非双方另有约定，否则卖方无权向买方要求补偿。

（4）卖方没有订立保险合同的义务，但运输途中的风险由卖方承担。

4．DAT、DAP 和 DDP 术语的对比

使用 DAT、DAP 和 DDP 这组术语时，卖方需要将货物运到买方所在地交由买方处理，因此都属于实际交货，合同性质属于到达合同。DAT、DAP 和 DDP 三种贸易术语异同点见表 2-23。

表 2-23　DAT、DAP 和 DDP 三种贸易术语异同点

<table>
<tr><td colspan="2" rowspan="2">内　容</td><td colspan="3">术　语</td></tr>
<tr><td>DAT</td><td>DAP</td><td>DDP</td></tr>
<tr><td rowspan="5">不同点</td><td>1. 表达式</td><td>DAT（终点站）</td><td>DAP（指定目的地）</td><td>DDP（指定目的地）</td></tr>
<tr><td>2. 交货点</td><td>目的地指定终点站</td><td>最终目的地</td><td>最终目的地</td></tr>
<tr><td>3. 风险点</td><td>目的地指定终点站交货（卸货）</td><td>目的地运输工具上货物交由买方处置</td><td>指定目的地约定地点将货物置于买方处置</td></tr>
<tr><td>4. 卸货</td><td>卖方</td><td>买方</td><td>买方</td></tr>
<tr><td>5. 进口清关手续</td><td>买方</td><td>买方</td><td>卖方</td></tr>
<tr><td colspan="2" rowspan="6">相同点</td><td colspan="3">1. 卖方要负责将货物在规定的时间运到双方约定的交货地点，并按约定的方式完成交货</td></tr>
<tr><td colspan="3">2. 运输：卖方办理（主要运费已付）</td></tr>
<tr><td colspan="3">3. 保险：卖方没有订立保险合同的义务，但运输途中的风险由卖方承担（卖方所承担的风险大，我国对外贸易公司较少用该类贸易术语）</td></tr>
<tr><td colspan="3">4. 术语性质：实际交货</td></tr>
<tr><td colspan="3">5. 合同性质：到达合同</td></tr>
<tr><td colspan="3">6. 适用于任何运输方式</td></tr>
</table>

5. 11 种贸易术语的总结

11 种贸易术语的风险及责任划分汇总，如图 2-12 所示。

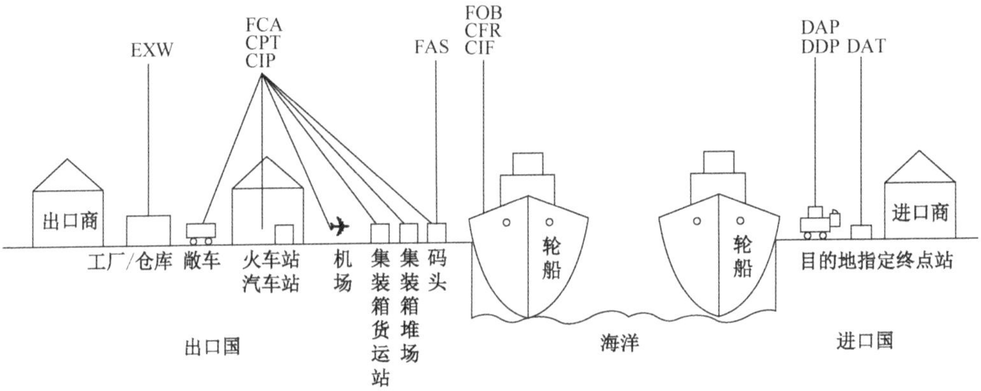

图 2-12　11 种贸易术语的风险及责任划分汇总

E、F、C、D 四组贸易术语共同特点比较一览表见表 2-24。

表 2-24　E、F、C、D 四组贸易术语共同特点比较一览表

术语组别	共同特点
E 组	1. 实际性交货；2. 发货合同
F 组	1. 象征性交货；2. 装运合同；3. 主要运费未付；4. 风险与费用相一致
C 组	1. 象征性交货；2. 装运合同；3. 主要运费已付；4. 风险与费用相分离
D 组	1. 实际性交货；2. 到达合同

11 种贸易术语的内容总结一览表见表 2-25。

表 2-25 11 种贸易术语的内容总结一览表

术语名称	运输方式	交货地点	风险转移	运输运费	保险保费	出口报关	进口报关
EXW 工厂交货	任何运输	卖方所在工厂、仓库	货交买方处置时	买方	买方	买方	买方
FCA 货交承运人	任何运输	出口国指定地点	货交承运人	买方	买方	卖方	买方
FAS 装运港船边交货	水上运输	装运港船边	货交买方指定船只处置时	买方	买方	卖方	买方
FOB 装运港船上交货	水上运输	装运港船上	装运港船上	买方	买方	卖方	买方
CFR 成本加运费	水上运输	装运港船上	装运港船上	卖方	买方	卖方	买方
CIF 成本、保险费加运费	水上运输	装运港船上	装运港船上	卖方	卖方	卖方	买方
CPT 运费付至	任何运输	出口国指定地点	货交承运人	卖方	买方	卖方	买方
CIP 运费、保险费付至	任何运输	出口国指定地点	货交承运人	卖方	卖方	卖方	买方
DAT 运输终端交货	任何运输	目的地或目的港货物集散站	货交（卸下）买方处置时	卖方	卖方	卖方	买方
DAP 目的地交货	任何运输	目的地指定地点	货交（不卸）买方处置时	卖方	卖方	卖方	买方
DDP 完税后交货	任何运输	目的地指定地点	货交买方处置时	卖方	卖方	卖方	卖方

案例解析

首先要正确区分案例中两公司的角色。这是一笔出口业务，广东某创世纪贸易有限公司为出口商，日本某公司为进口商。

依据《2010 年通则》的规定，EXW 术语是卖方承担责任、风险、费用最小的术语，连出口清关手续也由买方办理。广东某创世纪贸易有限公司想在自己的工厂交接货物，可选用 EXW 术语。如果日本某公司无法做到直接或间接办理货物出口手续时，则不宜采用这一术语成交。在这种情况下，最好选用 FCA 术语。

依据《2010 年通则》的规定，DDP 术语是买方承担风险、责任、费用最少的术语，卖方需要承担货物运至指定目的地的一切费用和风险，包括进口清关手续的办理。日本某公司想在自己的工厂交接货物，可选用 DDP 术语。如果广东某创世纪贸易有限公司无法做到直接或间接办理货物进口手续时，则不宜采用这一术语成交。在这种情况下，最好选用 DAP 术语。

模块训练

一、单选题

1. 依据《2010 年通则》的规定，卖方承担风险、费用和责任最多的贸易术语是（　　）。
   A. FOB　　B. EXW　　C. CIF　　D. DDP
2. 依据《2010 年通则》的规定，卖方承担风险、费用和责任最少的贸易术语是（　　）。
   A. FOB　　B. EXW　　C. CIF　　D. DDP

3．依据《2010 年通则》的规定，D 组中包括（　　）种贸易术语。

A．2　　B．3　　C．4　　D．5

4．在以下条件成交的合同中，不属于装运合同的是（　　）。

A．FOB 上海　　B．FAS 天津　　C．CIF 厦门　　D．DAP 珠海

5．我国某公司与国外一家公司以 EXW 条件成交了一笔买卖，在这种情况下，其交货地点是在（　　）。

A．出口国港口　　B．进口国港口　　C．出口商工厂　　D．承运人货场

二、多选题

1．依据《2010 年通则》的规定，下列属于 D 组术语的是（　　）。

A．FOB　　B．DAP　　C．DAT　　D．DDP

2．适用于水上运输的术语有（　　）。

A．FAS　　B．FOB　　C．CFR　　D．DDP

3．依据《2010 年通则》的规定，下列术语中风险划分以货交承运人为界的有（　　）。

A．CPT　　B．FCA　　C．CIP　　D．DDP

4．依据《2010 年通则》的规定，下列术语签订的合同中，属于到达合同的术语有（　　）。

A．CIP　　B．FAS　　C．DAT　　D．DDP

5．依据《2010 年通则》的规定，下列术语属于主要运费已付的是（　　）。

A．FOB　　B．CFR　　C．CIF　　D．DDP

三、判断题

（　　）1．如果采用集装箱运输，可使用 FCA 贸易术语。

（　　）2．EXW 术语是买方承担责任、费用和风险最少的术语。

（　　）3．FOB、CFR 与 CIF 三个贸易术语属于象征性交货。

（　　）4．使用 DAT 术语时，卖方不需要负责卸货。

（　　）5．使用 DDP 术语时，卖方需要办理进口清关手续。

四、实操题

请运用所学知识，完成《2010 年通则》11 种贸易术语的责任、风险和费用的表格，见表 2-26。

表 2-26　11 种贸易术语的责任、风险和费用

<table>
<tr><th rowspan="2">类别</th><th rowspan="2">贸易术语</th><th rowspan="2">中文含义</th><th rowspan="2">交货地点</th><th colspan="2">责任</th><th colspan="4">费用</th></tr>
<tr><th>运输手续</th><th>保险手续</th><th>运费</th><th>保费</th><th>出口税</th><th>进口税</th></tr>
<tr><td rowspan="7">适合任何运输方式</td><td>EXW</td><td>工厂交货</td><td>卖方所在工厂、仓库</td><td>买方</td><td>买方</td><td>买方</td><td>买方</td><td>买方</td><td>买方</td></tr>
<tr><td></td><td></td><td></td><td></td><td></td><td></td><td></td><td></td><td></td></tr>
<tr><td></td><td></td><td></td><td></td><td></td><td></td><td></td><td></td><td></td></tr>
<tr><td></td><td></td><td></td><td></td><td></td><td></td><td></td><td></td><td></td></tr>
<tr><td></td><td></td><td></td><td></td><td></td><td></td><td></td><td></td><td></td></tr>
<tr><td></td><td></td><td></td><td></td><td></td><td></td><td></td><td></td><td></td></tr>
<tr><td></td><td></td><td></td><td></td><td></td><td></td><td></td><td></td><td></td></tr>
</table>

续表

类别	贸易术语	中文含义	交货地点	责任		费用			
				运输手续	保险手续	运费	保费	出口税	进口税
适合水上运输	FOB	装运港船上交货	装运港船上	买方	买方	买方	买方	卖方	买方

五、案例分析

1. 某公司按EXW条件出口一批电缆，但在交货时，买方以电缆的包装不适宜出口运输为由，拒绝提货和付款。

请问：买方的行为是否合理？

2. 我国某公司从法国进口一批红酒，以FAS条件成交，在交货时，由于岸边水位较浅，我方船只无法靠近，卖方只好派驳船完成交货。之后，出口方来函催促我方支付货款及装船时的驳船费。

请问：我方应该如何应对卖方的要求？

3. 我国上海一外贸A公司出口一批丝绸到法国，以DAP术语成交。合同规定A公司要在10月底前将货物运至目的地。合同签订后，A公司开始积极备货，安排运输。10月25日，A公司将货物运抵目的地。之后买方要求我方卸货并支付卸货费用，A公司认为DAP术语下我方只负责将货物运至目的地，不负责卸货，如果买方支付卸货费用，我方可勉强接受买方卸货要求。买方认为卖方应将货物卸离卖方交通工具，置于买方的处置之下才算完成交货。

请问：依照买卖双方所述，谁更有理？

THIRD CHAPTER

第三篇

国际贸易买卖合同条款

模块七 商品品名

案例导入

我国某公司向中东出口一批葡萄酒，当这一批葡萄酒运至中东时当地海关拒绝进口，原因是中东不进口酒类产品。但是中东对酒的酒精度有一个规定值，只有达到某一规定值时才称酒，而葡萄酒并没有达到这个酒精度。

请思考：我国某公司应吸取什么经验？应如何操作才能顺利出口？

知识要点

序　号	知　识	重 要 性
1	商品品名的重要性	★★★☆☆
2	商品命名的方法	★★★★☆
3	品名条款注意事项	★★★★★

思维导图

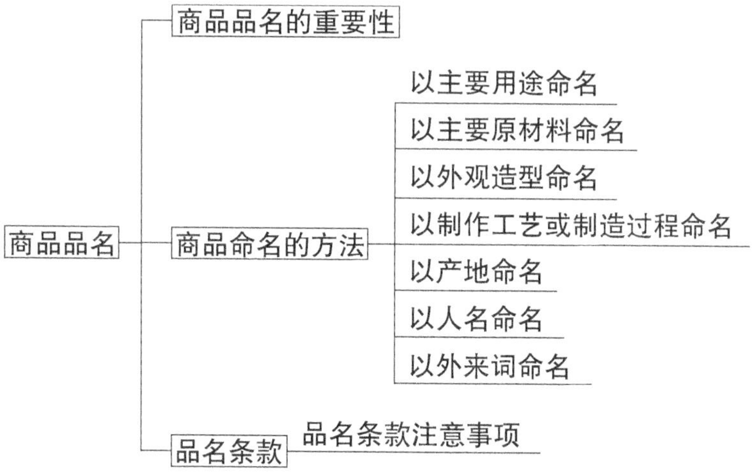

知识拓展

商品的品名（Name of Commodity）又称商品的名称，在国际贸易买卖合同中称作标的物（Subject Matter），是指能使某种商品区别于其他商品的一种称呼或概念，是双方用于换取对价的物或事，也是合同中不可缺少的主要交易条件。商品的名称在一定程度上体现了商品的自然属性、用途及主要的性能特征。

一、商品品名的重要性

在业务角度看，买卖双方商订合同时，必须列明商品品名，品名条款是买卖合同中不可缺少的一项主要条件。品名的规定是双方交易的物资内容，是交易赖以进行的物资基础和前提条件。因此买卖双方在磋商和签订进出口合同时，一定要明确、具体地列明商品的品名。

在法律角度看，在合同中规定标的物具体名称具有重要意义。对交易标的物的描述，是构成商品说明的一个主要组成部分，是买卖双方交接货物时的一项基本依据，它关系到交易双方的权利和义务。因此，列明合同标的物的具体名称，具有重要的法律和实践意义。

知识要点解读

（1）合同需要列明品名原因：一是作为区分商品的依据，二是合同成立的前提。

（2）买卖双方在签订合同时，一定要明确具体的订明商品的品名，并尽可能使用国际上通用的名称。

（3）《联合国国际货物销售合同公约》规定，若卖方交货不符合合同约定的品名或说明，买方具有提出损害赔偿要求甚至拒收货物或撤销合同的权利。

二、商品命名的方法

商品命名就是选定恰当的语言文字，概括地反映商品的形状、用途、性能等特点。现实生活中，消费者在未接触到商品之前常常通过商品名称来判断商品的性质、用途和品质，所以一个好的名称可以提前吸引消费者的注意力。常用商品命名方法一览表见表 3-1。

表 3-1　常用商品命名方法一览表

命名方法	适用范围	示　例
以主要用途命名	日用工业品、化妆品和医药品	气滞胃痛冲剂、金鱼洗涤灵、玉兰油防晒霜、旅游鞋
以主要原材料命名	医药品、生活用品	螺旋藻麦片、复方甘草合剂、羊毛衫
以外观造型命名	工艺品类、食品	繁星满天耳环、佛手酥、猫耳朵
以制作工艺或制造过程命名	具有独特制作工艺或有纪念意义的研制过程的商品	精制油、酿造酱油
以产地命名	特产	金华火腿、云南白药
以人名命名	品牌	圣罗兰、李宁
以外来词命名	进口商品的命名	“CocaCola”，其中文译名选定为“可口可乐”

三、品名条款

国际贸易合同中的交易标的物条款，并无统一的格式，可由双方自行商定。其内容一般比较简单，交易双方在合同“商品品名”或“品名”（Name of Commodity）的标题下，只需列明商品名称即可，如小麦、土豆等。

知识要点解读

品名条款注意事项如下。

（1）品名条款必须做到内容明确、具体，适合商品特点。有些商品具有不同的品种、等级和型号。因此，为了明确起见，最好把具体品种、等级或型号的概括性描述包括进去，有的甚至把商品的品质条款也包括进去，避免在履行合同时发生不必要的纠纷。在此情况下，它就是品名和品质条款的合并。例如：烟台苹果，AAA级。

（2）尽可能使用国际上通用的名称，要做到音译正确，与原名称意思保持一致，避免含混不清或过于笼统空泛。

（3）确定品名时凡是做不到或不必要的描述性词句，都不应列入，以免为履行合同带来困难。

（4）应注意单证、单货品名的一致。

（5）同一商品因名称不同而支付的关税和运费不同，甚至所受的进出口限制也不同，如蒸馏葡萄酒和葡萄酿酒等，应当慎重选择对我方有利的名称。

案例解析

我们应注意选用合适的品名。同一商品因名称不同而支付的关税和运费不同，甚至所受进出口限制也不同，因此应当慎重选择对我方有利的名称。在本案例中，出口商只需更换商品品名即可顺利通过中东海关查验。

模块训练

一、单选题

1．国际货物买卖中交易的标的物都是具体的（　　）。

A．品质　　B．品种

C．商品　　D．数量

2．商品的品名英文是（　　）。

A．Name of Commodity　　B．Shipping Mark

C．Bulk Cargo　　D．Sale by Brand

3．对出口商品的翻译，尽量做到（　　）。

A．使用国际通用的译名　　B．出口商随机翻译

C．使用地方惯用的译名 D．笼统翻译即可

4．商品“玻璃杯”是以（　　）。

A．产地命名 B．主要原材料命名

C．人名命名 D．制造工艺命名

5．以下对商品品名描述最合理的是（　　）。

A．手机 B．Apple iPhone

C．Apple iPhone X D．Apple iPhone X 256G

二、多选题

1．卖方交付的货物不符合合同规定，买方有权（　　）。

A．拒收 B．撤销合同

C．提出赔偿 D．收货

2．规定品名条款时，可包括以下（　　）方面。

A．品种 B．产地

C．型号 D．等级

3．在合同中规定品名条款，法律上具有的意义是（　　）。

A．货物交收的基本依据 B．商品具体描述的主要组成部分

C．表示买卖双方的义务 D．买卖双方权利的划分

4．规定商品品名条款的注意事项有（　　）。

A．内容明确、具体 B．切忌空泛、笼统

C．尽可能使用国际上通用的名称 D．不得选择方便进口的名称

5．商品“乔丹运动鞋”是以（　　）。

A．主要用途命名 B．主要原材料命名

C．人名命名 D．制造工艺命名

三、判断题

（　　）1．某公司出口手机一批，在签订合同时，可直接在品名一栏填写“手机”即可。

（　　）2．规定品名条款时，对于一些新商品的译名，尽可能使用国际上通用的名称。

（　　）3．某公司进口一批泰国香米，在缮制单据时品名可直接填“大米”。

（　　）4．品名条款必须内容明确、具体，切忌空泛。

（　　）5．国际货物买卖对合同中的品名条款的格式并无统一规定，可由双方商定。

四、实操题

请翻译以下合同中的品名条款：

Good Description

Art No．BS-12 100% cotton BED SHEETS

五、案例分析

1．我国出口一批苹果酒，国外开来信用证货物品名为“Apple Wine”，于是我出口方为做到单证一致，所有单据上均用“Apple Wine”。不料货到国外后遭海关扣留罚款，因为该批酒的内外包装均写的是“Cider”字样。

试分析罚款原因。

2. 美国 A 公司向我国 B 公司订购大蒜，合同品名条款上注明了“山东大蒜”，然而因自然灾害造成货源紧张，B 公司紧急从其他省份征购，按时交货，货到目的地后，A 公司要求提供山东大蒜或者赔偿。

请问：我方是否需要赔偿？为什么？

3. 出口合同规定的商品名称为“手工制造书写纸”（Hand-made Writing Paper），买主收到货物后，经检验发现该货物部分工序为机械操作，而我方提供的所有单据均显示为手工制造，按该国法律应属“不正当表示”和“过大宣传”，遭用户退货，致使进口人（买方）遭受巨大损失，要求我方赔偿，我方拒赔。

请问：我方可否拒赔？为什么？

模块八 商品品质

案例导入

中国 A 公司从德国 B 公司进口饲料用谷物，按凭样品成交的方式达成交易，由于 B 公司交货品质太好，使中国的国家海关误以为是供人食用的谷物而征收重税，导致 A 公司增加了税收支出。因此，A 公司要求 B 公司赔偿因交货品质与样品不符而造成的关税差额损失。

请思考： B 公司是否需要赔偿损失？为什么？

知识要点

序　号	知　识	重 要 性
1	商品品质的基本知识	★★★☆☆
2	国际货物买卖中表示商品品质的方法	★★★★☆
3	在实践中运用表示商品品质的方法	★★★★★
4	规定商品品质条款时的注意事项	★★★★☆

思维导图

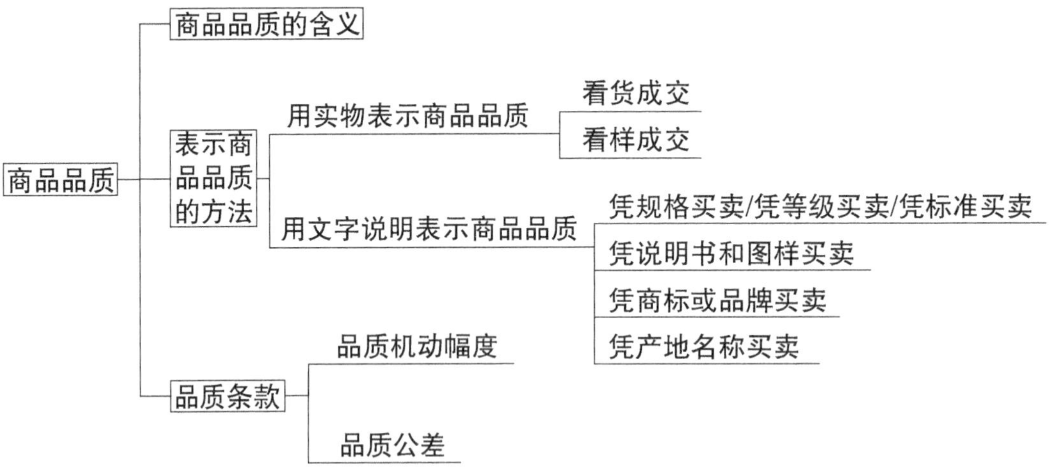

知识拓展

一、商品品质的含义

商品的品质是商品的外观形态和内在质量的综合。合同中提及的品质约定，是买卖交接货物的依据。

知识要点解读

1. 品质的内涵可从两个方面理解

（1）商品的外表形态。主要是指通过人们的感觉器官可以直接获得的商品的外形特征。例如，商品的大小、长短、形状、结构、色泽、气味等。

（2）商品的内在素质。主要是指商品的物理性能、化学成分、生物特征、技术指标和要求等，一般需借助各种仪器、设备分析测试才能获得。例如，纺织品的断裂强度、缩水率、色牢度，机械类产品的精密度、光洁度，肉禽类产品的各种菌类含量等。

2. 商品品质的重要性

《联合国国际货物销售合同公约》规定卖方交付的货物必须与合同所规定的数量、质量和规格相符。如卖方交货不符合约定的品质条件，买方有权要求损害赔偿，也可要求修理或交付替换货物，甚至拒收货物和撤销合同。

注意：若交货品质低于合同要求属于违约行为；若交货品质高于合同要求也构成违约。

思考：A 养殖场出口一级鲜鸡蛋、特级鲜鸡蛋各 1000 枚，出运前 A 养殖场发现一级鲜鸡蛋短缺 200 枚，于是用特级鲜鸡蛋顶替，货到目的地后，遭到买方索赔，问 A 养殖场是否需要赔偿？为什么？

二、表示商品品质的方法

在国际贸易中表示商品品质的方法主要分为用实物表示和用文字说明表示两类。具体的方法见表 3-2。

表 3-2　表示商品品质的方法一览表

大　类	明　细　类	适　用　范　围
用实物表示	看货成交	多用于寄售、拍卖和展卖业务，具有独特性质，如古董、字画等
	看样成交	多用于难以标准化的商品，如毛绒玩具、鞋等
用文字说明表示	凭规格/等级/标准买卖	多用于难以用科学指标表示的商品，如钢材、水果、药品等
	凭说明书和图样买卖	多用于构造复杂、制作工艺繁杂的商品，如手机、汽车等
	凭商标或品牌买卖	多用于品质稳定的具有特色的名牌商品，如家电、加工食品等
	凭产地名称买卖	多用于具有地方特色的商品，如北京烤鸭、阳澄湖大闸蟹等

1. 用实物表示商品品质

以实物表示商品品质又分为看货成交和看样成交两种。

（1）看货成交（Sale As It Is）是根据现有货物的实际品质进行买卖，通常是先由买方或其代理人在卖方所在地验看货物，达成交易后，卖方即按验看过的商品交付货物。

知识要点解读

1. 看货成交适用范围：常用于寄售、拍卖和展卖业务，尤其适用于具有独特性质的商品，如珠宝、首饰、字画等。

2. 看货成交后买方不得对其品质再提出任何异议。

（2）看样成交（Sale by Sample）又称凭样品买卖。样品通常是从一批商品中抽出来的或由生产、使用部门设计加工出来的，足以反映和代表整批商品品质的少量实物。

看样成交按样品提供者可分为凭卖方样品买卖、凭买方样品买卖和对等样品三种，看样成交的具体分类见表3-3。

表3-3 看样成交的具体分类

名称	概念	别称
凭卖方样品买卖（Seller's Sample）	由卖方提供的能充分代表日后整批交货品质的少量实物	原样、代表性样品或标准样品
凭买方样品买卖（Buyer's Sample）	由买方提供样品作为交货品质的依据	来样成交、来样制作
对等样品（Counter Sample）	卖方根据买方来样仿制或从现有货物中选择品质相近的样品提供给买方确认后的样品	回样或确认样

知识要点解读

1. 样品的品质

样品代表商品平均品质，并不代表商品最好的品质

2. 凭样品买卖适用范围

常用于一些难以用科学方法表示品质的商品或造型设计上有特殊要求的商品，如工艺美术品、服装、轻工业品、某些土特产品及个别矿产等。

3. 采用凭样品买卖时，应注意的事项

（1）一般情况下，凡凭样品买卖时，卖方交货品质必须与样品完全一致。

（2）灵活规定。若凭样品成交而对品质无绝对把握时，应在相应合同条款中做出灵活的规定。如在合同中订明："品质与样品大致相符"或"品质与样品近似"的条款。

（3）选用适合商品采用看样成交。以样品表示品质的方法，只能酌情采用，凡能用科学的指标表示商品质量时，就不宜采用凭样品成交。

4. 几个概念的区别

（1）原样与复样。原样是卖方提交给买方代表日后整批交货品质的少量实物。而复样则是卖方向买方送交样品时留存的一份或数份同样的样品。

（2）标准样与参考样。标准样是交货品质样品，卖方提供的货物品质要求与标准样一

致。而参考样的品质仅供对方参考。主要用于推销商品，不作为交货的质量依据，参考样品对买卖双方均无约束力。

思考：某公司为了推销商品，主动向买方寄送样品，在样品上注明“样品仅供参考”字样，而后，双方通过洽商达成交易，并在合同中具体规定了货物的规格，且注明“交货品质以合同规定为准”。问标准样与参考样有何区别？

2. 用文字说明表示商品品质

用文字说明表示商品品质具体可分为以下几种：

（1）凭规格买卖/凭等级买卖/凭标准买卖

凭规格买卖/凭等级买卖/凭标准买卖的含义及特点见表 3-4。

表 3-4 凭规格买卖/凭等级买卖/凭标准买卖的含义及特点

名 称	概 念	特 点	举 例
凭规格买卖（Sale by Specification）	商品规格是指一些足以反映商品品质的主要指标，如成分、含量、纯度、容量、长短等	所有商品都具有规格	中国芝麻 水分（最高）8% 杂质（最高）2% 含油量（湿态，乙醚浸出物）52%
凭等级买卖（Sales by Grade）	商品的等级是指同一类商品，按其规格的差异，分为品质优劣各不相同的若干等级	由于商品具有不同的规格，在规格的基础上又可继续细分为等级	国际市场上分级花生仁是按粒实大小分级，即每英两（28.35g）花生仁的粒数不同，可分为特大粒、大粒、中粒和小粒四种等级
凭标准买卖（Sales by Standard）	商品的标准是指将商品的规格和等级予以标准化	在商品的规格和等级的基础上继续细分予以标准化	中国桐油 良好平均品质 游离脂肪酸不超过 4%

知识要点解读

1. 凭规格买卖

（1）凭规格买卖是国际贸易中最广泛的表示商品品质的方法。

（2）凭规格买卖时，说明商品品质的指标因商品不同而有所差异，即使是同一商品，因用途不同，对规格的要求也会有差异。例如，买卖花生时，如榨油用，就要求在合同中列明含油量指标；而食用时，则蛋白质的含量就成为应当列明的重要指标。

2. 凭等级买卖

凭等级买卖的商品，由于不同等级的商品具有不同的规格，且由个别厂商制定的等级本身无约束力，为了便于履行合同和避免争议，在品质条款列明等级的同时，最好将每一等级的具体规格在合同中订明。

3. 凭标准买卖

（1）所谓“良好平均品质”，一般是指中等货。农产品的每个生产年度的中等货或每一年度或每一装船月份在装运地发运的同一种商品的“平均品质”。

（2）由于各国制定的标准经常变动和修改，且一种商品的标准还可能有不同年份的版本，版本不同其品质标准往往也有差异。因此，采用国外标准时，应载明所采用标准的年份和版本。

（2）凭说明书和图样买卖（Sales by Description）

在国际贸易中，一些机器、电器、仪表、大型设备、交通工具等构造复杂、制作工艺繁杂的产品，无法用几项简单的指标表示其质量全貌，对于这类商品，买卖双方除了要规定其名称、商标品牌、型号外，还需借助说明书和图样来介绍该产品的构造、原材料、产品形状、性能、使用方法等。

凭说明书和图样买卖时，要求所交的货物必须符合说明书所规定的各项指标。也即：Quality and technical data to be strictly in conformity with the description submitted by the seller.

知识要点解读

（1）适用范围：机器、电器、仪表、大型设备、交通工具等构造复杂、制作工艺繁杂的产品。

（2）采用凭说明书买卖，品质与说明书和图样相符合的产品有时在使用时并不一定能发挥设计所要求的性能，所以在合同中往往要订立卖方品质保证条款和技术服务条款。

（3）凭商标或品牌买卖（Sales by Trade Mark or Brand Name）

商标（Trade Mark）是指生产者或商户用来说明其所生产或出售的商品的标志，它可由一个或几个具有特色的单词、字母、数字、图形或图片等组成。

品牌（Brand Name）是指工商企业给其制造或销售的商品所冠的名称，以便与其他企业的同类产品区别开来。

知识要点解读

1. 适用范围

主要用于品质稳定的日用消费品、加工食品、耐用消费品等。

2. 注意事项

（1）注意品牌的合法性。我国接受国外客户订货并按规定印刷其提供的品牌时，应确保品牌合法，以免运往国外触犯进口国家的商标法而引起纠纷。

（2）注意维护品牌效益。凭商标或品牌的买卖，一般只适用于一些品质稳定的工业制成品或经过加工的初级产品。在进行这类交易时，要确实把握质量关，保证产品的传统特色，把维护名牌产品的信誉放在首要地位。

（3）在凭商标或品牌买卖时，如果同一种品牌名反映不同型号或规格的商品，则必须在合同中明确品牌名或商标的同时，规定型号或规格。如“Haier/海尔 EG10014B39GU1 10公斤智能变频滚筒全自动洗衣机。”

3. 商标与品牌的关系

有的企业同一品牌下有不同商品，如美的集团的所有商品都使用一个品牌；有的企业同一商标旗下可能有不同的品牌，如苹果公司商标旗下有 iPhone、iPod、iPad、Mac 等品牌的产品。

（4）凭产地名称买卖（Sales by Name of Origin）

我国有些产地的产品，尤其是一些传统农副产品，具有独特加工工艺，在国际市场上享有盛誉，对于这类商品的对外贸易，可以采用产地名称来表示其独特的品质。如五常大米、金华火腿等。

三、品质条款

国际货物买卖合同中的品质条款是买卖双方交接货物时的品质依据。为了防止品质纠纷，合同中的品质条款应尽量明确具体，避免笼统含糊的描述如大约、可能等。但在实际操作中，由于种种难以控制的原因，使得卖方交货品质难以与合同规定一致，为能使交易顺利进行，在订立合同条款时，规定一些灵活的条款，常见的灵活条款规定的方法有品质机动幅度和品质公差。品质机动幅度和品质公差的概念对比见表 3-5。

表 3-5 品质机动幅度和品质公差的概念对比

灵活条款规定办法	概 念	适 用 范 围
品质机动幅度	允许卖方所交商品品质指标在一定幅度内有灵活性变动	初级产品，如农副产品
品质公差	国际上公认的商品品质的误差	工业制成品，如钟表、机械零件等

知识要点解读

1. 品质机动幅度的制定方法见表 3-6

表 3-6 品质机动幅度的制定方法

品质机动幅度的制定方法	示 例
（1）规定范围 对某项商品的品质指标规定允许有一定的差异范围	全棉弹力布料幅宽 41/42 B601 番茄酱 28/30 浓缩度 （B601 Tomato Paste, 28/30 Concentration）
（2）规定极限 对有些商品的品质规格，规定上下限。常用的表示方法有：最大、最高、最多、最小、最低、最少	东北大米 长形，碎粒（最高）25% 鱼粉 蛋白质 55%以上 （Fish Meal Protein 55% Min）
（3）规定上下差异 规定某一品质指标的同时，规定必要的上下变化幅度	白鸭毛含绒量 18% 允许上下 1%增减 中国东北大米，水分 9%±1% （China Northeast Rice, Moisture 9%, allowing 1% more or less）

2.《联合国国际货物销售合同公约》中关于对品质公差的规定

《联合国国际货物销售合同公约》（以下简称《公约》）规定卖方所交货物的品质只要在品质公差范围内，买方不得拒收，也不得要求调整价格。也就是说，即使合同没有规定，只要卖方交货品质在公差范围内，也不能视作违约。

3. 订立品质条款时应注意的问题:

(1)科学灵活地选择表示商品品质的方法。在实际工作中要明确卖方义务和买方的权利。无论采取什么方法,卖方在签订合同后,都应承担按各个方法所表示的质量履行交货义务的责任。买方拥有在收到的货物与合同不符时,要求降低价格、更换货物、赔偿损失、拒绝收货甚至撤销合同的权利。所以卖方一定要正确选择表示货物品质的方法,将科学性与灵活性结合起来。

(2)在国际贸易实践中,凡是能用一种方法表示商品品质的,就不要用两种或两种以上的方法,因为凡是有一种品质未能达到合同要求,就会构成违约。

思考: 我国某公司和日本公司签订出口羊绒衫合同,合同规定羊绒含量为100%。日方检验后,发现羊绒含量不符合合同规定而提出索赔,要求赔偿100万美元。请问:日方提出的索赔有无道理?

案例解析

在本案例中,B公司所交货物的品质应与样品品质一致,如果不一致,需赔偿A公司关税差额损失。具体理由为:在对外贸易中合同规定采用凭样品买卖,也就是交易双方约定以双方同意的样品作为交货的品质依据,那么该样品被称作成交样品,或称标准样品。凡合同中明确订明按成交样品交货,如"质量以买方(或卖方)样品为准"等条款,该项成交样品就作为贸易合同中不可分割的部分,成为品质检验的依据,卖方所交的全部货物,其外观和质量应与成交样品相符,否则买方有权提出索赔或退货。

模块训练

一、单选题

1. 珠宝、首饰等商品具有独特性质,在出口确定其品质时(　　)。

A. 最好用凭样品买卖　　B. 最好用文字说明

C. 最好看货洽谈成交　　D. 最好用图片说明

2. 品质公差主要用于(　　)。

A. 农副产品　　B. 初级产品

C. 土特产品　　D. 工业产品

3. 采用凭样品买卖必须满足的基本条件有(　　)。

A. 样品是作为所交货物品质的唯一依据

B. 卖方所交货物必须与样品一致

C. 买方应有合理机会对样品和货物进行比较

D. 卖方所交货物不得含有对样品进行合理检验时不易发现和不适合商销的缺陷

4. 凡货、样不能做到完全一致的商品,一般都不适宜凭(　　)买卖。

A. 规格　　B. 产地

C．标准　　D．样品

5．以下产品适宜采用凭产地名称买卖的是（　　）。

A．海尔冰箱　　B．旺旺大礼包

C．西湖龙井　　D．大众汽车

二、多选题

1．按照买方提供的样品，卖方复制后寄买方确认，确认后的样品被称为（　　）。

A．复样　　B．回样　　C．对等样

D．参考样　　E．确认样品

2．表示品质的方法可分为（　　）。

A．凭产地名称表示商品的品质　　B．凭实物表示商品的品质

C．凭文字说明表示商品的品质　　D．凭图片表示商品的品质

3．凭商标或牌号买卖，一般只适用于（　　）。

A．一些品质稳定的工业制成品

B．经过加工的初级产品

C．机器、电器和仪表等技术密集产品

D．造型上有特殊要求的商品

4．下列商品属于凭样品买卖的有（　　）。

A．某些工艺品　　B．工业制成品

C．服装　　D．轻工业品

5．商品的品质应包括（　　）。

A．商品的名称　　B．商品的化学成分和性质

C．物理性质和机械性能　　D．生物特性

E．色香味等经济技术指标和要求

三、判断题

（　　）1．为了争取国外客户，便于达成交易，应尽量选择质量最好的样品请对方确认。

（　　）2．接国外买方来样后，我方根据来样复制相同品质的样品，寄交买方确认，该复制的样品称为复样。

（　　）3．在国际货物买卖合同中规定：“中国大豆，水分 14%，含油量 18%”。这样的条款有利于明确大豆品质，因而是正确的。

（　　）4．在国际贸易中，作为供应商，凡能用一种方法表示商品品质的，就不要采用多种方法表示。

（　　）5．在出口贸易中，表示品质的方法多种多样。为了明确责任，最好采用既凭样品又凭规格买卖的方法。

四、实操题

请指出下列商品应采用何种表示商品品质的方法，并填入表 3-7 中。

婚纱、钢材、海尔洗衣机、运动鞋、光谱仪、阿克苏苹果、苹果手机、汽车、青霉素、西湖龙井、花生

表 3-7　商品对应表示品质的方法

表示品质的方法	适 用 商 品
凭样品买卖	
凭规格/等级/标准买卖	
凭说明书和图样买卖	
凭商标或品牌买卖	
凭产地名称买卖	

五、案例分析

1. 我国 A 公司与柬埔寨某客商凭样品成交达成一笔出口锄头的交易。合同中规定复验有效期为货物到达目的港后的 30 天。货物到达目的港经柬埔寨客户复验后，未提出任何异议。但事隔半年，柬商来电称：锄头全部生锈，只能降价出售，柬埔寨客商因此要求我方按成交价格的 20%赔偿其损失。

请问：我方应否同意对方的要求？为什么？

2. 我国某进出口公司向国外某客户出口榨油大豆一批，合同中规定大豆的具体规格为含水分 14%、含油量 18%、含杂质 1%。国外客户收到货物不久，我方收到对方来电称：我方的货物品质与合同规定的相差较远，具体规格为含水分 18%、含油量 10%、含杂质 4%，并要求我方给予合同金额的 30%进行损害赔偿。

请问：对方的索赔要求是否合理？合同中就这一类商品的品质条款应如何规定为宜？

3. 我方某出口公司对英出口电冰箱 3000 台，合同规定 XBQ-A、XBQ-B、XBQ-C 三种型号各 1000 台，不得分批装运。待我方发货时，发现 XBQ-B 型电冰箱只有 950 台，而其他两种型号的电冰箱存货充足，考虑到 XBQ-B 数量短缺不大，于是我方将 50 台 XBQ-A 代替 XBQ-B 装运出口。英国公司收到货物后，向我方索赔。

请问：我方是否应该理赔？为什么？

模块九 商品数量

案例导入

中国某公司从国外进口某农产品，合同数量为 100 万公吨，允许溢短装 5%，而外商装船时共装运了 120 万公吨，多装了 15 万公吨。

请思考： 请问，我方应如何处理？

知识要点

序　　号	知　　识	重　要　性
1	《公约》对数量的规定	★★★★★
2	计量单位	★★★★☆
3	计量方法	★★★☆☆
4	合同中数量条款应注意的事项	★★★★☆

思维导图

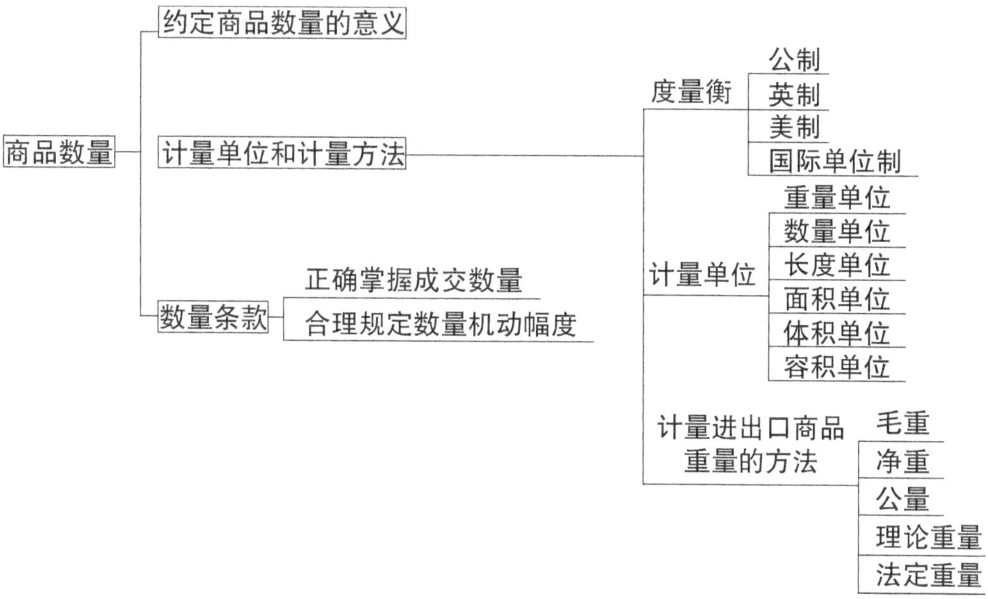

知识拓展

一、约定商品数量的意义

商品的数量是国际货物买卖合同中不可缺少的主要条款之一。商品数量是制定单价和计算总金额的重要依据，商品的数量条件是买卖合同中的一项重要条件。

《公约》规定，按约定的数量交付货物是卖方的一项基本义务。如卖方交货数量大于约定的数量，买方可以拒收多交的部分，也可以收取多交部分中的一部分或全部，但应按合同价格付款。如卖方交货数量少于约定的数量，卖方应在规定的交货期届满前补交，但不得使买方遭受不合理的不便或承担不合理的开支，即使如此，买方也有保留要求损害赔偿的权利。

知识要点解读

《公约》对数量规定的解读，该规定包含了三层含义：

1. 对约定数量的理解

"约定数量"是指买卖双方事先在合同中商定成交的数量，可以是具体数量或机动幅度的数量；

2. 明确卖方的责任

卖方的责任是按合同约定的数量交货；

3. 明确了买方对卖方未按规定交货时处理的方法

第一种情况，当卖方多交货时：

（1）买方不能拒收约定的数量；

（2）买方可拒收多交部分，也可以收取多交部分的部分或全部，但收取的部分应按照合同价格付款。

如某公司成交200件衣服，每件10元，但卖方交货250件，则买方可以有以下选择：①不可以拒收全部货物，至少收取200件，支付2000元，拒收多交的50件；②收取200～250件，支付2000～2500元。

第二种情况，当卖方少交货时：

卖方应在合理的时间内补齐，但不得对买方造成损失，否则，买方可依法要求赔偿。

二、计量单位和计量方法

在国际贸易中，由于各国度量衡制度不同，所使用的计量单位也不同。度量衡制度不仅关系到货物的计价基础和卖方交货数量的准确性，而且有时还涉及商业发票上的计量单位是否符合进口国海关规定问题。

1. 国际贸易中常用的度量衡制度

（1）公制（The Metric System）又称米制，它以十进位制为基础，"度量"与"衡"之间有内在的联系，相互之间的换算比较方便。

（2）英制（The British System），曾经在世界上有较大影响，特别是在纺织品等交易中，但使用不方便。

（3）美制（The U.S. System），以英制为基础，多数计量单位的名称与英制的名称相同，但含义有差别，主要体现在重量单位和容量单位中。

（4）国际单位制（The International System of Unit, SI），是在米制基础上发展起来的，它有利于计量单位的统一，标志着计量制度日趋国际化和标准化。

知识要点解读

（1）常用的度量衡制度有公制、英制、美制和国际单位制，我国使用国际单位制。

（2）我国出口商品，除照顾对方国际贸易习惯约定采用公制、英制或美制计量单位外，应使用我国法定计量单位。

（3）各国使用的度量衡制度不同，同一计量单位所代表的量值也各不相同，例如：

公制：MT（公吨）=1000KG，英制：LT（长吨）=1016.05KG，美制：ST（短吨）=907.2KG。

棉花以 Bale（包）为计量单位：美国 1 包=480Pound；巴西 1 包=396.8Pound；埃及 1 包=730Pound。

糖以袋装：古巴 1 袋=133 千克；巴西 1 袋=60 千克。

思考： 某出口公司向日本出口大米一批，在洽谈时，谈妥出口 2000 公吨，每公吨收 USD280 FOB 大连口岸。但在签订合同时，在合同上只是笼统地写明 2000 吨，我方当事人认为合同上的吨就是指公吨，而发货时日商却要求按长吨供货。请问：外商要求是否合理？应如何处理此项纠纷？

2. 计量单位

在不同计算方式下，国际贸易中贸易双方通常采用的计量单位不同。具体的适用商品见表 3-8。

表 3-8 国际贸易常用计量单位一览表

计量方法	计量单位	适用商品
重量单位（Weight）	千克（kilogram or kg.），吨（ton or t），公吨（metric ton or m/t），公担（quintal or q.），克（gram, or gm.），磅（pound or lb.），盎司（ounce or oz），长吨（long ton or l/t），短吨（short ton or s/t）等	适用于初级产品（羊毛、棉花、谷物、矿产品等）及部分工业制成品
数量单位（Number）	只（piece or pc.），件（package or pkg.），双（pair），台、套、架（set），打（dozen or doz.），罗（gross or gr.），大罗（great gross or g.gr.），令（ream or rm.），卷（roll or coil），辆（unit），头（head），箱（case），包（bale），桶（barrel, drum），袋（bag）等	适用于日用工业制品及杂货类产品。如：文具、纸张、玩具、文体用品、车辆、鞋帽、活牲畜等
长度单位（Length）	码（yard or yd.），米（meter or m.），英尺（foot or ft.），厘米（centimeter or cm.）等	适用于布匹、绳索、电线电缆等
面积单位（Area）	平方码（square yard, or yd^2），平方米（square meter or m^2），平方英尺（square foot or ft^2），平方英寸（square inch）等	适用于皮革制品、玻璃、部分装潢材料（地砖、墙砖、地毯、地板）、铁丝网等
体积单位（Volume）	立方码（cubic yard or yd^3），立方米（cubic meter or m^3），立方英尺（cubic foot or ft^3），立方英寸（cubic inch）等	适用于天然气、化学气体、木材、沙石等
容积单位（Capacity）	公升（liter or l.），加仑（gallon or gal.），蒲式耳（bushel or bu.）等	适用于各类谷物及部分流体、气体物品。如小麦、玉米、煤油、汽油、双氧水、天然瓦斯等

知识要点解读

（1）按重量计算是当今国际贸易中广为使用的一种，许多农副产品和工业制成品都按重量计算。

（2）在外贸业务中，一般不进口非法定计量单位的仪器设备。如有特殊需要，须经有关标准计量管理机构批准，才能使用非法定计量单位。

3. 计量进出口商品重量的方法

在国际贸易中，采用按重量计算的商品很多，尤其大宗散装货物和无包装或简单包装的货物，采用衡器检重。国际贸易常用计算重量方法见表 3-9。

表 3-9　国际贸易常用计算重量方法

计算重量方法	概　念	适用范围	注意事项
毛重（Gross Weight）	指商品本身的重量加包装的重量	一般适用于价值较低的交易	按毛重计算在多数情况下只作为搬运及装卸等场合的计算
净重（Net Weight）	指商品本身的重量，即毛重扣除皮重（包装）的重量	在国际贸易中，对以重量计量的商品，大部分都按净重计价	有些商品因包装本身不便分别计量，或因包装材料与商品价格差不多，例如：小麦、杂粮、饲料等。采用按毛重计价，即习惯上称为"以毛作净"（Gross for Net），俗称"连皮滚"
公量（Conditioned Weight）	指用科学方法除去其所含水分，然后再加上国际公认的标准含水量，按此方法求出的重量，称为公量	适合于经济价值较高、含水量又极不稳定的商品，如生丝、羊毛和棉花等	这种计重方法比较复杂、麻烦，主要适用于少数经济价值较高而含水量极不稳定的商品
理论重量（Theoretical Weight）	指从商品的规格中推算出的重量。对于一些按固定形状规格和尺寸所生产和买卖的商品，只要其规格和重量一致、尺寸大小一致，则每件商品的重量大体相同的，根据件数算出总重量	适用于固定规格和固定体积的商品，如马口铁、钢板等	这种计重方法是建立在每件货物重量相同的基础上的，重量如有变化，其实际重量也会产生差异，因此只能作为计重时的参考
法定重量（Legal Weight）	指商品的重量加上直接接触商品的包装物料，如内包装等的重量	海关依法征收商品从量税时的计量方法	按照一些国家海关法的规定，在征收从量税时，商品的重量以法定重量计算

净重是货物的实际重量，在国际贸易中大部分商品以净重计价。计算皮重的方法见表 3-10。

表 3-10　国际贸易常用计算皮重方法

种　类	做　法
按实际皮重计算	通过衡量每件包装的实际重量而求得的总的包装重量
按平均皮重计算	从整批货物中抽取一定的件数，称出其实际皮重，然后求出其平均重量，即为平均皮重
按习惯皮重	计算皮重时，无须逐件过秤，重复衡量，只要按习惯上公认的皮重乘以总件数，即可求得总皮重
按约定皮重计算	不需要经过实际衡量，而是以买卖双方事先协商约定的包装重量为准

知识要点解读

（1）在国际货物买卖合同中，如果货物是按重量计量和计价，而未明确规定采用何种方法计算重量和价格时，根据惯例，应按净重计量和计价。

（2）所谓“以毛做净”实际上就是以毛重当作净价计价，主要适用于包装价值不高的商品，如粮食、饲料等。

（3）毛重与法定重量的区别。毛重指商品本身的重量加包装的重量，法定重量指商品的重量加上直接接触商品的包装物料。比如出口鱼罐头，毛重就是罐头盒加上鱼再加上罐头外包装箱的重量，而法定重量只是罐头盒加上鱼的重量。

（4）在实际运用中，双方当事人应根据商品的性质、所使用的包装的特点、合同数量的多少及交易习惯，事先约定计量方法并列入合同，以免事后引起争议。

三、数量条款

买卖合同中数量条款，主要包括成交商品的数量和计量单位。按重量成交的商品，还需订明计算重量的方法。数量条款的内容及其繁简，应视商品的特性而定。规定数量条款，需要注意下列事项：

1. 正确掌握成交数量

在洽商交易时，应正确掌握进出口商品成交的数量，防止心中无数，盲目成交。为了正确掌握出口商品的成交量，在商定具体数量时，应当考虑下列因素：

（1）国外市场的供求状况；

（2）国内货源的供应情况；

（3）国际市场的价格动态；

（4）国外客户的资信情况和经营能力。

知识要点解读

（1）对我国出口商品的主要销售市场，应持续保持一定的成交量，防止国外竞争者趁虚而入。

（2）如外汇短缺，而非急需商品，则应控制进口成交数量，以免浪费外汇。

2. 合理规定数量机动幅度

1）溢短装条款的含义

《公约》中明确了卖方必须按照合同或信用证上规定的数量装货，否则有可能构成违约行为，因此，为便于履行合同和避免引起争议，在规定成交商品数量时，还需对数量进行灵活的规定。

所谓溢短装条款是指卖方在交货时，可按合同中的数量多交或少交一定的百分比，它一般是在数量条款中制定。

知识要点解读

1. 溢短装条款基本内容

（1）数量机动幅度的百分比；（2）溢短装部分的选择权；（3）溢短装部分如何作价。

思考： 根据溢短装条款基本内容，请判断下列关于数量表达是否正确，并说明理由。

（1）出口某商品 1000 袋，可溢短装 3%。（　　）

（2）出口某商品 50 公吨，由卖方按照情况多装或少装。（　　）

（3）卖方按每箱 150 美元的价格售出某商品 1000 箱，合同规定数量允许有 5%上下，由卖方决定。（　　）

2. 规定溢短装条款时注意事项

（1）数量机动幅度的大小要适当。

（2）机动幅度选择权的规定要合理。① 卖方选择（at seller's option）。一般来说，在合同规定有机动幅度的条件下，由交货方即卖方来行使机动幅度的选择权；② 承运人选择（at carrier's option or at ship's option）。由船长根据舱容和装载情况作出选择；③ 买方选择（at buyer's option）。在买卖双方协商情况下，商品交易的数量机动幅度也可以由买方确定。

（3）溢短装数量的计价要公平合理。计价方法有三种：① 按合同价计；② 按装船时的市价计；③ 未规定时，按合同价计。

结论： 按合同价来计算价格是最常用的方法。根据《公约》的规定，卖方多交货物后，买方若收取了超出部分，则要按合同规定支付相应的价款；如果溢短装的计价方法在合同中未作规定，发生纠纷时按惯例通常按合同价格计算。

2）溢短装条款的运用

（1）明确规定溢短装条款的运用。在进出口合同中一般不宜采用“大约”“近似”“左右”等带伸缩性的字眼来说明成交数量。应该明确规定溢短装的幅度，但要注意溢短装数量和价格之间的关系。

知识要点解读

1. 关于溢短装数量的计算

思考：

（1）卖方按每箱 150 美元的价格售出某商品 1000 箱，合同规定数量允许有 5%的增减，由卖方决定。请问：最多可装多少箱？最少可装多少箱？

（2）中国 A 公司向《公约》缔约国 B 公司出口大米，合同规定数量为 50000 公吨，允许卖方可溢短装 10%。A 公司在装船时共装了 58000 公吨，遭到买方完全拒收。按《公约》的规定，买方有权这样做。请判断正确与否。

2. 在溢短装条款下关于货物价格的计算

思考：

（1）卖方按每箱 150 美元的价格售出某商品 1000 箱，合同规定数量允许有 5%的增减，由卖方决定。请问：如实际装运 1040 箱，买方应付货款多少？

（2）是否规定溢短装就一定可以多装或少装呢？

案例：黑龙江某出口公司向俄罗斯出口一批黄豆，合同规定：每公吨 180 美元，共计 1000 公吨，并且规定数量可以增减 10%。俄罗斯开来的信用证中规定金额为 18 万美元。请计算我方最多应装运多少公吨的货物才符合要求？

思考：买卖合同中的数量条款规定“100M/T 5% more or less at seller’s option”，则根据《公约》的规定，卖方最多和最少可交多少公吨货物？多交部分如何作价？若双方未约定多交部分如何作价，当市场价格上涨时，卖方应该多交还是少交？

结论：在实际工作中，要处理好量与价的关系。在规定溢短装时，还要考虑最大量的支付的金额，考虑是否相应地规定金额的幅度。

（2）未明确规定溢短装条款的运用。在国际贸易实践中，如果采用的是信用证支付方式，即使在合同中没有明确规定数量及金额的机动幅度，根据《跟单信用证统一惯例》（以下简称《UCP600》）的规定，在符合条件的前提下，还是可以有增减幅度的。具体相关规定如下。

① 《UCP600》第 30 条 a 款：在信用证支付方式下，凡采用“约”“大概”“大约”或类似词语，用于信用证金额、数量和单价时，应解释为有关金额、数量和单价不超过 10%的增减幅度。

② 《UCP600》第 30 条 b 款：在信用证支付方式下，未以包装单位件数或货物自身件数的方式规定货物数量时，货物数量允许有 5%的增减幅度，只要总支取金额不超过信用证金额。

知识要点解读

1.《UCP 600》第 30 条 a 款的解读

思考：

（1）某公司按信用证方式成交出口洗衣机大约 1000 台，则卖方交货数量最少多少台？最多交货多少台？

（2）某公司向科威特出口冻羊肉 20 公吨，每公吨 FOB 价 400 美元。合同规定数量可增减 10%。国外按时开来信用证，证中规定金额为 8000 美元，数量约 20 公吨。请问：合同和信用证关于数量的规定是否一致？我方按 22 公吨发货装运可否收取全额货款？

结论：“约”放在金额、数量或单价中哪一项，则 10%的增减幅度只适用于该项。

2.《UCP 600》第 30 条 b 款的解读

即使 L/C 没规定货物数量有增减幅度，只要符合下述三个条件，货物数量也可有 5%

的增减幅度。

（1）L/C 未规定货物数量不得增减。

（2）支取的金额不超过 L/C 金额。

（3）货物数量不是以包装单位或件数来计算的。

思考：

（1）某公司出口煤炭一批，信用证中数量条款规定：每吨 CIF 价 100 美元，大约 2000 公吨。信用证总金额大约 20000 美元，卖方按时发货 2050 公吨，货物出运后，卖方凭全套单据向银行议付，结果遭到银行拒付，请问：银行的拒付是否合理？为什么？

（2）一禁止分批装运的 L/C 规定货物的数量为 10000 包，受益人仅装运 9997 包，有 3 包在国内运输过程中受水渍损坏。为此受益人提供的 L/C 所需的提单中注明装运数量为 9997 包。请问操作是否正确？

结论：《UCP600》第 30 条 b 款主要适用于散装货。

案例解析

我方有权拒收多交的 15 万公吨货物，因为合同规定的数量是 100 万公吨，允许溢短装 5%，那么溢短装后的约定数量应是 95 万～105 万公吨，卖方共装运了 120 万公吨属于违反合同规定，已经违约，我方有权拒收多交的货物并向卖方提出赔偿。

模块训练

一、单选题

1. 如果合同中未明确规定以何种方式计算商品的重量，按惯例应以（　　）计算。

A. 毛重　　B. 净重　　C. 以毛作净　　D. 公量

2. 根据《公约》的规定，若买方收取多交的货物，则货物的收取应按（　　）。

A. 合同价格计　　B. 装船时的市场价格计

C. 到货时的市场价格计　　D. 双方友好协商或提交仲裁的价格

3. 一笔合同，数量为 1000 公吨散装货物，总金额 5 万美元，未表明可否溢短装，不准分批装运，根据《UCP600》规定，卖方发货（　　）。

A. 数量和金额均不得增减

B. 数量和总额均可增减 10%

C. 数量和总额均可增减 5%

D. 数量可有 5%增减，金额不能超过 5 万美元

4. 我国现行的法定度量衡制度是（　　）。

A. 公制　　B. 国际单位制　　C. 英制　　D. 美制

5. 对于价格较低、包装与商品难以分离的商品，大都采取（　　）计算商品的重量。

A. 以毛作净　　B. 理论重量　　C. 公量　　D. 净重

二、多选题

1. 为了防止有权选择溢短装的当事人利用行市的变化，有意多装或少装，以获取额外的好处，可在合同规定按（　　）价格计算。

A. 合同　　B. 装船日的市场　　C. 到货日市场　　D. 购物广场

2. 某公司向国外某客商出口 1000 台电风扇合同没有规定卖方交货的数量可溢短装 5%，卖方实际交货时多交了 20 台，买方可就卖方多交的 20 台电风扇做出（　　）的决定。

A. 收取 1020 台电风扇　　B. 拒收多交的 20 台电风扇

C. 仅收取多交的 20 台　　D. 全部拒收

3. 合同中数量条款为“200M/T 5% more or less at buyer's option”则卖方交货数量为（　　）时，不违反合同规定。

A. 200M/T　　B. 210M/T

C. 170M/T　　D. 190～210M/T 任何数量

4. 在国际贸易实践中，买卖合同的数量机动幅度可由（　　）选择。

A. 卖方　　B. 买方

C. 承运人　　D. 中间商

5. 在国际贸易中，若卖方交货数量多于合同规定的数量，根据《公约》的规定，买方可以（　　）。

A. 只接受合同规定的数量，而拒绝卖方多交的部分

B. 可以接受合同规定的数量及超出合同规定的一部分数量

C. 拒收全部货物

D. 接受全部货物

三、判断题

（　　）1. 皮重是指包装的重量。

（　　）2. 根据《UCP600》的规定，只要支付金额不超过信用证的规定金额，任何货物交付数量都可以有 5%的伸缩。

（　　）3. 如果卖方交货数量超过买卖合同规定数量，买方有权拒收全部货物。

（　　）4. 如果溢短装的计价方法在合同中未作规定，发生纠纷时按惯例通常按合同价格计算。

（　　）5. 中国 A 公司向《公约》缔约国 B 公司出口大米，合同规定数量为 50000 公吨，允许卖方可溢短装 10%。A 公司在装船时共装了 58000 公吨，遭到买方全部拒收。按公约的规定，买方有权这样做。

四、实操题

1. 仔细阅读下面合同条款中关于数量条款的规定，找出错误之处。

（1）小麦 1000 公吨，以毛作净。

（2）中国大米 1000 吨，有 5%的幅度由卖方决定。

（3）按 FOB 条件从国外进口商品，合同规定，“卖方交货总数和每批装船数量均有 5%的机动幅度，此机动幅度都由买方决定。”

2. 计算题

某公司以 CIF 条件方式出口土特产品 100 公吨，合同规定为箱装，每箱净重为 40 千克，总数量可以有 5%的机动幅度。

请问：该批货物最多可以装多少箱？最少可以装多少箱？

五、案例分析

1．某公司与国外某农产品贸易公司达成一批面粉交易。国外开来的信用证规定：“数量为 1000 公吨，散装货，不准分批装运，单价为 200 美元/公吨 FOB SHANGHAI，信用证金额为 25 万美元”但未标明可否溢短装。卖方在依信用证的规定装货时，多装了 15 公吨。

请问：银行是否会以单证不符而拒付？为什么？

2．广州某出口公司向韩国出口一批大米，在洽谈时，谈妥出口 2000 公吨，每公吨 USD250 FOB 广州口岸。但在签订合同时，在合同上只是笼统地写了 2000 吨，我方当事人认为合同上的吨就是指公吨，而发货时韩国客商却要求按长吨供货。

请问：外商的要求是否合理？应如何处理此项纠纷？

3．我国某公司与日本进行一笔煤炭出口，合同规定“成交中国煤炭 1000 公吨，5%增减，由卖方选择，增减部分按合同价格结算”。货物运抵日本后，经日本海关检查发现煤炭实际吨数为 10500 公吨。据此日商提出降价 5%，否则拒收多交的 500 公吨煤炭。

请问：日商做法是否合理？为什么？

模块十 商品的包装

案例导入

某公司出口饮料 200 箱，每箱 24 瓶，每瓶 200mL。但卖方在出货时却装运了 200 箱，每箱 24 瓶，每瓶 250mL。国外买方见货物重量与合同不符，拒绝收货，并要求撤销合同。

请思考： 买方有权这么做吗？为什么？

知识要点

序　号	知　识	重　要　性
1	包装的作用	★★★☆☆
2	包装种类	★★★★☆
3	包装标志	★★★★☆
4	中性包装和定牌	★★★★★
5	包装条款应注意事项	★★★☆☆

思维导图

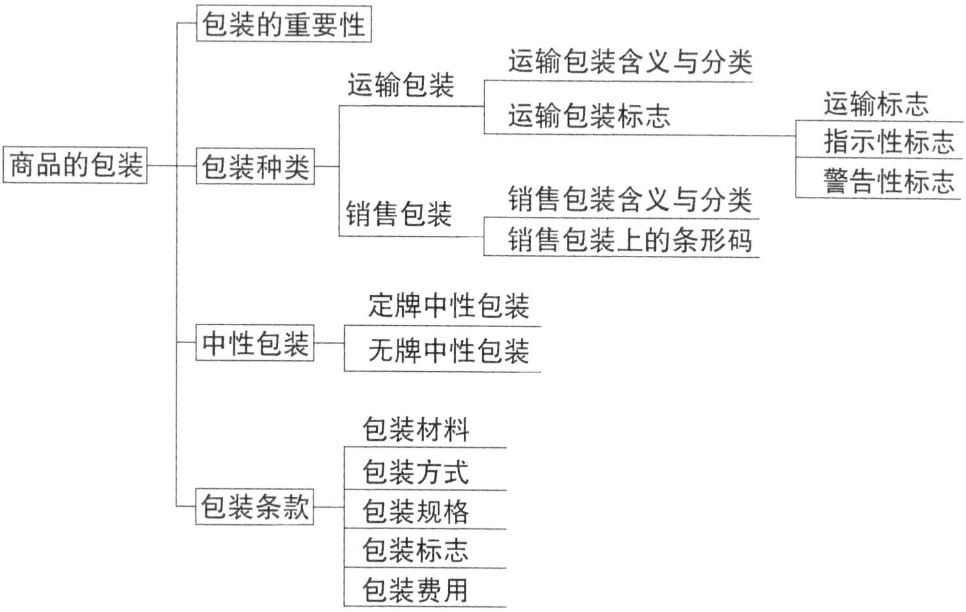

知识拓展

一、包装的重要性

包装是指按一定的技术方法，使用包装容器、材料及辅料包裹或捆扎货物。包装是实现商品价值和使用价值的重要手段之一，是商品生产和消费之间的桥梁。绝大多数商品只有通过适当的包装，才能进入流通领域进行销售。许多国家都把改进包装作为加强对外竞销的重要手段之一。

知识要点解读

1. 包装的主要作用

（1）保护商品，实现使用价值。保护商品在流通过程中的品质完好和数量完整；便于运输、装卸、储存等。

（2）美化商品，提升价值。精美的包装可以宣传美化商品，提高商品身价，吸引顾客，扩大销路，增加售价。

2. 相关法律对包装的规定

（1）按照一些国家的法律解释，如果卖方未按约定的条件包装货物，买方有权提出索赔，甚至可以拒收货物。

（2）如果货物虽按约定的方式包装，但与其他货物混杂在一起，买方可以拒收违反规定包装的那部分货物，甚至拒收整批货物。

二、包装种类

商品的包装，按其在流通领域中所起作用的不同分为运输包装和销售包装。

1. 运输包装

1）运输包装含义与分类

运输包装（Transport Packing）又称外包装或大包装。它是将货物装入特定容器，或以特定方式成件或成箱包装。它的主要作用在于保护商品，防止在储存、运输和装卸过程中发生货损货差。不同种类的运输包装汇总见表 3-11。

第三篇　模块十　包装重要性及种类

表 3-11　不同种类的运输包装汇总

分　类	示　意　图
按包装方式分，可分为单件运输包装和集合运输包装	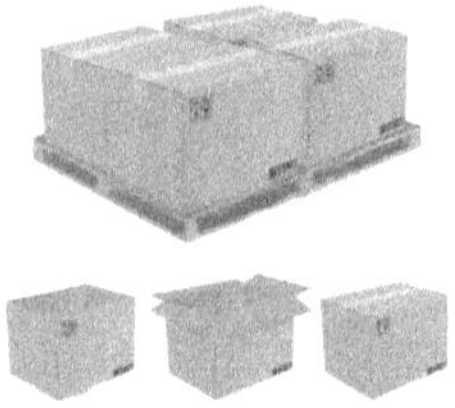 

续表

分　类	示 意 图
按包装的造型不同，可分为箱、袋、桶、捆等	 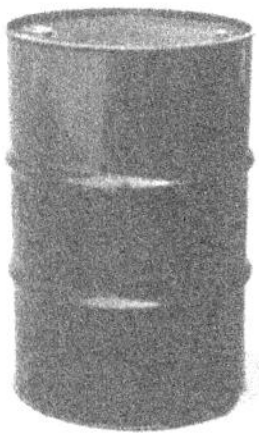
按包装材料的不同，可分为纸制包装、金属包装、木制包装、塑料包装、麻织品包装、玻璃制品包装、陶瓷制品包装，以及竹、柳、草制品包装等	  
按包装质地不同，可分为软性包装、半硬性包装和硬性包装	 
按包装程度不同，可分为全部包装和局部包装	 

知识要点解读

选择运输包装时的注意事项有以下 3 条。

（1）考虑根据商品的属性选择合适的包装材料。如水泥怕潮湿，则要求运输包装具有防潮的性能。

（2）考虑有关国家的法律规定。如出于病虫害的考虑，有的国家禁止使用柳藤之类的材料。

（3）考虑征收税费费率。对输往按价税征税的国家，出口包装不宜价格昂贵；对输往按量税征税的国家，出口包装自重不宜过大。

2）运输包装标志

为了便于运输、仓储、商检和验关工作的进行，以及货物交接，避免错发、错运，货物在运送之前，都要按一定的要求，在运输包装上面书写、压印、刷制简单的图形、文字和数字，以资识别。这些图形、文字和数字统称运输包装标志。运输包装上的标志，根据用途的不同，可分为运输标志、指示性标志和警告性标志三种，见表 3-12。

表 3-12　运输包装标志种类情况

名　称	概　念	作　用	图　例
运输标志（SHIPPING MARK）	也称“唛头”，通常由一个简单的几何图形和一些字母、数字及简单的文字组成	使货物在装卸、运输、保管过程中容易被识别，以防错发、错运	
指示性标志（INDICATIVE MARK）	也称“安全标志或注意标志”，用以提示人们在装卸、运输和保管过程中需要注意的事项，一般都以简单、醒目的图形和文字在包装上标出。这种标志主要表示物资的性质，物资堆放、开启、吊运等方法	指示运输、装卸、保管人员在作业时需要注意的事项，以保证物资的安全	
警告性标志（WARNING MARK）	也称“危险品标志”，一般是爆炸品、易燃物品、有毒物品、腐蚀物品、氧化剂和放射性物资等危险货物放置时表明其危险性质的文字或图形说明	保护物资和人身安全	

知识要点解读

（1）标准运输标志内容，标准运输标志包括四项基本内容：① 收货人或买方名称的英文缩写字母或简称；② 参考号码（运单号码、订单号码、发票号码等）；③ 目的地；④ 件号。

例如，一项标准的唛头内容如下：

SGL	收货人缩写
88/S/C-179345	参考号码
NEW YORK	目的港名称
NO.1-500	箱号或件数

（2）按照国际贸易惯例，包装上的运输标志（唛头）一般由卖方决定，无须在合同中做具体规定。如果由买方提供，应在合同中规定提出唛头后通知卖方的日期，以免影响备货、出运和结汇等一系列工作。

2. 销售包装

1）销售包装含义与分类

销售包装（Selling Packing）又称内包装、小包装或直接包装。它是直接接触商品并随商品进入零售网点和消费者直接见面的包装。这种包装除有保护商品和促销商品的功能外，还方便消费者识别、选购、携带和使用。销售包装的具体分类见表 3-13。

表 3-13 销售包装的具体分类

包装种类	特 点	举 例
挂式包装	凡带有吊带、吊钩、吊孔、网兜等装置的包装，称为挂式包装。这类包装便于悬挂	牙刷、某些零食
堆叠式包装	凡堆叠稳定性强的包装，称为堆叠式包装，其优点是便于摆设和陈列	瓶类、罐类、盆类
易开式包装	对要求封口严密的销售包装，标有特定的开启部位，易于打开封口，其优点是使用便利	易拉罐、八宝粥
携带式包装	在包装上附有提手装置的包装	箱装牛奶
透明式包装	可以使消费者直接了解商品的形态和造型，便于识别，以利选购	冰冻海产品
喷雾式包装	指包装是一个液体喷雾器，使用时按下按钮液体即可自动喷出	香水、发胶
配套式包装	指把经常同时使用的不同种类、不同规格的商品搭配成套、合成一体的包装	餐具、茶具、洗护旅行套装
礼品式包装	指外表美观、讲究，以显示礼品名贵的包装	保健品、工艺品

知识要点解读

1. 销售包装的标示内容

销售包装上一般包括三方面内容：① 装潢画面；② 文字说明；③ 条形码。

2. 使用销售包装时的注意事项

销售包装使用的文字说明或商品标签，应注意不违反有关国家的标签管理条例。例如，有的国家明文规定：所有进口商品的文字说明必须同时印有英文及本国文字。

2）销售包装上的条形码

物品条形码（Product Code）是由一组带有数字的黑白及粗细间隔不等的平行条纹组成的。它是利用光电扫描阅读设备为计算机输入数据的特殊代码语言。条形码示意图如图 3-1 所示。

图 3-1　条形码示意图

知识要点解读

（1）条形码是一种代码语言，包含物品的生产国、制造厂家、商品名称、生产日期、图书分类号、邮件起止地点、类别、日期等信息。

（2）国际上使用包装条形码的种类。

① 美国、加拿大组织的统一编码委员会的 UPC（Universal Product Code）。

② 国际物品编码委员会的 EAN（European Article Number）。

（3）我国使用条形码的情况。

① 成立机构的时间和国别号。我国于 1988 年 12 月建立了“中国物品编码中心”并于 1991 年 4 月正式加入国际物品编码委员会，该协会分配给我国的国别号为“690～695”。

② 我国商品采用的是国际物品编码委员会的 EAN。EAN 是由 12 位产品代码和 1 位校验码组成的，前 3 位为国别码，中间 4 位为厂商号，后 5 位为商品代码。

（4）部分国家码表见表 3-14。

表 3-14　部分国家码表

前　缀　码	编码组织所在国家	前　缀　码	编码组织所在国家
690～695	中国	500～509	英国

续表

前缀码	编码组织所在国家	前缀码	编码组织所在国家
000～019 030～039 060～139	美国	450～459 490～499	日本
930～939	澳大利亚	880	韩国

三、中性包装

中性包装（Neutral Packing）是指在出口商品及内外包装上都不标明生产国别、地名和厂商名称，也不标明商标、品牌的包装。中性包装包括定牌中性包装和无牌中性包装。定牌中性包装和无牌中性包装概念的对比，见表 3-15。

表 3-15 定牌中性包装和无牌中性包装概念的对比

种类名称	概念	特点
定牌中性包装	卖方按照买方的要求，在其出售的商品或包装上标明买方指定的商标或牌号	有商标、品牌，无国别、地名、厂名
无牌中性包装	买方要求在出口商品或包装上免除任何商标或牌名的做法	无商标、无品牌，无国别、地名、厂名

知识要点解读

（1）采用中性包装的目的是避开某些进口国家与地区关税和非关税壁垒，以及适应交易的特殊需要等。它是出口国家厂商加强对外竞销和扩大出口的一种手段。

（2）采用定牌生产的目的主要是利用买方的经营能力及其商业信誉和品牌声誉，提高商品售价，扩大销路。

（3）在我国出口业务中，我们通常接受中性包装，但要注意以下几点。

① 应审查外商提供的图案、文字内容有无不妥之处，如与我国社会主义的精神文明标准相悖，则不应接受。

② 应向外商指出，如若我们采用买方指定的商标、牌号后，在国外市场上发生工业产权的争议或侵权行为，则一切责任应由买方负责。

③ 除非另有约定，采用定牌和无牌时，在我国出口商品和包装上均须标明“中国制造”字样。

④ 海关总署关于以中性包装形式进口货物适用普通税率的通知，自 1985 年 5 月 20 日零时起，凡以中性包装形式进口，又经查验无法确定原产国别的进口货物，一律按普通税计征关税。

思考： 菲律宾客户与上海某自行车厂洽谈进口“永久牌”自行车 10000 辆，但要求我方改用“剑”牌商标，并在包装上不得注明“MADE IN CHINA”字样。买方为何提出这种要求？

分析： 这是一份对方要求定牌包装的案例。自行车是美国、欧盟等对我国实施反倾销的商品，对原产地有严格的要求以防转口贸易。

四、包装条款

合同中包装条款主要包括包装材料、包装方式、包装规格、包装标志，有时也包括包装费用等内容。包装条款的实例如下。

如布包，每包 80 套，每套塑料袋装。

知识要点解读

包装费用一般已包含商品的价格，不另计收。但如买方要求特殊包装，则超出的包装费用由何方负担，应在买卖合同中做出具体的规定。如由买方负担则还应规定这部分费用的支付时间和方法。在国际贸易中对包装费用由谁承担、包装由谁提供，通常有三种做法。

（1）由卖方供应包装。包装连同商品一起交付买方，包装的成本打在货价里，不另行收费。大部分商品采用这种做法。

（2）由卖方供应，但交货后，卖方将原包装回收。如一些装液体货物的铁桶回收可反复使用。卖方应在合同中明确规定，退回的费用由谁承担，包装退给卖方的时间等。

（3）买方供应包装或包装物料。由买方提供包装时，应在合同中规定买方提供包装的时间，若未能按时提供包装或材料，导致出口商不能按时发货，一般应顺延时间，出口商同时有权要求赔偿损失或撤销合同。

思考： 出口公司与国外买方订立合同，约定采用牛皮纸包装，但在履约时卖方没有找到足够的包装材料，于是用价格较贵的塑料纸包装，货物完好抵达目的地，此时恰逢商品价格下跌。买方检查货物后，以我方违反包装条件为由，拒收货物。问对方可否拒收？

案例解析

卖方所交货物与合同规定的包装规格明显不符，已构成违约。卖方的做法可能给买方带来意想不到的麻烦与损失，可能影响商品的销售，使买方的原有商业目的落空。在贸易管制严格的进口国，进口商在进口许可证中申报的数量与实际到货不符，会遭到海关当局的质询，甚至被怀疑逃避进口管制、以多报少、偷漏关税，进而被追究责任。所以，买方有权要求退货并撤销合同。

模块训练

一、单选题

1. 按照惯例，若在合同中双方未就运输标志做出规定，一般运输标志应由（ ）提供。

A. 开证行 B. 卖方

C. 买方 D. 船方

2. 定牌中性包装是指（ ）。

A. 有商标、牌号、产地、厂名

B. 无商标、牌号、产地、厂名

C. 有商标、牌号但无产地、厂名

D. 无商标、牌号但有产地、厂名

3. 按照国际惯例，包装费用（ ）。

A. 不应包括在货物价格之内，并在合同中列示

B. 应包括在货物价格之内，但必须在合同中另外列示

C. 包括在货物价格之内，一般不在合同中另外列示

D. 不应包括在货物价格之内，也不必在合同中列示

4. 在运输包装内装有爆炸品、易燃物品、有毒物品、腐蚀物品、氧化剂和放射性物资等危险货物时，应注意标注（ ）。

A. 警告性标志 B. 指示标志

C. 中性标志 D. 运输标志

5. 国际物品编码委员会分配给我国的国别号是（ ）。

A. 470 B. 520

C. 650 D. 690

二、多选题

1. 下列有关中性包装的描述正确的是（ ）。

A. 标明生产国别但无卖方的商标、牌号

B. 有买方指定的商标、牌号但不标明生产国别

C. 既有商标、牌号又标明生产国别

D. 既不标明生产国别又无买方的商标、牌号

2. 在国际贸易中，关于包装由谁供应的通常做法是（ ）。

A. 由卖方提供包装连同商品一起交付买方

B. 由卖方提供包装，但交货后，卖方将原包装收回

C. 由买方提供包装或包装材料

D. 由厂家免费提供包装

3. 标准运输标志基本内容包括（ ）。

A. 收货人或买方名称的英文缩写字母或简称

B. 目的地

C. 参考号（运单号码、订单号码、发票号码等）

D. 件号

4. 运输包装上的标志按其用途可分为（　　）。

A. 运输标志　　B. 指示标志

C. 中性标志　　D. 警告性标志

5. 按其在流通领域中所起作用的不同，商品包装可分为（　　）。

A. 运输包装　　B. 中性包装

C. 销售包装　　D. 指示包装

三、判断题

（　　）1. 按惯例，包装费用一般都包含在货价之内，而不另行计收。

（　　）2. 中性包装主要是为了避免某些国家的关税和非关税壁垒，扩大我国出口贸易销路，我国一般不提倡使用中性包装。

（　　）3. 在当前日趋激烈的市场竞争中，为使我国在出口商品免遭反倾销诉讼，应尽量避免在出口商品包装上注明“MADE IN CHINA”字样。

（　　）4. 运输包装上的标志就是指运输标志，也就是通常所说的唛头。

（　　）5. 进出口商品包装的包装标志，都要在运输单据上标明。

四、实操题

1. 请翻译合同中的包装条款

（1）In wooden cases of 50 kilograms net each.

（2）In new single gunny bags of about 50 kilograms each.

2. 请指出下列商品应采用何种销售包装的方法，并填入表 3-16 中。

QQ 糖、铁盒饼干、八宝粥、杀虫剂、旺旺大礼包、水杯、化妆品套装、羽绒被、唇膏、整条纸巾、空气清新剂、沙丁鱼罐头、瓶装可乐、旅行用品套装、书籍、水果篮

表 3-16　销售包装适用商品表

销售包装种类	适 用 商 品
挂式包装	
堆叠式包装	
易开式包装	
携带式包装	
透明式包装	
喷雾式包装	
配套式包装	
礼品式包装	

五、案例分析

1. 我国某公司经营出口“金达牌”书包，美国某客商欲大量采购，但要求不用原商标而改为“卡拉牌”，并且不注明中国制造字样。

请问：我方是否可以接受这一要求？应该注意什么问题？

2. 中国某公司出口商品，在与外商签订合同时规定由卖方出具运输标志。但到装船前不久，国外开来的信用证又对运输标志做出了规定。

请问：这种情况应如何处理？

3．合同规定水果罐头装入箱内，每箱 30 听。卖方按合同规定如数交付了货物，但其中有一部分是装 24 听的小箱，而所交货物的总听数并不短缺。可是，买方以包装不符合合同规定为由拒收整批货物，卖方则坚持买方应接受全部货物，理由是经买方所在地的公证人证实：不论每箱是装 24 听还是 30 听，其每听市场价格完全相同。于是引起诉讼。

请问：你认为买方提出的要求是否合理？为什么？

模块十一 国际货物运输

案例导入

我国某外贸公司向墨尔本出口商品 30000 箱，合同规定 3 月至 8 月按月等量装运，每月装运 5000 箱，凭不可撤销信用证付款，客户按时开来信用证，证上总金额与总数量均与合同相符，但装运条款规定为“最迟装运期 8 月 31 日，分数批装运”。我方 3 月装出 5000 箱，4 月装出 6000 箱，5 月装出 10000 箱，6 月装出 9000 箱。客户发现后向我方提出异议。

请思考： 我方是否可以这样操作？为什么？

知识要点

序　号	知　识	重 要 性
1	国际货物运输的种类	★★★☆☆
2	班轮运费的计算	★★★★☆
3	《UCP600》及《公约》关于分批装运的规定	★★★★★
4	运输单据的种类、性质	★★★★☆

思维导图

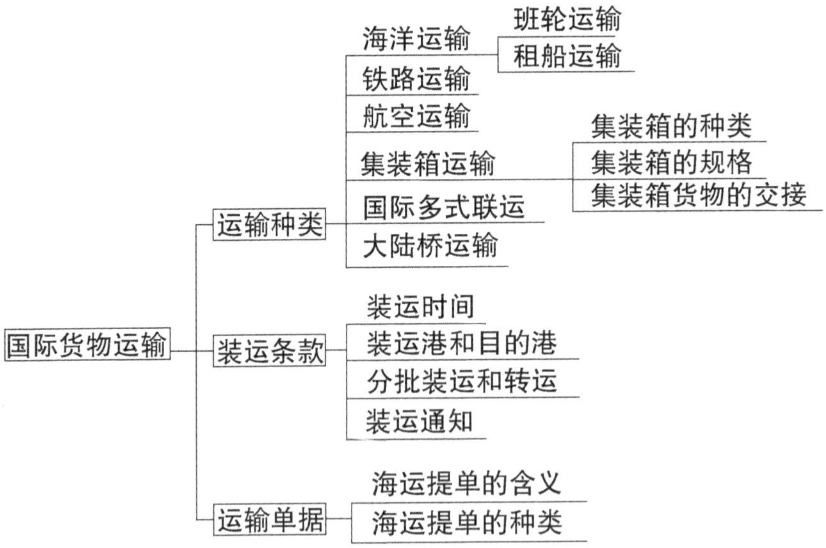

知识拓展

在国际货物运输中，可以选择的运输方式包括海洋运输、铁路运输、航空运输、集装箱运输和国际多式联运、大陆桥运输等。其中海洋运输是目前国际运输当中使用最多的一种运输方式，约占贸易运输量的 80%，铁路运输次之。随着跨境电商行业的日益壮大，航空运输的运量也在逐年攀升。

一、海洋运输

海洋运输，是指以船舶为运载工具，通过海上航道运送旅客或货物的运输方式。海洋运输具有吞吐能力大、单位运费低、适应性强等优点。但其航行速度慢，容易受气候和自然条件影响，风险较大。海洋运输按照其经营方式的不同，分为班轮运输和租船运输两种。

1．班轮运输

1）班轮运输的含义

班轮运输（Liner Shipping），又称为定期船运输，是指船舶在固定的航线上，按事先公布的船期表和运费率往返航行的一种运输方式。它的起运重量低、方式灵活，所以货运量不大时常采用这种方式。

知识要点解读

1．班轮运输的主要特点

（1）四固定：固定的航线、固定的港口、固定的船期和相对固定的运费率。

（2）船方负责装卸费用。船、货双方不计算滞期费和速遣费。

（3）船、货双方的权利、义务与责任豁免，以船方签发的提单条款为依据。

2．班轮运输的适用范围

品种零散，运量较小的货物。

2）班轮运费的构成

班轮运费，是班轮公司为运输货物向货主收取的费用，包括货物从装运港至目的港的海上运费及货物的装卸费。班轮运费由基本运费和附加运费两部分组成。

（1）基本运费。基本运费是指每一计费单位货物收取的费用，是构成全程运费的主要部分。班轮运费的计收标准主要有如下几种：

① 重量吨（Weight Ton）。按照货物的毛重计收运费，运价表中以“W”表示。计量单位是公吨。

② 尺码吨（Measurement Ton）。按照货物的体积计收运费，运价表中以“M”表示。计量单位是立方米。

③ 按照货物的毛重或体积收费。由船公司选择其中收费较高的一种方式计收运费，运价表中以“W/M”表示。

④ 从价运费。按照货物的价格计收，运价表中以“A.V.”或“Ad Val”表示。一般按货物 FOB 价值的一定百分比收取。

⑤ 按重量吨、尺码吨或从价运费计收。由船公司选择其中收费最高的一种收取，在运

价表中以“W/M or A.V.”表示。

⑥ 按重量吨或尺码吨和从价运费征收，船公司在毛重和体积中选择收费较高的一种收取，然后再加收一定百分比的从价运费，在运价表中以“W/M PLUS A.V.”表示。

⑦ 按件数。按货物的件数收取，在运价表中以“Per”表示。

⑧ Open。船货双方议定，在运价表中以“Open”表示，适用于大宗低值货物。

知识要点解读

班轮公司对同一包装、同一票货物或同一提单内出现混装时，运费收取原则是就高不就低。具体办法如下。

（1）不同商品混装在同一包装内，全部运费按其中收费高者征收。

（2）同一票货物如包装不同，其收费标准和等级也不同，如托运人未按不同包装分别列明毛重和体积，则全票货物按收费高者计收。

（3）同一提单有两种以上的货名，如托运人未分别列明不同货物的毛重和体积，则全部货物按收费高者征收。

（2）附加运费。附加运费是在基本费率之外，班轮公司为了弥补损失又规定了各种额外加收的费用。主要有燃油附加费、货币贬值附加费、转船附加费、直航附加费、超重附加费、超长附加费和超大附加费、港口附加费、港口拥挤附加费、选港附加费、变更卸货港附加费、绕航附加费。

3）班轮运费的计算

（1）计算步骤。

① 根据合同查明装运港和目的港所属航线。

② 根据货物英文名称在货物分级表中查出该货物的等级和计收运费的标准。

③ 查出这一商品的基本费率。

④ 查出各种附加费的计收方法和费率。

⑤ 根据运费计算公式算出总运费。

（2）公式。

总运费=基本运费+附加运费

总运费=基本运费×（1+附加运费率之和）×货运量

知识要点解读

下面以两个具体的案例来说明如何计算班轮运费。

案例 1：按重量吨计收运费

某外贸公司出口大米 3000 公吨至日本，已知运往日本基本港口的基本运费率为每运费吨 80 美元，运往非基本港口的转船附加费率为 20%，同时，每运费吨加收 10 美元的港口附加费。试算该批大米运往非基本港口的运费。

解：基本运费= USD80.00×3000MT=USD240000.00

转船附加费= USD80.00×3000MT×20%=USD48000.00

港口附加费= USD10.00×3000MT=USD30000.00

总运费=基本运费+港口附加费+转船附加费

= USD240000.00+USD30000.00+USD48000.00

= USD318000.00

因此，该批大米运往非基本港口的运费为 318000.00 美元。

案例 2：按照货物的毛重或体积计收运费

某出口商拟出口某货物到法国港口，该批货物以木箱包装运输，每一木箱的尺码为 60cm×70cm×60cm，重量为 20kg，共装 20 箱。出口商向船公司询问运价，船公司答复如下：基本运费率为 W/M USD150，W=1000kgs；M=1m^3；燃油附加费率为 10%；货币贬值附加费率为 10%。另外，出口商可享受远东至欧洲班轮公会优惠费率，即减 9.5%。试计算该批货物运费。

解：总尺码：0.6m×0.7m×0.6m×20=5.04m^3

总重量：20kg×20=4kgs=0.4MT

因尺码吨大于重量吨，因此船公司将选择以尺码吨为计费吨。

基本运费=USD150.00×5.04=USD756.00

燃油附加费=USD756.00×10%=USD75.60

货币贬值附加费=USD756.00×10%=USD75.60

总运费=USD(756.00+75.60+75.60)×(1−9.5%)=USD821.02

因此，该批货物的总运费为 821.02 美元。

2．租船运输

1）租船运输的含义

租船运输（Charter Transport）又称不定期船运输，和班轮运输不同，它没有预制定的船期表，没有固定的航线，停靠港口不固定，无固定的费率表。船舶的营运是根据船舶所有人与需要船舶运输的货主双方事先签订的租船合同来安排的。租船运输适用于大宗货物运输。

2）租船运输的分类

在国际海运业务中，租船方式主要有定程租船和定期租船，其中定期租船还包括光船租船的方式。

定程租船（Voyage Charter），又称为程租船、航次租船。由船舶所有人负责提供一艘船舶在指定的港口之间将指定货物进行一个航次或几个航次运输。

定期租船（Time Charter），也称期租船。由船舶所有人将船舶出租给承租人，供其使用一段时间。定期租船方式下，由船舶所有者任命船长，配备船员，支付工资和给养。船长听从承租人的指挥。承租人负责船舶的营运调度，并负担船舶的燃料费、港口费、货物装卸费、运河通行费等与营运有关的费用。

光船租船（Bareboat Charter），船舶所有人将空船租给承租人使用一段时间，而配备船员、供应给养船舶的营运管理以及一切固定或变动的营运费用由承租人承担。

知识要点解读

定程租船、定期租船和光船租船的区别见表 3-17。

表 3-17　定程租船、定期租船和光船租船的区别

比较类别	定程租船	定期租船	光船租船
租船基础	航程	航期	航期
船舶承租人的权利	小	大	最大
航次成本的负担	船舶所有人	承租人	承租人
固定开支的负担	船舶所有人	船舶所有人	承租人
费用计算	运费、计算滞期费和速遣费	租金、不计算滞期费和速遣费	租金、不计算滞期费和速遣费
适用情况	多见	多见	少见

3）定程租船的运费计算

定程租船费用主要包括三部分：租船运费、装卸费、滞期费或者速遣费。

（1）计算步骤：

① 计算定程租船运费。

② 计算装卸费用。

③ 计算滞期费或速遣费。

④ 根据运费计算公式算出总运费。

（2）运费构成：

运费 = 租船费 + 装卸费 + 滞期费（速遣费）

知识要点解读

（1）定程租船运费有两种计法，一种是整船包干，即不管实际装货多少都是一样的价钱；另一种是规定费率，按所装货物每单位重量（或单位容积）的运费计算总运费。

（2）定程租船装卸费的划分主要有以下 5 种做法。

① 船方负担装货费和卸货费，也称为“班轮条件”（Liner Terms）。

② 船方管装不管卸（Free Out，FO）。

③ 船方管卸不管装（Free In，FI）。

④ 船方装和卸均不管（Free In，Free Out，FIO）。

⑤ 船方不管装卸、理舱和平舱（FIOST）。

掌握的技巧在于理解关键字“Free”，其中文意为“免费”。掌握该单词意思后，配合 in 或 out 即可顺利记忆船方负责装卸费的范畴。

（3）滞期费和速遣费不可能同时存在。

定程租船运输，装卸时间直接影响船方的利益，因而在程租船合同中，需要规定装卸时间，并规定奖惩措施，以督促租船方快装快卸。滞期费（Demurrage Money）是指当船舶装货或卸货延期超过合同规定的装卸货时间时，由租船人向船东所支付的罚款。速遣费（Dispatch Money）是指由于装卸所用的时间比允许的少，由船东向租船人、发货人或收货人按事先约定的费率支付的奖金。速遣费通常是滞期费的一半。

二、铁路运输

铁路运输是在国际贸易货物运输中仅次于海洋运输的一种主要运输方式。它运量较大、运速较快、运输风险明显小于海洋运输，且具有连续性强、运输成本低的优点。我国外贸铁路运输包括通往亚洲和欧洲地区的国际铁路联运和我国港澳地区的国内铁路运输。

知识要点解读

（1）国际铁路货物联运。

国际铁路货物联运是指两个或两个以上国家之间进行铁路货物运输时，使用一份统一的国际联运票据，从发货国家的始发站到收货国家的终点站，只要在始发站办妥托运手续，由一国铁路向另一国铁路移交货物时，无须发货人和收货人参加，铁路当局对全程运输负连带责任。国际铁路货物联运简化了运输手续，节省了运输时间，减少了运输费用，给托运人和承运人带来了方便。

（2）港段铁路运输。

对港澳地区的铁路运输按国内运输办理，但又和一般的国内运输不同。货物由内地装车至深圳直接过轨到香港车站，为两票联运，由外运公司签发“货物承运收据”。京九铁路和沪港直达通车后，内地至香港的运输更为快捷。

（3）采用国际铁路货物联运，有关当事国事先必须有书面约定。目前，国际铁路运输公约主要有两个：一个是《国际货约》，另一个是《国际货协》。

三、航空运输

航空运输（Air Transport）是指使用飞机、直升机及其他航空器运送人员、货物、邮件的一种运输方式。其具有速度快、货运质量高且不受地面条件限制等优点。航空运输的方式主要有四种：班机运输，包机运输，集中托运，航空快递。

知识要点解读

四种不同的航空运输方式的特点见表 3-18。

表 3-18　四种不同的航空运输方式的特点

运输方式	特　点	适用范围
班机运输	固定的航线、航期、始发港、经停港、目的港，相对固定的收费标准	急需品、贵重物品、鲜活商品及时令商品
包机运输	航空公司与租机人约定运输条件及运输费用	大批量货物
集中托运	货运代理集中货物，向航空公司托运，由目的地代理收货、报关，分拨给实际收货人。运量一般在 45 千克以上	散货
航空快递	航空快递公司集中货物	小包裹和文件

四、集装箱运输

集装箱运输（Container Transport）是以集装箱为运输单元进行货物运输的现代运输方式。它可适用于海洋运输、公路运输、铁路运输和国际多式联运等。

第三篇　模块十一
集装箱种类

1．集装箱的种类

集装箱又称“货柜”或“货箱”。国际标准化组织根据集装箱在装卸、堆放和运输过程中的安全需要，规定了集装箱必须具备的基本条件：第一，能长期反复使用，具有足够的强度；第二，途中转运不用移动箱内的货物，可以直接换装；第三，可以快速装卸，并可以从一种运输工具直接方便地转换到另一种运输工具；第四，便于货物的装满和卸空。

根据装载的货物不同，集装箱可以分为以下种类：杂货集装箱、冷藏集装箱、散货集装箱、开顶集装箱、框架集装箱和罐装集装箱。

知识要点解读

不同种类集装箱的特点比较见表 3-19。

表 3-19　不同种类集装箱的特点比较

种　类	特　点	适用范围
杂货集装箱	最常用的标准集装箱，国际标准化组织建议使用的 13 种集装箱均为此类集装箱	日用百货、食品、机械、仪器、医药及各种贵重物品等
冷藏集装箱	集装箱附有冷冻机。可分冷冻区、冷藏区	冷冻货物或冷藏货物
散货集装箱	集装箱顶部可打开，以方便装入散装货物，侧面有上掀门以卸出散货	大豆、大米、麦芽、面粉、饲料及水泥、化学制品等各种散装的粉粒状货物
开顶集装箱	可以将箱体顶部全部打开，使用起重机从顶部装卸	玻璃板、钢制品、机械等重货
框架集装箱	可将四个侧面及顶部拆开，只剩支架及底板，便于装卸特殊形状的货物	长大件、超重货、轻泡货、重型机械、钢管、裸装机床和设备等
罐装集装箱	具有为装载液体货物而设的特殊结构和设备	酒、油类、化学品等液体货物

2．集装箱的规格

在国际航运上使用的集装箱多为 20 英尺和 40 英尺集装箱。在统计不同型号的集装箱时，按集装箱的长度换算成 20 英尺单位（通常以 TEU 表示，意即“相当于 20 英尺单位”）加以计算。

知识要点解读

我国常用的集装箱规格见表 3-20。

表 3-20　我国常用的集装箱规格

柜　型	外　径			内　径			实装体积
40'GP	40'0"	8'0"	8'6"	38'02"	7'8"	8'9"	约 58CBM
	12.19M	2.43M	2.89M	12.04M	2.35M	2.39M	
20'GP	20'0"	8'0"	8'6"	18'02"	7'8"	8'9"	约 28CBM
	6.10M	2.43M	2.57M	5.90M	2.35M	2.39M	

3．集装箱货物的交接

集装箱货物按照装箱方式的不同可分为整箱货和拼箱货两种。

1）相关概念解释

① 整箱货（Full Container Load，FCL），又称 FCL 货物，当托运人的货量足以装满一个集装箱时，该箱货物称为整箱货。

② 拼箱货（Less than Container Load，LCL），又称 LCL 货物。当货物不足以装满一个集装箱时，托运人或货主需将其运到承运人指定的集装箱货运站。在经报关后将货物交给承运人或其代理，承运人或其代理将其他货主的同样货物与其合并装于一个集装箱，装箱后加封，该箱货物称为拼箱货。

③ 集装箱堆场（Container Yard，CY），是指在集装箱码头内或码头周边地区，用于交接和保管集装箱的场所，包括集装箱编排场、码头前沿堆场等。主要办理整箱货运的交接、存储和保管。

④ 集装箱货运站（Container Freight Station，CFS），是拼箱货装箱、拆箱的船、货双方办理交接的场所。

知识要点解读

（1）整箱货通常由货主在工厂或仓库自行装箱、计数、加封，并运到目的地，因而整箱货又称为 CY 货物。

（2）拼箱货由承运人或其代理在集装箱货运站集中装箱，因而又称为 CFS 货物。

（3）整箱货通常只有一个发货人和一个收货人，拼箱货一般涉及多个发货人或多个收货人。

2）集装箱货物的交接方式解释

① FCL/FCL（整箱交/整箱接）。

货主在工厂或仓库把装满货的整箱交给承运人，收货人在目的地以同样整箱接货，换言之，承运人以整箱为单位负责交接。货物的装箱和拆箱均由货主负责。

② FCL/LCL（整箱交/拆箱接）。

货主在工厂或仓库把装满货的整箱交给承运人，在目的地的集装箱货运站或内陆转运站由承运人负责拆箱后，各收货人凭单接货。

③ LCL/LCL（拼箱交/拆箱接）。

货主将不足整箱的小票托运货物在集装箱货运站或内陆转运站交给承运人，由承运人负责拼箱和装箱（Stuffing，Vanning）运到目的地货站或内陆转运站，由承运人负责拆箱（Unstuffing，Devanning），拆箱后，收货人凭单接货。货物的装箱和拆箱均由承运人负责。

④ LCL/FCL（拼箱交/整箱接）。

货主将不足整箱的小票托运货物在集装箱货运站或内陆转运站交给承运人，由承运人分类调整，把同一收货人的货集中拼装成整箱，运到目的地，承运人以拼箱交，收货人以整箱接。

知识要点解读

在上述各种交接方式中，首选整箱交、整箱接的交接方式。因为该方式省时间，风险小，最能发挥集装箱的优越性。

五、国际多式联运

1. 国际多式联运的含义

国际多式联运是在集装箱运输的基础上产生和发展起来的一种综合性连贯运输方式。它一般以集装箱为媒介，把海、陆、空各种传统单一运输方式有机结合起来，组成一种国际连贯运输。

多式联运是实现“门到门”运输的有效途径，它简化了手续，减少了中间环节，加快了货运速度，降低了运输成本，提高了运输质量。

2. 国际多式联运的构成条件

（1）须有国际两种或两种以上的运输方式。

（2）须有一份多式联运合同，合同中明确规定多式联运经营人和托运人之间的权利、义务、责任和豁免。

（3）全程使用一份包括全程的多式联运运单。

（4）全程只有一个运费率。

（5）多式联运经营人对运输全程负总责。

六、大陆桥运输

大陆桥运输（Land Bridge Transport）是指使用横贯大陆的铁路（公路）运输系统作为中间桥梁，将大陆两端的海洋连接起来的集装箱运输方式。大陆桥运输具有运输里程短、运输成本低、货物运输快的优点。

知识要点解读

大陆桥运输的种类见表3-21。

表3-21 大陆桥运输的种类

种 类	联运方式	备 注
北美大陆桥	“海—陆—海”，连接远东到欧洲	由美国大陆桥和加拿大大陆桥组成
西伯利亚大陆桥	“海—铁—海”“海—陆—铁”“海—陆—公”“海—公—空”，连接远东地区与波罗的海、黑海沿岸和西欧大西洋口岸	又称亚欧第一大陆桥
新亚欧大陆桥	“海—陆—海”，连接太平洋和大西洋。始于中国东部连云港，终于荷兰鹿特丹，全长一万多千米	新丝绸之路

七、装运条款

装运条款的内容及其具体订立与合同的性质和运输方式有着密切的关系。我国的进出口合同大部分是 FOB、CFR 和 CIF 合同，而且大部分的货物是通过海洋运输的，因此下面就这类合同装运条款加以说明。

1．装运时间

装运时间是指卖方在起运地点装运货物的期限，又称装运期。在装运港或装运地交货条件下，装运期是合同中的主要条件。根据《公约》的规定，如果卖方未按合同规定时间交货，即构成卖方的违约行为，买方有权撤销合同，并要求卖方赔偿损失。

知识要点解读

国际贸易合同中，装运时间的具体规定方法有以下几种。

（1）明确规定具体装运时间，不是规定某一具体日期，而是规定一段期限。可以是最迟装运期限，或装运的月份，甚至规定跨月装运。例如，在 7 月 30 日前装运；在 7 月 1 日至 7 月 31 日装运；在 3 月装运；在 3/4/5 月装运等。

（2）规定在收到信用证后若干天内装运，通常是针对一些外汇管制严格的国家和地区的买方；买方来样加工的商品或国外定牌商品；对某些有开证拖延记录的客户为避免因买方不开证带来的损失，采用这种方法来约束买方。使用这种方式应规定最迟的开证日期(latest opening date)，例如：收到信用证后 45 天内装运(Shipment within 45 days after receipt of L/C.)。

（3）规定收到信汇、电汇、票汇后一定时间内装运。卖方已经备好货物随时可以发货的情况下，可以采用这种方式。例如：收到你方 30%电汇货款后 30 天内装运(Shipment will be effected within 30 days after receipt of your 30% deposite of the total amount by T/T.)。

（4）笼统规定装运时间。采用这种方法，通常用立即装运（immediate shipment）、即刻装运（prompt shipment）、尽速装运（shipment as soon as possible）等词语表示。由于这种规定太过笼统，按照《UCP600》的规定，银行将不予理会。

2．装运港和目的港

装运港是指货物起始装运的港口，由出口方提出，进口方同意确定。目的港是指货物最后卸货的港口，由进口方提出，出口方同意确定。

知识要点解读

1．装运港和目的港的规定方法

（1）通常情况下，装运港和目的港都只规定一个，如装运港是青岛，目的港是纽约。

（2）有时根据情况，可以规定两个或两个以上的装运港和目的港，如装运港是青岛/大连，目的港是伦敦/利物浦。

（3）在洽谈时，如明确规定装运港和目的港有困难，可以采取“选择港”的规定方法。选择港规定有两种方法：一是在列明的港口中选择其一，如装运港是伦敦或利物浦；

二是从一个航区的港口中任选其一，如目的港是地中海主要港口。

2. 规定装运港和目的港应注意的事项

（1）要考虑港口的具体情况和装卸条件。

（2）对有重名的港口应注明国别或地区。

（3）对于航次少或无直达航线的港口，应注明允许转运。

（4）不要轻易接受“欧洲主要港口”“美洲主要港口”作为目的港。

（5）对于选择港，所选港口不超过 3 个，且应是同一航线上的基本港口。

（6）不能接受内陆城市作为目的港或装运港。

（7）不接受指定码头或泊位的装卸条款。

思考：

（1）因误认重名港口引起的纠纷。

印度一公司向利比亚买方按 CFR 条件出售一批商品，双方约定装运港为加尔各答，目的港为的黎波里（Tripoli）。但是，卖方误将货物运到黎巴嫩的黎波里港，并在那里卸货。买方实际没有收到货物，便向法院控告卖方，法院判决买方胜诉。本案例中，卖方应吸取怎样的教训？

（2）因卸货港不明确引起的纠纷。

我国某公司按 CFR 条件向日本出口红小豆，合同规定卸货港为日本口岸。发运前，有一货轮开往日本大阪和神户，我方业务员电询日方在日本哪个口岸卸货合适。当时，红小豆价格下跌，日商故意指示将货物卸在日本东北部一个很偏僻的小港。我方表示有困难，要求卸在大阪或神户，日商坚持不同意，并以此为由撤销了合同，使中方遭受损失。本案例中，中方应吸取怎样的教训？

3. 分批装运和转运

1）分批装运的含义

分批装运（Partial Shipment）是指一笔成交货物分若干期货、若干次装运。凡是数量巨大，或受运输、销售等条件限制的，都可在合同中规定分批装运条款。

知识要点解读

注意：判断分批装运的关键在于“三同一”。只要具备“同一运输工具”“同一目的地”“同一航次”，就不属于分批装运。

思考：下列两种情况是否属于分批装运？

（1）我国某外贸公司对英国出口 1200 公吨矿砂，国外来证规定，“不允许分批装运”。结果我方在规定的期限内分别在福州、厦门各装 600 公吨于同一航次的同一船上运往伦敦，提单上也注明了不同的装货港和不同的装货日期。

（2）我国某出口公司与美商按 CFR 条件向纽约出口靴子 10000 双，合同与信用证装运期为 6~7 月，每月装 5000 双，允许转船。我公司于 6 月 30 日将 5000 双靴子装上“幸运号”轮，取得 6 月的提单，又于 7 月 10 日将余下的 5000 双装上“女神号”

轮，取得7月的提单，两船均在中国香港转船，两批货均由马士基公司“水星号”轮运至目的地。

2）解读《UCP600》和《公约》中关于分批装运的规定

① 解读《UCP600》。

第31条a款规定，除非信用证另有规定，允许分批装运。

知识要点解读

思考： 我国某出口公司对欧洲按CIF价格出口一批钢材。合同规定装运期为11月/12月，国外开来的信用证“Shipment during Nov/Dec2017”。当我方在租船订舱时发生困难，一时租不到足够的舱位，要分两到三次装运，这种情况是否构成违反信用证的条款？

分析： 不构成违反信用证条款。根据《UCP600》第31条a款的规定：“除非信用证另有规定，允许分批装运。”本案中，合同只规定在11月、12月完成装运，对是否允许分批装运未作具体要求，只要信用证未禁止分批，则卖方可以分批。只要能在11～12月将货装运完毕，可以不要求国外修改信用证。因此，我方可分2～3次装运。

第31条b款规定，表明使用同一运输工具并经由同次航程运输的数套运输单据在同一次提交时，只要显示相同目的地，将不视为部分发运，即使运输单据上标明的发运日期不同或装货港、接管地或发送地点不同。而含有一套或数套运输单据的交单，如果表明在同一种运输方式下经由数件运输工具运输，即使运输工具在同一天出发运往同一目的地，仍将被视为部分发运。

知识要点解读

思考： 我国某公司出口500MT散装花生米。合同规定从中国港口运往伦敦，分5个月装运：3月80MT，4月120MT，5月140MT，6月110MT，7月50MT，每月不许分批装运。卖方按信用证要求于3月和4月分别在青岛装运80MT和120MT，顺利结汇。于5月20日和5月28日分别在青岛和烟台同船同航次装运70.5MT和64.1MT，共134.6MT。买方将两套单据寄给开证行时，银行认为违反了每月禁止分批装运条款，以单证不符为由拒付。银行拒付是否合理？

分析： 银行拒付无理。按照《UCP600》第31条b款的规定，表明使用同一运输工具并经由同次航程运输的数套运输单据在同一次提交时，只要显示相同目的地，将不视为分批装运，即使运输单据上标明的发运日期不同或装货港、接货地或发送地不同。

第32款规定，如信用证规定在指定的时间段内分期支款或分期发运，任何一期未按信用证规定期限支取或发运时，信用证对该期及以后各期均告失效。

知识要点解读

思考：某食品进出口公司向挪威出口3000公吨荔枝罐头，合同规定6~9月交货，即期信用证支付。根据《UCP600》第32款的规定："如信用证规定在指定的时间段内分期支款或分期发运，任何一期未按信用证规定期限支取或发运时，信用证对该期及以后各期均告失效。"来证规定：Shipment during June to September，June Shipment 800M/T，July Shipment 800 M/T，August Shipment 800 M/T，September Shipment 600 M/T。我公司实际出口情况是：6~7月出货正常，并顺利结汇，8月因船期延误，拖延到9月12日才实际装运出口。9月15日我方在同轮又装了600M/T，付款行收到单据后来电表示拒绝支付这两批货的款项，请问：我方有何失误？付款行拒付有何依据？

分析：我方未按信用证的规定分批装运，导致信用证失效。来证规定：Shipment during June to September，June Shipment 800M/T，July Shipment 800 M/T，August Shipment 800 M/T，September Shipment 600 M/T。我方8月的800M/T货物因船期延误，拖延到9月12日才实际装运出口。9月15日我方在同轮又装了600M/T，两批货物装上同一船只实际上违反了分批装运的规定，信用证对8~9月的结汇失效。

② 解读《公约》。

第73条a款规定，对于分批交货的合同，如果一方当事人不履行对任何一批货物的义务，使该批货物根本违反合同，则另一方当事人可以宣告合同对该批货物无效。

第73条b款规定，如果一方当事人不履行对任何一批货物的义务，使另一方当事人有充分理由断定对今后各批货物将会发生根本违约，该另一方当事人可在一段合理时间内宣告合同今后无效。

第73条c款规定，买方宣告合同对任何一批货物的交付为无效时，如果各批货物是相互依存的，不能单独用于双方当事人在订立合同时所设想的目的，可以宣告已交付或今后交货的各批货物均无效。

知识要点解读

思考：某食品进出口公司出口一批山核桃，信用证规定：900公吨山核桃，其中包括A级300公吨，B级300公吨，C级300公吨，装运必须分等量两批分船装。该公司根据上述信用证条款规定和库存情况，决定这样安排分两批装运：第一批装450公吨，其中包括A级140公吨，B级160公吨，C级150公吨；第二批也装450公吨，其中包括A级160公吨，B级140公吨，C级150公吨。银行因货物未分等量两批装运，单证不符而拒付。

分析：尽管合同和信用证规定了每一批装运的数量，但由于货源、船舶及其他方面的原因，卖方可能无法按既定要求分批装运。本案例中，信用证规定900公吨货物包括三种等级，并且三种等级各规定有数量，且规定数量分相等的两批装运。卖方交货没按要求进行，可以判定该批和今后交货的各批货物无效。

3）转运

转运（Transshipment）指从发运地点到最终目的地的运输过程中从某一运输工具上卸下货物并装上另一运输工具的行为（无论其是否为不同的运输方式）。

对于无直达船、无固定船期或航次较少的目的港，通常需要转运。但货物中途转运，不仅延误时间，增加费用，还可能出现货损货差，所以买方对其进口货物一般不愿转运，在合同里会提出“禁止转运”的条款。

知识要点解读

根据《UCP600》第 19 条的规定：只要同一运输单据包括全程运输，则运输单据可以注明货物将被转运或可被转运；即使信用证禁止转运，银行也将接受注明转运将发生或可能发生的运输单据。

4．装运通知

装运通知是装运条款的重要内容，不论以哪种贸易术语成交，双方都应承担相互告知的义务。规定装运通知的目的在于明确买卖双方的责任，促使双方互相配合，共同做好车、船、货的衔接，便于为货物办理运输险。

装船通知（Shipping Advice）的内容通常包括：① 合同号或订单号或信用证号及相应日期、发票金额等；② 货物的名称、规格、重量、数量、唛头等；③ 装货港名称、船公司名称、船名、预计开航日期及预计抵达日期等；④ 提单号或装运单据号等。

知识要点解读

（1）当采用 CFR 术语成交时，卖方应在货物装船后立即向买方发出装运通知。如卖方装船完毕未及时通知买方，导致买方未能及时购买保险，期间发生的货物损失将由卖方承担。因此，在实际工作中即使货物在节假日完成装船，也应立即发出装船通知。

（2）装船通知样本

SHIPPING ADVICE

Messrs　　　　Invoice No. STINV000002

Carters Trading Company, LLC

P 0. Box8935 New Terminal, Lata. Vista, Ottawa, Canada　　Date: 2019-04-08

Particulars

① L/C NO.STLONO00002

② Purchase order No. Contract001

③ Vessel: Raynham/DY100-08

④ Port of Loading: Guangzhou

⑤ Port of Discharge: Toronto

⑥ on Board Date: 2019-05-15

⑦ Estimated Time of Arrival: 2019-06-10

⑧ Container.:40'×2

⑨ Freight: USD 9602

⑩ Description of Goods.

WOMEN'S T-SHIRT

20PCS PER CARTON, COLOR: BLACK, FABRIC CONTENT: 100% COTTON

⑪ Quantity: 15000 PCs

⑫ Invoice Total Amount: USD 450000

Documents enclosed

① Commercial Invoice: 6

② Packing List: 3

③ Bill of Lading: 1(Duplicate)

④ Insurance Policy: 1(Duplicate)2 Copies

____

Very truly yours,

GRAND WESTERN TRADING CORP.

Maly Li

Manager of Foreign Trade Dept.

八、运输单据

国际贸易中，提交约定的单据是卖方的义务，运输单据是不可或缺的一部分。运输单据是承运人收到承运货物签发给出口商的证明文件，它是交接货物、处理索赔与理赔及向银行结算货款或进行议付的重要单据。

国际货物运输中，运输单据的种类很多，包括海运提单、铁路运单、航空运单、邮包收据和多式联运运单等。其中，最常使用的是海运提单。各类运输单据的比较见表 3-22。

表 3-22　各类运输单据的比较

运输方式	单据名称	单据性质
海洋运输	海运提单	货物收据、合同、物权凭证
	海运单	货物收据、合同
铁路运输	国际铁路货物联运运单	货物收据、合同
	承运货物收据（港澳）	货物收据、物权凭证
航空运输	航空运单	合同、收据、账单、报关单据、保险证书
多式联运	多式联运单据	合同、物权凭证
邮包	邮包收据	货物收据、索赔依据

1. 海运提单的含义

海运提单（Bill of Lading，B/L）是由船长或承运人或其代理人签发的，证明收到特定的货物，允许将货物运至特定的目的地并交付于收货人的凭证。海运提单也是收货人在目的港向船公司或其代理提取货物的凭证。

知识要点解读

海运提单的性质和作用有以下 3 点。

1. 货物收据

提单是承运人提前发给托运人的收据，确认承运人已收到提单所列货物并已装船，或者承运人已接管了货物，以待装船。

2. 运输契约的证明

运输契约的证明是托运人与承运人的运输契约证明。承运人之所以为托运人承运有关货物，是因为承运人和托运人之间存在一定的权利义务关系，双方权利义务关系以提单作为运输契约的凭证。

3. 货物所有权凭证

提单是货物所有权的凭证。谁持有提单，谁就有权要求承运人交付货物，并且享有占有和处理货物的权利，提单代表了其所载明的货物。

2. 海运提单的种类

海运提单种类繁多，根据分类不同，侧重点各有不同，见表 3-23。

表 3-23　各类海运提单的比较

种　类	中文名称	英文名称	特　点
按货物是否已装船分类	已装船提单	On Board B/L	承运人已将货物全部装上指定船舶后签发的提单
	备运提单	Received for Shipment B/L	承运人收到托运货物等待装船期间签发给托运人的提单
按货物表面状况有无不良批注分类	清洁提单	Clean B/L	承运人签发提单时未加任何货损、包装不良等批注的提单
	不清洁提单	Unclean B/L	承运人在提单上加注货物有不良或存在缺陷等批注的提单
按提单格式是否全面分类	全式提单	Long term B/L	提单背面详细列明承运人和托运人之间的权利、义务等详细条款的提单
	简式提单	Short term B/L	只有正面内容，而背面是空白的提单
按船舶经营方式不同分类	班轮提单	Liner B/L	班轮公司承运货物后签发的提单，有详细的运输条款
	租船提单	Charter party B/L	船方根据租船合同签发的提单
按运输过程中是否需要转运分类	直达运输提单	Direct B/L	货物从装运港装船后中途不换船直接驶达目的港的提单
	转船提单	Transshipment B/L	需要在其他中途港口换船转运往目的港的情况下承运人所签发的提单
	联运提单	Through B/L	多式联运时，头程承运人签发的包括全程在内并收取全程费用的提单
按提单抬头不同分类	记名提单	Straight B/L	货物只能由“收货人”提取的提单，不能背书转让
	不记名提单	Bearer B/L	任何人持单即可提货的提单，风险高
	指示提单	Order B/L	可指定收货人的提单，可背书转让

续表

种　类	中文名称	英文名称	特　点
其他种类提单	过期提单	Stale B/L	超过信用证交单日期的提单
	舱面提单	On deck B/L	承运人签发的"货装甲板"的提单
	倒签提单	Antidated B/L	签发日期早于装货日期的提单
	预借提单	Advanced B/L	为达信用证要求，但实际未能如期装货，应托运人要求提前签发的已装船提单

案例解析

我方可以这样操作。因为信用证一经开立就成为独立于合同之外的法律文件，只要单证一致，卖方就可收取货款。当合同与信用证的规定有冲突时，以信用证规定为准。在本案例中，信用证中笼统规定"最迟装运日期 8 月 31 日，分数批装运"，并未规定每批装运的具体数量，因此我方的做法符合信用证规定，能如期收款。但为防日后纠纷，我方应争取等量分批的做法，这既符合了合同规定，又满足了信用证的要求。

模块训练

一、单选题

1. 海运提单日期应理解为（　　）。

A. 签订运输合同的日期　　B. 货物开始装船的日期

C. 货物装船过程中任何一天　　D. 货物装船完毕的日期

2. 目前最主要的国际货物运输方式是（　　），约占国际货运总量的80%。

A. 陆运　　B. 海运　　C. 空运　　D. 国际多式联运

3. 在固定的航线运行，固定的港口停靠，并按事先公布的航期表营运，事先公布的运价表收费的运输方式是（　　）。

A. 租船运输　　B. 班轮运输　　C. 定程租船运输　　D. 定期租船运输

4. 在班轮运价表内标示"W/M"表示（　　）。

A. 按货物重量计价

B. 按货物体积计价

C. 按货物质量计价

D. 按货物重量或体积收费较高者计算单位运价

5. 在进出口业务中，能够作为物权凭证的运输单据有（　　）。

A. 铁路运单　　B. 海运提单　　C. 航空运单　　D. 邮包收据

6. 班轮运输的运费应该包括（　　）。

A. 装卸费，不计滞期费，速遣费

B. 装卸费，但计滞期费，速遣费

C. 卸货费和应计滞期费，不计速遣费

D. 卸货费和速遣费，不计滞期费

7．我某公司与外商签订一出口 900 公吨某货物的合同，来证规定我方应于 3～5 月分批等量装运，我方 3 月装运了 300 公吨，4 月因货未备妥未装运，则（　　）。

A．5 月可装运两批，共计 600 公吨

B．4 月可落空不补，5 月继续装运，顺延到 6 月再装一批

C．5 月照装，4 月的货日后再议

D．从 4 月开始，信用证失效

8．海运提单之所以能够向银行办理抵押贷款，是因为（　　）。

A．海运提单是承运人签发的货物收据

B．海运提单可以转让

C．海运提单是运输契约的证明

D．海运提单具有物权凭证的性质

二、多选题

1．海运提单的性质与作用是（　　）。

A．它是海运单据的唯一表现形式

B．它是承运人或代理人出具的货物收据

C．它是代表货物所有权的凭证

D．它是承运人与托运人之间订立的运输契约的证明

E．它不可以背书转让

2．班轮运输的主要特点中的"四固定"包括（　　）。

A．固定航线　　B．固定港口

C．固定的船期表　　D．相对固定的运费率

E．固定船只

三、判断题

（　　）1．在多式联运情况下，货交承运人是指卖方在将货物交给第一承运人时即完成交货，风险也自货物交付给第一承运人时转移。

（　　）2．签发国际多式联运提单的经营人，其责任只是对第一段运输负责。

（　　）3．国际邮包运输具有国际多式联运和"门到门"运输的性质。

（　　）4．不清洁提单是指表面不清洁、有污渍的提单。

（　　）5．程租船又称为航次租船（Voyage Charter），是指由船舶所有人向承租人提供船舶或船舶的部分舱位，在指定的港口之间进行单向或往返的一个航次或几个航次用以运输指定货物的租船运输方式。

四、实操题

我国某公司出口箱装货物 100 箱，该批货物的体积为 45cm×40cm×25cm，每箱毛重为 35 千克，商品计费标准为 W/M，基本运费为 120 美元/运费吨，并加收燃油附加费 20%，货币贬值附加费 10%。求总运费。（计算结果四舍五入，保留两位小数，要求答题有公式、有过程）

五、案例分析

1．我某公司向南非出口一批化工产品 2000 公吨，采用信用证支付方式。国外来证规定："禁止分批装运，允许转运。"该证同时注明：按《UCP600》办理。现已知：装期临近，

已订妥一艘驶往南非的“黄石”号货轮，该船先停靠新港，后停靠青岛。但此时，该批化工产品在新港和青岛各有1000公吨尚未集中在一起。如果你是这笔业务的经办人，最好选择哪种处理方法？为什么？

2. 我某食品进出口公司向意大利出口3000公吨冷冻食品，合同规定4～7月交货，即期信用证支付。来证规定：Shipment during April to July，April Shipment 800M/T，May Shipment 800 M/T，June Shipment 800 M/T，July Shipment 600 M/T。我公司实际出口情况是：4～5月出货正常，并顺利结汇，6月因船期延误，拖延到7月12日才实际装运出口。7月15日我方在同轮又装了600M/T，付款行收到单据后来电表示拒绝支付这两批货的款项。

请问：我方有何失误？付款行拒付有何依据？

3. 我国某外贸公司对西班牙按CIF价格出口树脂工艺品一批。合同规定装运期为5～6月，国外开来的信用证注明“Shipment during May to June”。但我方在租船订舱时发生困难，一时租不到足够的舱位，要分两到三次装运。

请问：这种情况是否构成违反信用证的条款？

模块十二 国际贸易运输保险

案例导入

某外贸公司按 CIF 术语出口一批货物，装运前已向保险公司按发票总额的 110% 投保平安险，6 月初货物装妥顺利开航。载货船舶于 6 月 13 日在海上遭遇暴雨，致使一部分货物受到水渍，损失 2100 美元。数日后，该轮船又突然触礁，致使该批货物又遭到部分损失，损失 8000 美元。

请思考： 保险公司对该批货物的损失是否赔偿？为什么？

知识要点

序　　号	知　　识	重 要 性
1	保险作用	★★★☆☆
2	海运风险与损失	★★★★☆
3	国际海洋运输货物保险条款及险别	★★★★★
4	保险条款应注意事项	★★★★☆

思维导图

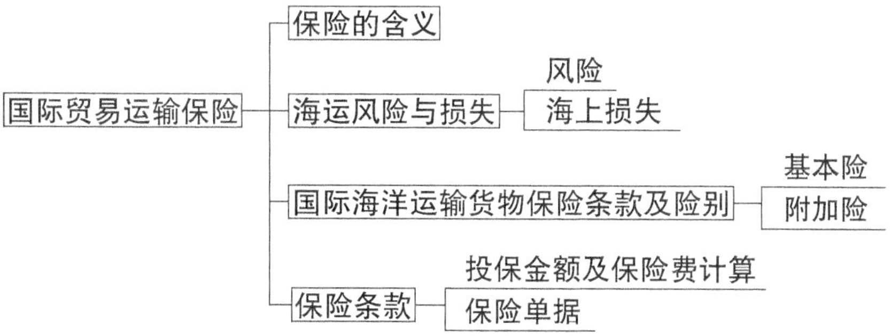

知识拓展

一、保险的含义

国际货物运输保险是指被保险人（买方或卖方）向保险人（保险公司）按一定的金额

投保一定的险别，并根据一定的保险费率交纳保险费，保险人承保后，对于被保险货物在运输途中发生的承保范围内的损失给予经济补偿。

知识要点解读

在国际贸易中，买卖双方价格条件中的保险是指货物运输保险。因为在国际贸易中货物往往需要历经长途运输，在运输、装卸、存储过程中，货物有可能遇到各种风险，导致各种损失的产生。为了保障货物在遭受损失时能得到经济上的补偿，买方或卖方需要办理货物的运输保险。

国际货物运输的复杂性和风险性，使买卖双方在货物买卖交易中要重视保险业务。

二、海运风险与损失

1. 风险

海上货物运输保险承保的风险主要有海上风险和外来风险两类。海上风险又称海难，分为自然灾害和意外事故。外来风险，是指除了海上风险以外的其他外来原因造成的风险，分为一般外来风险和特殊外来风险两种。

知识要点解读

海上货物保险承保的风险见表3-24。

表3-24 海上货物保险承保的风险

风险	海上风险（海难）	自然灾害	指不以人的意志为转移的自然界力量所引起的灾害。例如：恶劣气候、雷电、地震、海啸、火山爆发、洪水等
		意外事故	指人或物体遭受外来灾害的非意料之中的事故。例如：搁浅、触礁、沉没、碰撞、倾覆、火灾、爆炸等
	外来风险	一般外来风险	一般的外来原因造成的风险。通常是指偷窃、提货不着、渗漏、短量、碰损、破碎、钩损、淡水雨淋、生锈、玷污、受潮受热、串味、包装破裂等
		特殊外来风险	主要是指由于军事、政治、国家政策法令和行政措施等原因所致的风险。例如：战争、罢工、交货不到、拒收等

（1）海上风险不泛指一切由于自然力量造成的灾害，而是指人力不可抗拒的自然力量造成的灾害。

（2）意外事故不泛指海上所有的意外事故，而是指运输工具遭遇的风险。

（3）货物的自然损耗和本质缺陷不属于风险。

思考：下列情况具体属于哪种风险？

（1）船舶搁浅；（2）船舶遭遇暴风雨沉没；（3）茶叶在运输途中串味；（4）货物被海盗劫走。

2. 海上损失

被保险货物在运输途中因遭遇海上风险所造成的各种损失称为海上损失。海上损失按损失的程度不同分为全部损失与部分损失。

1）全部损失

全部损失简称全损，包括实际全损和推定全损。

（1）实际全损。

实际全损是指货物完全灭失或变质而失去原有用途，即货物完全损失已经发生或者不可避免，也称为绝对全损。

（2）推定全损。

推定全损又称商业全损，是指被保险货物在海上运输途中遭遇承保风险之后，虽未达到完全灭失的状态，但是可以预见到它的全损将不可避免；或者为了避免全损，需要支付的抢救、修理费用加上继续将货物运抵目的地的费用之和将超过货物的保险价值或超过货物到达目的地时的价值。这两种情况下，被保险人可以推定货物发生了全部损失。

知识要点解读

1. 实际全损包括下列四种情况

（1）被保险货物完全灭失。如船只遇海难后沉没，货物同时沉入海底。

（2）被保险货物遭受严重损害，已丧失了原有的用途和价值。例如，水泥遭海水浸泡后变成硬块；茶叶被海水浸泡后腐烂发臭。

（3）被保险人对被保险货物的所有权已无可挽回地被完全剥夺。例如，船、货被海盗劫去或被敌对国扣押。

（4）载货船舶失踪达到一定时期仍无音信，例如，半年以上。

2. 推定全损主要有以下四种情况

（1）被保险货物遭受严重损害，完全灭失已不可避免，或者为了避免实际全损需要施救等所花费用将超过获救后被保险货物的价值。

（2）被保险货物受损害后，修理费用估计要超过货物修复后的价值。

（3）被保险货物遭受严重损害之后，整理和续运目的地的运费超过了残存货物到达目的地的价值。

（4）被保险货物遭受责任范围内的事故，使被保险人失去被保险货物所有权，而收回这一所有权，其所需费用将超过收回被保险货物的价值。

思考：下列情况是属于实际全损还是推定全损？

1. 船舶被海盗劫持已有三个月。
2. 一套精密仪器在运输途中遗失了核心部件。
3. 货物遭到严重损毁，修理费用超过货物修复后的价值。

2）部分损失

部分损失是指被保险货物没有达到全部损失的程度，包括单独海损与共同海损。

（1）单独海损。

单独海损是指除共同海损以外的，由海上风险直接导致的船舶或货物的部分损失。这种损失只属于特定利益方，而不属于所有其他的货主或船方。因此，单独海损由受损方单独承担。

（2）共同海损。

共同海损是指载货船舶在海运途中遇到危难，船长为了维护船舶和所有货物的共同安全或使航程得以继续完成，有意识采取的合理行为，并直接造成了某些特殊牺牲或支出的特殊费用。

第三篇　模块十二
共同海损与单独海损案例

知识要点解读

1. 单独海损造成的原因：风险直接造成

思考：在运输过程中，有面粉、机器设备、钢材三种货物，途中遇到暴风雨，部分海水进入船舱，海水浸泡了部分面粉，使其变质。面粉的损失属于哪种损失？

2. 构成共同海损的条件

一是船方在采取措施时，必须确有危及船、货共同安全的危险存在，不是臆测的，或者是不可避免发生的。

二是船方所采取的措施，必须是为了解除船、货的共同危险而有意识采取的合理行为，且其费用支出是额外的。

三是必须是属于非正常情况下的损失。

3. 共同海损分摊

根据惯例，共同海损的牺牲和费用，应由受益方，即船方、货方和运输方按最后获救的价值按比例分摊。

4. 常见的共同海损牺牲项目

（1）抛弃：指抛弃船上载运的货物或船舶物料。

（2）救火：为扑救船上的火灾，向货舱内灌浇海水、淡水、化学灭火剂造成舱内货物或船舶的灭失。

（3）自动搁浅：为了共同安全，采取紧急的人为搁浅措施造成舱内货物或船舶的灭失。

（4）起浮脱浅：船舶因海上自然灾害或意外事故而造成舱内货物或船舶的损失。

（5）船舶在避难港卸货、重装或倒移货物、燃料或物料，这些操作造成货物或船舶的损失。

（6）将船上货物或船舶物料当作燃料以保证船舶继续航行。

（7）割断锚链：为避免发生碰撞等紧急事故，停泊的船舶来不及进行正常起锚，有意识地砍断锚链、丢弃锚具，以便船舶启动，由此造成的断链、弃锚损失。

5. 共同海损和单独海损的区别见表 3-25。

表 3-25　共同海损和单独海损的区别

区　别	共同海损	单独海损
损失的原因	为解除船、货共同危险而人为造成的损失	风险直接造成的船、货损失
损失的构成	包括共同海损牺牲和费用	只包括货物本身损失，不包括费用损失
损失的承担	由受损方、货方、运输方按照获救价值的比例分摊	由受损方自己承担

思考：某货船从天津新港驶往新加坡，在航行途中船舶货舱起火，大火蔓延到机舱，船长为了船、货的共同安全，决定采取紧急措施，往舱内灌水灭火。火虽然被扑灭，但由于主机受损，船舶无法继续航行，于是船长决定雇拖轮将货船拖回新港修理，检修后重新驶往新加坡。事后调查，这次大火造成的损失有：

（1）1000 箱货物被火烧毁；

（2）600 箱货由于灌水灭火受到损失；

（3）主机和部分甲板烧毁；

（4）拖船费用；

（5）额外增加的燃料费和船长、船员工资。

从上述各项损失的性质来看，哪些损失属于共同海损？哪些属于单独海损？为什么？

三、国际海洋运输货物保险条款及险别

在国际海运保险业务中，英国制定的保险规章制度对世界各国影响很大。目前世界上大多数国家在海上保险业务中直接采用英国伦敦保险协会所制定的“协会货物条款”（Institute Cargo Clause，ICC）。我国由中国人民保险公司（PICC）根据我国的实际情况，分别制定了海洋、陆地、航空等多种运输方式的货物保险条款，总称为《中国保险条款》（*China Insurance Clause*，CIC）。

我国现行的货物保险条款是 1981 年 1 月 1 日的修订本，不同的运输方式分别订有不同的保险条款，以《海洋运输货物保险条款》使用最普遍。海运货物保险分为基本险、一般附加险和特殊附加险。

知识要点解读

1. ICC 和 CIC 的区别（见表 3-26）

表 3-26　ICC 和 CIC 的区别

	英国伦敦保险协会 ICC	中国保险条款 CIC
基本险	协会货物（A）险条款 协会货物（B）险条款 协会货物（C）险条款 协会战争险条款（货物） 协会罢工险条款（货物）	平安险（FPA） 水渍险（WPA/WA） 一切险（AR）
附加险 （不可单独投保）	恶意损害险条款	一般附加险 特殊附加险

2. ICC 和 CIC 险别的共性

（1）协会货物（A）险条款相当于一切险，协会货物（B）险条款相当于水渍险，协会货物（C）险条款相当于平安险。

（2）投保附加险前，应先投保一项基本险。

3. ICC 和 CIC 的承保范围

被保险货物在海洋运输途中所遭遇的风险。

1. 基本险

基本险又称主险，可以独立投保，包括平安险、水渍险和一切险。

1）平安险（Free from Particular Average，FPA）

平安险是我国保险业沿用已久的名称，英文原意是单独海损不负责赔偿。

知识要点解读

平安险的责任范围：

（1）自然灾害造成的全损；

（2）意外事故造成的全部或部分损失（不包括自然灾害造成的部分损失）；

（3）意外事故（前后）+自然灾害造成的部分损失；

（4）装卸或转运时货物落海造成的全部或部分损失；

（5）被保险人的施救费用；

（6）在避难港卸货引起的损失及在中途港、卸货港所产生的特别费用；

（7）共同海损的牺牲、分摊和救助费用；

（8）根据“船舶互撞责任”条款规定应由货方偿还船方的损失。

注意：平安险责任范围不包括自然灾害造成的部分损失和外来风险导致的损失。

2）水渍险（With Particular Average，WPA 或 WA）

水渍险又称“单独海损险”，英文原意指单独海损负责赔偿，是海洋运输货物保险的主要险别之一。

知识要点解读

水渍险的责任范围：水渍险 = 平安险 + 自然灾害造成的部分损失，具体包括：

（1）平安险承担的全部责任；

（2）被保险货物由于恶劣气候、雷电、海啸、地震、洪水自然灾害所造成的部分损失。

注意：水渍险责任范围包括海上风险导致的损失，不包括外来风险导致的损失。

3）一切险（All Risks，AR）

一切险又称“综合险”，海洋运输货物保险的主要险别之一。它除了承保“平安险”和“水渍险”的各项责任外，还负责承保货物在运输途中由于外来原因所致全部或部分损失。外来原因通常所致的损失有：偷窃、提货不着、淡水、雨淋、短量、混杂、玷污、渗漏、碰损、破碎、串味、受潮受热、钩损、包装破裂、锈损等。

知识要点解读

（1）一切险责任范围：一切险 = 水渍险 + 一般附加险。具体内容包括：

① 水渍险承担的全部责任；

② 被保险货物在运输途中，由于一般外来风险所致的全部或部分损失；

③ 一切险的承保责任范围是各种基本险中保障最广泛的一种，因而，比较适合价值较高且可能遭受损失因素较多的货物投保。

注意：一切险责任范围不包括特殊外来风险原因所致的损失。

（2）投保人必须单独投保平安险、水渍险和一切险三种险别中的任一种，不能重复投保。

（3）责任范围的大小顺序：一切险 > 水渍险 > 平安险。

（4）三种基本险别之间的关系如图 3-2 所示。

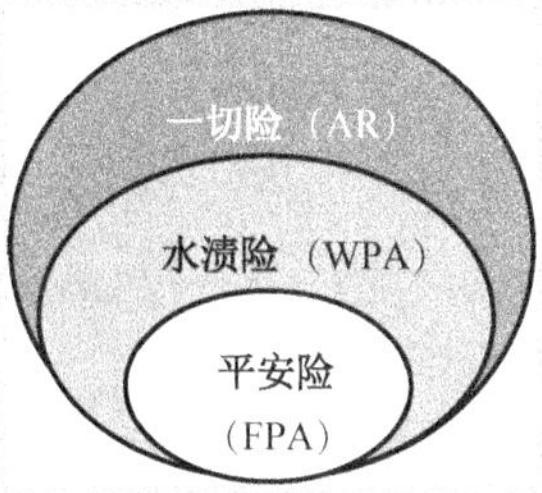

图 3-2　三种基本险别之间的关系

思考：我方按 CIF 条件出口，在合同没作规定的情况下，应投保什么险别？

2．附加险

附加险是对基本险的补充和扩展，不能单独投保，只能在投保了基本险的基础上加保。附加险包括一般附加险和特殊附加险。基本险和附加险的区别见表 3-27。

表 3-27　基本险和附加险的区别

基本险	平安险（FPA） 水渍险（WPA/WA） 一切险（AR）	可以单独投保，投保时必须选择一种基本险投保
附加险	一般附加险 特殊附加险	（1）不能单独投保，投保人只能在投保基本险的基础上根据自己的需要选择加以投保 （2）如果附加险的条款和基本险条款发生抵触，对抵触之处的解释以附加险的条款为准

1）一般附加险（General Additional Risk）

承保一般外来原因引起的货物损失，也称普通附加险，它们包括在一切险之中。一般附加险有 11 种，包括偷窃提货不着险、淡水雨淋险、短量险、混杂玷污险、渗漏险、碰损破碎险、串味险、受潮受热险、钩损险、包装破裂险和锈损险。

知识要点解读

（1）投保一切险，就无须另行加投一般附加险。

（2）投保平安险或水渍险，可加投一种或几种附加险。

（3）一般附加险解释见表 3-28。

表 3-28　一般附加险解释

1	偷窃提货不着险（Theft，Pilferage and Non-Delivery，TPND）	保险期内货物被偷走，货物至目的地后全部或整件未交的损失
2	淡水雨淋险（Fresh Water & Rain Damage, FWRD）	淡水包括船上淡水舱、水管漏水及船舱内水气凝集而成的舱汗等，雨水、冰雪融化造成的损失（相对海水而言）
3	短量险（Risk of Shortage）	通常包装货物的短少，保险公司应查清外包装是否有异常现象，如破口、破袋、扯缝等，如散装货物往往以装船重量和卸船重量之间的差额作为短量的依据，但自然损耗不算
4	混杂玷污险（Risk of Intermixture & Contamination）	货物混进了杂质或被玷污所造成的损失，如矿石中混进了泥土、草屑，服装被油玷污
5	渗漏险（Risk of Leakage）	液体、流质货物由于容器损坏引起的渗漏损失，用液体储装的货物因液体渗漏而变质、腐烂的损失，如酱菜因液体渗漏而带来的损失
6	碰损破碎险（Risk of Clash & Breakage）	碰损指金属或木质货物，如漆木家具因振动、颠簸、挤压造成的凹瘪、脱漆、划痕等；破碎主要针对易碎品而言，如玻璃、陶器，因振动、颠簸等造成的破碎
7	串味险（Risk of Odor）	茶叶、药材等与皮革、樟脑丸等有异味的货物放在一起遭受的损失
8	受潮受热险（Damage caused by Heating & Sweating）	由于气候突然变化或船上通风设备失灵，使船舱内的水气凝结而引起货物受潮或发热而变质的损失
9	钩损险（Hook Damage）	由于装卸或搬运工人操作不当，使用钩子将货物钩破造成的损失，包括对包装进行调换所支付的费用，常发生这类损失的货物有捆装棉布、卷筒纸、袋装粮食等
10	包装破裂险（Loss or Damage caused by Breakage of Packing）	因搬运或装卸不慎、包装破裂造成短少、玷污、受潮等损失。此外，为了运输安全需要而产生的修补或调换包装所支付的费用也予负责
11	锈损险（Risk of Rust）	金属或金属制品在运输过程中，因生锈而造成的损失。但对运输过程中很容易自然生锈的物质，如铁丝、钢绳、水管零件等，以及必然会生锈的裸装金属板、块、条等，保险人一般不保此险

思考：根据所学知识，思考下列两种情况应如何投保。

（1）我方按 CIF 条件成交出口一批罐头食品，可以怎样投保？

（2）我方按 CIF 条件成交出口一批茶叶，可以怎样投保？

2）特殊附加险

特殊附加险（Special Additional Risk）是以导致货损的某些政府行为风险作为承保对象的，特殊附加险只能在投保“平安险”“水渍险”和“一切险”的基础上加保。

知识要点解读

（1）一切险不包括特殊附加险。

（2）特殊附加险解释见表 3-29。

表 3-29 特殊附加险解释

1	战争险（War Risk）	由于战争、武装冲突、海盗行为、常规武器等引起的损失，但对原子弹、氢弹核武器所造成的损失不赔
2	罢工险（Strikes Risk）	因罢工者、被迫停工工人、参加工潮、暴动和民众战争的人员采取行动造成的直接损失。但由于工人罢工货物无法在港口卸货所造成的损失不赔
3	交货不到险（Failure to Deliver）	预定到达日期后 6 个月尚未交货的
4	进口关税险（Import Duty）	货物受损后仍按完好价值交纳进口税所造成的损失
5	舱面险（On Deck）	载于舱面的货物因被抛弃或风浪冲击落水造成的损失
6	拒收险（Rejection）	货物被拒绝进口或没收的损失
7	黄曲霉素险（Aflatoxin）	货物（主要是花生）所含黄曲霉素超过进口国限制标准而被拒绝进口、没收或强制改变用途造成的损失
8	货物出口到香港（包括九龙）或澳门存仓火险责任扩展条款（Fire Risk Extension clause——for storage of cargo at destination Hong Kong, including Kowloon,or Macao）	这是中保财产保险公司所开办的一种特殊附加险。它对于被保险货物自内地出口运抵香港（包括九龙）或澳门，卸离运输工具，直接存放于保险单载明的、过户银行所指定的仓库期间发生火灾所受的损失，承担赔偿责任

思考：根据所学知识，思考下列两种情况应如何投保。

（1）我方按 CIF 条件成交出口一批花生，可以怎样投保？

（2）我方按 CIF 条件成交出口一批海鲜，可以怎样投保？

四、保险条款

1．投保金额及保险费计算

1）投保金额的确定

投保金额就是保险金额。根据国际惯例，保险金额按货物发票 CIF/CIP 价的 110%计算。国际商会《2010 年国际贸易术语解释通则》明确规定：“最低保险金额须为合同规定的价款加 10%。”这里的 10%为保险加成，加成的目的是一旦货物失事，加保部分的赔款可弥补该批货物进口商经营管理费用或预期利润的损失。

$$\begin{aligned}保险金额&=\text{CIF/CIP 价}\times(1+投保加成率)\\&=\text{CIF/CIP 价}\times(1+10\%)\\&=\text{CIF/CIP 价}\times 110\%\end{aligned}$$

知识要点解读

例如，某批出口货物，发票金额为CIF12000美元，信用证规定按发票金额110%投保，其保险金额应为：

12000×110%=13200（美元）

2）保险费的计算

保险费率根据不同商品、不同目的地、不同运输方式、不同险别分别制定，计算时可参阅保险公司提供的费率表。

（1）一般保险费的计算。

保险费=保险金额×保险费率

知识要点解读

例如，上例发票金额为CIF12000美元，信用证规定按发票金额110%投保一切险和战争险，两种险的费率合计为0.6%，其保险费应为：

12000×110%×0.6%=79.20（美元）

（2）含折扣价的保险费的计算。

除非合同规定或信用证订明，保险金额应以减除折让后的净价为基数，计算公式如下：

保险费=CIF/CIP价×(1−折扣率)×保险加成×保险费率

知识要点解读

例如，上例CIF12000美元，如含折扣5%，则投保金额的基数和保险费应为：

投保金额的基数=12000×(1−5%)=11400（美元）

保险费=11400×110%×0.6%=75.24（美元）

（3）超成保险费的计算。

保险金额通常按发票金额加成10%，但有时客户提出的加成超过10%，这就增加了出口商的费用支出，如买卖合同未作规定，其超额的保险费应由客户负担，超成保险费的计算公式为：

超成保险费=CIF/CIP价×超成率×保险费率

知识要点解读

例如，发票金额为12000美元，客户信用证要求按130%投保，保险费率为0.6%，超成保险费的计算为：

12000×(130%−110%)×0.6%=14.40（美元）

2. 保险单据

目前在我国进出口业务中应用的保险单据主要有以下几种。

1）保险单（Insurance Policy）

保险单又称“大保单”，是在国际贸易中使用最广泛、最规范的一种保险单据。其背面载明保险人与被保险人之间的权利义务。保险单可转让，通常是被保险人向银行进行押汇的单证之一。

2）保险凭证（Insurance Certificate）

保险凭证又称“小保单”，是一种简化的保险单据，与保险单具有同等的效力。正面所列内容与保险单是一样的，但是其背面是空白的，没有载明保险条款，只是在正面声明按照同类保险单所载条款为准。目前较少使用。

3）联合保险凭证（Combined Insurance Certificate）

联合保险凭证是指在商业发票上加盖保险章，注明保险编号、险别、金额、装载船名、开船日期等，以此作为保险凭证。它与保险单具有同等效力，但不能转让，是将发票和保单相结合的、比保险凭证更简化的保险单据。一般用于港澳地区中资银行开来的信用证项下业务。

4）预约保险单（Open Policy）

预约保险单又称预约保险合同，是被保险人（一般为进口人）与保险人之间预先订立的较长期限的总合同。在实际业务中，预约保单适用于我国自国外进口的货物。凡属预约保单规定范围内的进口货物，一经起运，我国保险公司即自动按预约保单所订立的条件承保。

知识要点解读

（1）保险单的基本内容：保险单明确、完整地记载有关保险双方的权利义务，包括保险人和被保险人的名称、保险标的、保险金额、保险费、保险期限、赔偿或给付的责任范围以及其他规定事项。

（2）保险单操作：根据投保人的申请，由保险人签署，交由被保险人收执。

（3）保险单的作用：保险单是被保险人在保险标的遭受意外事故而发生损失时，向保险人索赔的主要凭证，同时也是保险人收取保险费的依据。

案例解析

保险公司对于该批货物的损失应该赔偿。

本案例涉及保险理赔问题，现行的中国人民保险公司的《海洋运输货物保险条款》规定平安险的主要保险责任范围有八项，其中第二项为：由于运输工具遭受搁浅、沉没、触礁、互撞、与流冰或其他物体碰撞，以及失火、爆炸等意外事故造成货物的全部或部分损失；第三项为：在运输工具已经发生搁浅、触礁、沉没、焚毁等意外事故的情况下，货物在此前后又在海上遭受恶劣气候、雷电、海啸等自然灾害所造成的全部损失。

结合本案例，触礁是由意外事故导致的，应赔偿；遇暴雨受损的 2100 美元是在运输途中由于自然灾害造成的部分损失，而且是在触礁意外事故前发生的，均属于平安险承保责任范围，所以保险公司对上述两项损失都要赔偿。

模块训练

一、单选题

1．在海洋运输货物保险业务中，共同海损（　　）。

A．是部分损失的一种　　B．是全部损失的一种

C．有时为部分损失，有时为全部损失　　D．是推定全损

2．按国际保险市场惯例，投保金额通常在 CIF 总值的基础上（　　）。

A．加一成　　B．加二成　　C．加三成　　D．加四成

3．根据我国《海洋运输货物保险条款》规定，“一切险”包括（　　）。

A．平安险加 11 种一般附加险　　B．一切险加 11 种一般附加险

C．水渍险加 11 种一般附加险　　D．11 种一般附加险加特殊附加险

4．某批出口货物投保了水渍险，在运输过程中由于雨淋致使货物遭受部分损失，这样的损失保险公司将（　　）。

A．负责赔偿整批货物

B．负责赔偿被雨淋湿的部分

C．不给予赔偿

D．在被保险人同意的情况下，保险公司负责赔偿被雨淋湿的部分

5．预约保险以（　　）代替投保单，说明投保的一方已办理了投保手续。

A．提单　　B．国外的装运通知

C．大副收据　　D．买卖合同

6．有一批出口服装，在海上运输途中，因船体触礁导致服装严重受浸，如果将这批服装漂洗后再运至原定目的港，所花费的费用已超过服装的保险价值，这批服装属于（　　）。

A．共同海损　　B．实际全损

C．推定全损　　D．单独海损

7．黄曲霉素险属于（　　）。

A．水渍险　　B．一般附加险

C．特殊附加险　　D．特别附加险

8．在国际货物运输中，会遇到各种意外风险，与航行有关的触礁风险属于（　　）。

A．自然灾害　　B．意外事故

C．一般外来风险　　D．特殊外来风险

9．我方按 CIF 条件成交出口一批罐头食品，卖方投保时，按下列（　　）投保是正确的。

A．平安险+水渍险　　B．一切险+偷窃提货不着险

C．水渍险+偷窃提货不着险　　D．平安险+一切险

10．由保险双方当事人商定的，保险人承担损失补偿的最高责任限额称为（　　）。

A．保险金额　　B．保险价值

C．保险标的　　D．保险费

二、多选题

1. 关于单独海损与共同海损特点的比较，正确的表述包括（ ）。
   A. 单独海损是承保风险造成的，而不是由人的有意识行为做出的；共同海损必须是有意识的而不是一种意外的损失
   B. 单独海损只涉及船舶或货物一方的利益；共同海损则涉及多方的利益
   C. 单独海损适用委付，共同海损不适用委付
   D. 单独海损只能由受损失一方单独承担，共同海损则由所有的受益方按比例分摊
2. 特殊附加险包括（ ）。
   A. 战争险　　B. 战争险的附加费用
   C. 罢工险　　D. 偷窃、提货不着险
3. 下列属于被保险人应该承担的义务的是（ ）。
   A. 如实申报的义务，即被保险人或投保人在填写保单时，必须对货物、货物性质、价值等重要事实如实申报
   B. 及时提货的义务，即被保险货物抵达保单所载目的地，被保险人应及时提货
   C. 保全货物的义务，即对遭受承保范围内危险的货物，应迅速采取合理措施减少或防止货物损失
   D. 通知的义务，即当获悉航线改变或发现保单所载货物运输工具、航程有遗漏或错误时，被保险人应立即通知保险人，在必要时需另加保费，保险单继续有效
4. 我国海洋运输货物保险条款中，一切险的承保责任范围是（ ）。
   A. 平安险承保的责任范围
   B. 由于自然灾害造成的部分损失
   C. 由于自然灾害造成的全部损失
   D. 由于特殊外来风险造成的损失
   E. 由于一般外来风险造成的损失
5. 在海上货物运输保险业务中，一般外来风险包括（ ）。
   A. 碰撞　　B. 短量　　C. 淡水雨淋
   D. 偷窃　　E. 战争

三、判断题

（ ）1. 目前，国际上还没有达成统一的货物运输保险公约。实践中，保险人与被保险人的权利义务主要由各国国内法及双方当事人订立的保险合同确定。

（ ）2. 平安险原意为“单独海损不赔”，因此对于自然灾害和意外事故引起的单独海损平安险都不予赔偿。

（ ）3. 根据中国人民保险公司《海洋运输货物保险条款》的规定，水渍险包括平安险及平安险中不包括的单独海损部分。

（ ）4. 中国人民保险公司淡水雨淋险与平安险和水渍险的不同之处在于，后两者承保的仅是海水所致损失。

（ ）5. 在国际海上货物运输中，投保了一切险就意味着保险公司承担了一切责任损失。

四、计算题

1．我某公司对外报价某商品每公吨 10000 美元 CIF 纽约，现外商要求价格改报为 CFR 纽约。请问：我方应从原报价格中减去多少保费？（假设该商品投保一切险，保险费率为 1%）

2．我方以 50 美元/袋 CIF 新加坡出口某商品 1000 袋，货物出口前，由我方向中国人民保险公司投保水渍险、串味险及淡水雨淋险，保险费率分别为 0.6%、0.2%和 0.3%，按发票金额 110%投保。请问：该批货物的投保金额和保险费各是多少?

五、案例分析

1．某货轮在航行中有一船舱发生火灾，危及船、货的共同安全。经船长下令灌水灭火后，原装在该船舱内的 500 包棉花，除烧毁部分外，剩下部分有严重水渍，只能作为纸浆出售给造纸厂，获得的价值为原货价值的 30%；原装在该舱内的 500 包大米，经检查后发现只有水渍损失，而无烧毁或热熏的损失，经晒干后，作为次米出售，可得价值为原价的 50%。按照上述情况，棉花的损失价值占原价的 70%，大米的损失价值占原价的 50%。

试分析：在保险业务中，这两种损失属于何种损失。

2．我方按 CIF 纽约出口冷冻羊肉一批，合同规定投保一切险加战争险、罢工险。货到纽约后却逢码头工人罢工，货物因港口无法作业不能卸载。第二天货轮因无法补充燃料，以致冷冻设备停机。等到第五天罢工结束，该批冷冻羊肉已变质。

请问：进口商向保险公司索赔是否有理？

3．某合同标明出售一级小麦 150 吨，按 FOB 条件成交，装船时货物经检验符合合同规定的品质条件，卖方在装船后及时向买方发出装运通知。但船舶在航行途中由于遭遇触礁事件，小麦被海水浸泡，品质受到严重影响。当货物到达目的港后，只能降价出售，买方因此要求卖方赔偿其差价损失。

请问：卖方对上述情况下产生的货物损失是否要承担赔偿责任？为什么？

模块十三 国际货物商品价格

案例导入

某批商品报价为每打 60 美元 CIF 迈阿密，若该批商品的运费是 CIF 价的 2%，保险费是 CIF 价的 1%，现外商要求将价格改报为 FOBC3%。

请思考：FOBC3%是什么意思？FOBC3%的报价是多少？

知识要点

序　号	知　识	重 要 性
1	三种主要贸易术语价格构成与换算	★★★★★
2	佣金、折扣的计算	★★★★☆
3	商品价格条款的规定	★★★★☆

思维导图

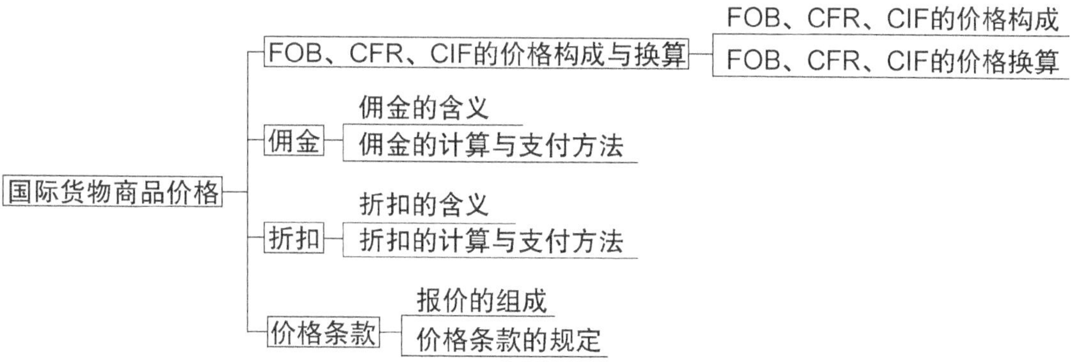

知识拓展

一、FOB、CFR、CIF 的价格构成与换算

国际贸易中的价格主要是由成本、费用、利润三部分构成。成本是整个价格的核心，它是出口企业为出口其产品进行生产、加工或采购所产生的含税成本。费用指整个交易过程发生的费用，出口报价中的费用主要有国内费用和国外费用两部分。利润是指企业预期净收入。

1. FOB、CFR、CIF 的价格构成

以上三种贸易术语在价格构成中包括三方面内容：成本、费用和利润。其中费用的核算包括国内费用和国外费用。FOB、CFR、CIF 的价格关系如图 3-3 所示。

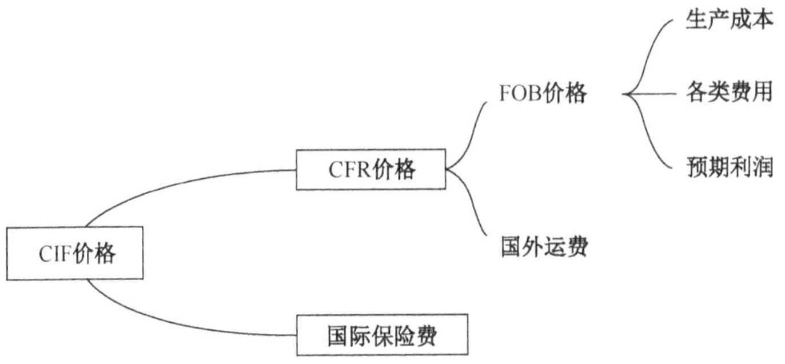

图 3-3　FOB、CFR、CIF 的价格构成

2. FOB、CFR、CIF 的价格换算

（1）FOB 价与 CFR 价、CIF 价的价格换算公式：

CFR=FOB 价+国外运费

CIF=(FOB+运费)/(1−保险费率×投保加成)

CIF=FOB+运费+保费=FOB+运费+CIF×投保加成×保险费率

（2）CFR 价与 FOB 价、CIF 价的价格换算公式：

FOB 价=CFR 价−国外运费

CIF 价=CFR 价/(1−投保加成×保险费率)

（3）CIF 价与 FOB 价、CFR 价的价格换算公式：

FOB=CIF 价×(1−投保加成×保险费率)−国外运费

CFR 价=CIF 价×(1−投保加成×保险费率)

知识要点解读

例 1：某出口商品对外报价为每公吨 1200 英镑 FOB 连云港，对方来电要求改报 CIF 曼彻斯特，试求：CIF 曼彻斯特价格为多少？

解：

CIF=(FOB+运费)/(1−保险费率×投保加成)

=(1200+9.68)/(1−110%×1.68%)

=1232.46(英镑)

例 2：某出口公司对外报价牛肉罐头 2.20 美元/听 CIF 西雅图，按发票金额加成 10% 投保一切险，保险费率 0.3%，客户要求改报 CFR 价格，请问该报多少？

解：

CFR=CIF×(1−投保加成×保险费率)

=2.2×[1−(1+10%)×0.3%]

=2.193(美元)

二、佣金（Commission）

1. 佣金的含义

佣金，是指代理人或经纪人为委托人服务而收取的报酬。在货物买卖中，佣金常常表现为交易一方支付给中间商的报酬。

知识要点解读

（1）佣金的表现形式：出口商支付佣金给销售代理人，或进口商支付佣金给采购代理人。

（2）适用范围：适用于进出口商与代理人或佣金商签订的合同。有些交易是通过中间商、代理商进行的，这就要向其支付一定的酬金作为佣金。

（3）佣金分类：如在合同中明确规定佣金的百分比，则为明佣。如不标明百分比，甚至连佣金字样也不标示出来，则为暗佣，中间商可两头签佣。

（4）佣金的规定方法有如下几种：

① 文字说明，例如：This price is including 5 percent commission.

② 在贸易术语上表示，例如：CIFC 2% San Francisco.

③ 用绝对数表示，例如：Commission: USD25 Per Metric Ton.

（5）佣金的作用：佣金越高越能调动中间商的推销和购货积极性，有利于扩大出口。但要注意控制比例，一般在1%～5%为宜。

2. 佣金的计算与支付方法

1）计算方法

在国际贸易中，计算佣金主要采用按FOB价计算佣金、按CFR价计算佣金和按CIF价计算佣金。

（1）按FOB价计算佣金。不管买卖双方以何种价格成交，均按FOB价计算佣金。这样计算佣金的理由是，运费和保险费是卖方固定支付的，而不是卖方的销售收入，因此不应支付佣金。将报价金额转换为FOB价，佣金=FOB价×佣金率

（2）按发票金额计算佣金。直接采用发票金额作为计算佣金的基数。

佣金=发票金额价×佣金率

（3）按含佣价计算佣金。货价中包含佣金的即为含佣价。

佣金=含佣价×佣金率

净价=含佣价-单位货物佣金=含佣价×(1-佣金率)

含佣价=净价/(1-佣金率)

知识要点解读

例1：按FOB价计算佣金

CIF价格为1000美元，运费为100美元，保险费为10美元，佣金率为2.5%，则佣金为：

佣金=(CIF 价格-运费-保险费)×佣金率

=(USD1000-USD100-USD10)×2.5%

=USD22.25

例 2：按发票金额计算佣金

CIF 价格为 1000 美元，佣金率为 2.5%，则佣金为：

佣金=CIF 价格×佣金率

=USD 1000×2.5%

=USD 25.00

例 3：按含佣价计算佣金

某商品净价为 USD1000，CIF London 佣金为 5%，则含佣价和佣金为：

含佣价= 净价/(1-佣金率)

=USD1000/(1-5%)

=USD1052.63

佣金= 含佣价×佣金率

=USD 1052.63×5%

=USD 52.63

2）支付方法

在国际贸易实际工作中，佣金主要的支付方法有两种：一是中间商直接从货价扣除；二是委托人收清货款后再按约定佣金比率，另行汇付。

三、折扣（Discount，Rebate）

1. 折扣的含义

折扣，是指为了调动买方的积极性，在合同中订明卖方按原价给买方一定百分比的减让。

第三篇　模块十三
折扣

知识要点解读

（1）折扣的种类

① 数量折扣：买方购买达到一定的数量时给予折扣。

② 特别折扣：对于长年购买的老顾客给予价格优惠。

③ 年终回扣。

④ 明扣——在合同中明确规定折扣率。

⑤ 暗扣——合同中不标示出来，另有协议。

（2）折扣的规定方法

① 用文字明确表示。在价格条款中，一般用文字明确表示给予折扣的比例。例如：CIF 香港每公吨 1000 美元，折扣 2%(USD1000 per Metric Ton CIF Hong Kong including 2% discount）或者写成：CIF 香港，每公吨 1000 美元，减 2%折扣（USD1000per Metric Ton CIF Hong Kong less discount 2%）。

② 在贸易术语上表示。例如：CIFD 5% London。

③ 用绝对数表示。例如：每公吨 1000 美元，折扣 5 美元（USD1000/MT less discount USD5）。

（3）佣金与折扣的区别。佣金是卖方给第三方的手续费，折扣是卖方直接给予买方的价格减让。

2．折扣的计算与支付方法

1）计算方法

商品折扣的计算主要是以成交额或发票金额为计价基础，具体计算公式如下：

单位货物折扣额=原价×折扣率

卖方净收入=原价×(1-折扣率)

知识要点解读

例如：

原价 USD100.00/PC CIF HK，折扣为 2%。

则卖方给买方的折扣为：

单位货物折扣额= 原价×折扣率

= USD100.00×2%

= USD2.00

卖方的净收入为：

卖方净收入= 原价×(1-折扣率)

= USD100.00×(1-2%)

= USD98.00

2）支付方法

折扣的支付方法可在开证中直接扣除金额或开证为原价，卖方在发票中扣除折扣额。

四、价格条款

1．报价的组成

合同中的价格条款，一般包括商品的单价和总值两项基本内容。商品的单价通常由四个部分组成，即计量单位、单位价格金额、计价货币和贸易术语。单价的作价办法和与单价有关的佣金、折扣的运用，也属于价格条款的内容，例如，在价格条款中可规定“每公吨 200 美元，CIF 伦敦”。总值是指单价与成交商品数量的乘积，即一笔交易的货款总金额。

知识要点解读

判断：下列出口单价的写法是否正确？

（1）USD3.68 CIFC HONGKONG。

（2）300 英镑每箱 CFR USA。
（3）USD Per Ton FOB London。
（4）Fr98.50 Per DOZ FOBD2%。
（5）DM28.85 CIFC2% Shanghai。
分析：
（1）错。没有说明佣金比例。
（2）错。贸易术语后面应写目的港名称，而非国家名称。
（3）错。没有单价表示。
（4）错。没有装运港名称。
（5）错。没有计价单位。

2．价格条款的规定

在商品买卖合同中，拟定价格条款时，买卖双方应注意如下事项：

（1）合理确定商品的单价，防止作价偏高或偏低。

（2）根据经济意图和实际情况，在权衡利弊的基础上选用适当的贸易术语。

（3）争取选择有利的计价货币，以免遭受币值变动带来的风险。若采用不利的计价货币时，应当加订保值条款。

（4）灵活运用各种不同的作价办法，以避免价格变动风险。

（5）参照国际贸易的习惯做法，注意佣金和折扣合理运用。

（6）如交货品质和数量约定有一定的机动幅度，则对机动部分的作价也应一并规定。

（7）如包装材料和包装费另行计价时，对其计价办法也应一并规定。

（8）单价中涉及的计量单位、计价货币、装卸地名称，必须书写正确、清楚，以利合同的履行。

案例解析

1．FOBC3%是指 FOB 含佣金 3%。

2．解：

FOB=CIF-运费-保险费
=60-60×2%-60×1%
=58.2（美元）

FOBC3%=FOB/(1-3%)
=58.2/(1-3%)
=60（美元）

答：FOBC3%应报 60 美元。

模块训练

一、单选题

1. 含有佣金的正确报价是（　　）。

A. CIFC　　B. FOB NET　　C. FOBR　　D. CFRB

2. 佣金是支付给（　　）的报酬。

A. 出口商　　B. 进口商　　C. 供货商　　D. 中间商

3. 某合同以 CIFC3%成交，总价为 50000 美元，则佣金额为（　　）美元。

A. 1500　　B. 150　　C. 3000　　D. 500

4. 根据国际惯例，保险金额的计算公式为（　　）。

A. CIFC5%×110%　　B. FOB 价×110%

C. CIF 价×110%　　D. CFR 价×110%

5. 原报价某商品 CIF 天津每件 600 英镑，现客户要求 5%佣金，若不减少外汇净收入，应改报含佣价为（　　）。

A. 588　　B. 618.95　　C. 630　　D. 631.58

二、多选题

1. 我方报价 CIP 纽约 USD2000/MT，对方要求 5%佣金，下面改报后的含佣价错误的是（　　）。

A. USD1902.76　　B. USD2105.26

C. USD1900.00　　D. USD2100.00

2. 某合同价格条款规定为每公吨 CIFC5%新加坡 100 美元，关于这种价格的错误表达是（　　）。

A. 净价　　B. 含佣价

C. 离岸价　　D. 折扣价

3. 在进出口合同中，单价条款包括的内容是（　　）。

A. 计量单位　　B. 单位价格金额

C. 计价货币　　D. 贸易术语

4. 进出口合同中的价格条款一般包括（　　）。

A. 一定百分比的佣金　　B. 一定百分比的折扣

C. 商品的单价　　D. 商品的总值

5. 在国际贸易中，计算佣金主要采用（　　）价计算。

A. 按 FOB 价计算佣金　　B. 按 CFR 价计算佣金

C. 按 CIF 价计算佣金　　D. 按 DDP 价计算佣金

三、判断题

（　　）1. 进口合同采用 CIF 成交时，我方必须办理投保手续。

（　　）2. 保险加成的目的是用来弥补进口人经营管理费用或利润的损失。

（　　）3. 在国际贸易中，佣金有明佣、暗佣。

(　　) 4. 不含佣金和折扣的价格称净价。

(　　) 5. 出口销售外汇净收入是指出口商品的 FOB 价按当时外汇牌价折成人民币的数额。

四、实操题

请判断下列出口单价的写法是否正确，并说明理由。

1. 每公吨 268 CIF 旧金山包含 2%佣金
2. GBP28 CIF London less 2% discount
3. USD28 per PC FOB 利物浦 net
4. USD220 per MT CIFC2%大连

五、计算题

1. 某公司出口桑葚 200 公吨，每公吨 USD450 CIFC2%奥克兰，货物装船后，公司财会部根据合同规定将 2%的佣金汇给中间商。

请问：应付的佣金为多少？

2. 我方出口某商品，对外报价为每公吨 450 美元 FOB 大连，现外商要求将价格改报 CIF 旧金山。

请问：我方的报价应为多少才使 FOB 净值不变？（设运费是 FOB 价的 3%，保险费为 FOB 价的 0.8%）

3. 我方出口某商品，原报价为 500 美元/桶 CIF 休斯敦，现外商要求将价格改报 CFRC3%。

请问：我方应将价格改报为多少？（已知保险费率为 0.6%）

模块十四 国际结算票据

案例导入

甲为汇票的出票人，指定丙为受票人，乙为持票人。乙将该汇票背书转让给丁，丁在到期日前向受票人丙提示汇票并获承兑。但至汇票到期日，丙以甲所交货物质量有问题为由，拒绝向丁付款。

请思考：丙的拒付理由是否成立？丁此时有何权力？应如何行使？

知识要点

序　　号	知　　识	重　要　性
1	国际结算票据的定义和种类	★★★☆☆
2	汇票的含义、种类和票据行为	★★★★★
3	汇票、支票、本票三种主要支付工具的区别	★★★★★

思维导图

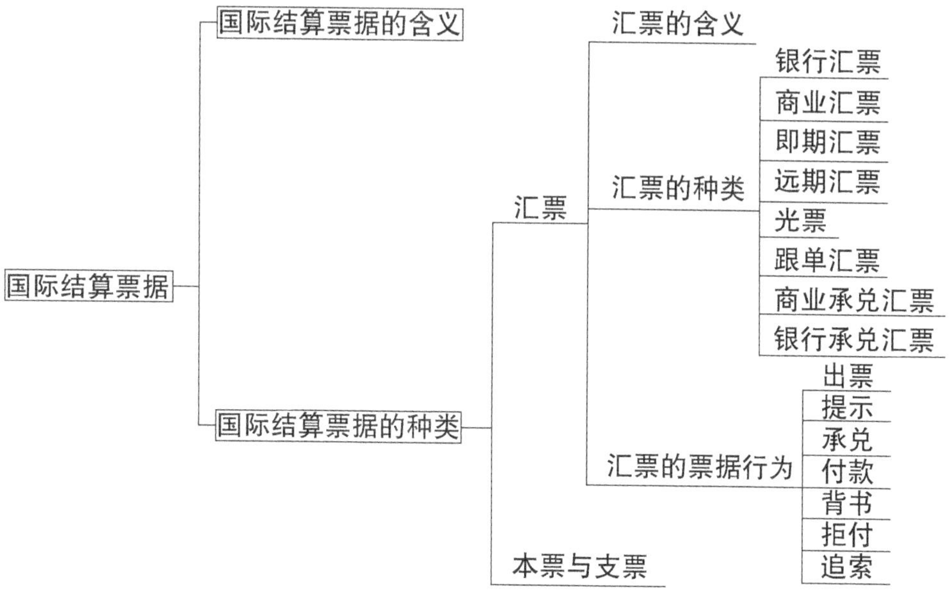

知识拓展

一、国际结算票据的含义

国际结算是指两个不同国家的当事人，因为商品买卖、服务供应、资金调拨、国际借贷而需要通过银行办理的两国间外汇收付业务。

国际结算票据是以支付金钱为目的的特种证券，是由出票人签名、约定由自己或另一人无条件支付确定金额的、可流通转让的证券。

知识要点解读

1. 票据是结算的工具。
2. 票据是可以代替现金流通的有价证券，如债券、股票、提单、国库券、汇票等。

二、国际结算票据的种类

国际结算票据可以分为汇票、本票与支票。其中汇票是国际结算中使用最广泛的一种结算工具。

1. 汇票

1）汇票的含义

汇票（bill of exchange）简称 draft 或 bill，根据我国《票据法》第十九条的规定："汇票是出票人签发的，委托付款人在见票时，或者在指定日期无条件支付确定的金额给收款人或者持票人的票据。"汇票一式二份，效力完全相同，其中一份付款或承兑，另一份自动失效。

汇票的必要项目有："汇票"字样、无条件的支付命令、付款人、出票人签字、出票日期与地点、付款地点、付款期限、收款人。汇票票样如图 3-4 所示。

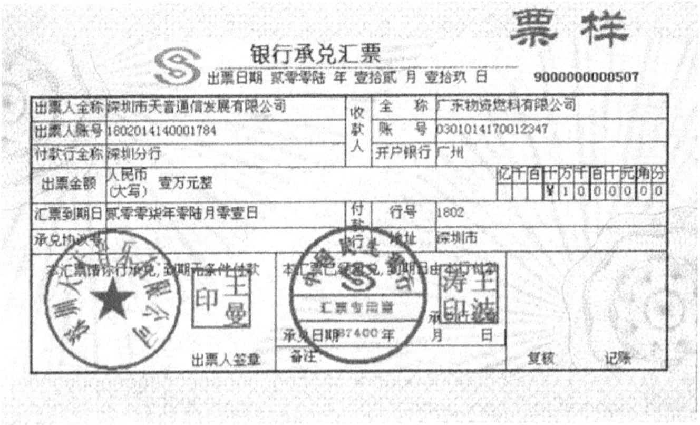
票样
银行承兑汇票
出票日期 贰零零陆 年 壹拾贰 月 壹拾玖 日　9000000000507

出票人全称	深圳市天音通信发展有限公司	收款人	全　称	广东物资燃料有限公司
出票人账号	1802014140001784		账　号	0301014170012347
付款行全称	深圳分行		开户银行	广州
出票金额	人民币（大写） 壹万元整		亿千百十万千百十元角分	¥10000000
汇票到期日	贰零零柒年零陆月零壹日	付款行	行号	1802
承兑协议号			地址	深圳市

本汇票请你行承兑，到期无条件付款
出票人签章
本汇票已经承兑，到期日由本行付款
汇票专用章
承兑日期　年　月　日
备注
复核　记账

图 3-4　汇票票样

知识要点解读

1. 汇票的基本当事人

汇票有三个基本当事人：出票人、付款人和收款人。汇票基本当事人的概念关系见表 3-30。

表 3-30　汇票基本当事人的概念关系

汇票的基本当事人	定　义	知 识 要 点
出票人（drawer）	签发汇票并将汇票交付给收款人的当事人	（1）出票人是受益人，即出口商 （2）出票人要在汇票上签字才是有效签字
付款人（drawee,payer）	称为“受票人”，接受汇票付款命令的对象	（1）付款人是由出票人在汇票上指定的，通常都不是出票人自己 （2）若采用信用证结算，汇票应以开证行或其指定银行为付款人
收款人（payee）	通常称为“抬头人”，是从出票人手中获得汇票，据此收取款项的当事人	（1）收款人可以是银行或是卖方 （2）抬头主要有三种：（1）限制性抬头，例如：仅付给甲公司（Pay to A Co. only），该类汇票不能转让。（2）指示性抬头，例如：付给甲公司或指定的人（Pay to the order of A Co.），该类汇票可背书转让（最广泛使用）。（3）来人抬头，例如：付给持票人（Pay to holder），该类汇票仅凭交付转让，无须背书

2. 汇票的出票日期

（1）我国《票据法》和《日内瓦统一汇票本票法》规定，汇票应当记载出票日期，否则汇票无效。

但英国《票据法》规定，即使没有出票日期，汇票仍然有效。

（2）汇票的出票日期的作用：确定出票人的行为能力；确定出票后定期付款汇票的到期日；确定汇票的有效期。

（3）出票日期的具体规定。国内习惯把汇票的出票日期做成向银行交单的日期。在信用证支付方式下，汇票的出票日期不应早于信用证规定的任何其他单据的日期。

3. 汇票的付款期限

（1）见票即付，即收款人向付款人提示汇票的当天，例如：At sight。

（2）定日付款，例如：于 2018 年 3 月 1 日付款（on Mar. 1, 2018）。

（3）出票日后定期付款，指自出票日期起算确定付款日期，例如：汇票出票日后 30 天付款（at 30 days after the date of the draft）。

（4）见票日后定期付款，例如：见票后 30 天付款（at 30 days after sight）。

（5）提单签发后定期付款，例如：提单日后 30 天付交（at 30 days after date of bill of lading）。

思考：中国某商贸有限公司与美国斯坦福公司在 2018 年 5 月 16 日签订了一笔出口文具的合同。总金额是 12 万美元。中国商贸有限公司在中国银行某分行开立账户。合同规定最迟装运日是 2018 年 8 月 1 日。现需要开立一张银行汇票。请问：

1. 这张汇票的三方当事人分别是谁？
2. 汇票的出票日期和出票地点怎样填写？
3. 汇票的付款期限可以怎样填写？

2）汇票的种类

汇票可以按照不同的标准，从不同角度进行分类，具体种类见表 3-31。

表 3-31　汇票的种类

汇票的分类依据	种　类	定　义	知识要点
出票人不同	银行汇票	银行签发的汇票	1. 特点：使用灵活、票随人到、兑现性强 2. 适用范围：适用于先收款后发货或钱货两清的商品交易。多用于办理异地转账结算和支取现金
	商业汇票	工商企业或个人签发的汇票	1. 特点：商业汇票必须经过承兑。签发人可以是付款人或收款人 2. 适用范围：各企业、事业单位之间只有根据购销合同进行合法的商品交易，才能签发商业汇票
付款时间不同	即期汇票	持票人向付款人提示时，付款人见票立即付款的汇票	特点：低风险，便捷
	远期汇票	在一定期限或特定日期付款的汇票	特点：支付与信用相结合。可以贴现并提前获得融资
有无随附货运单据	光票	不随附任何商业单据（如货运等相关单据）的汇票	1. 特点：光票的流通依赖于出票人、付款人或转让人（背书人）的信用 2. 适用范围：一般仅限于贸易从属费用、尾款、佣金等的收付
	跟单汇票	附带商业单据（提单、仓单、保险单、装箱单、商业发票等单据）的汇票	特点：付款以交付单据（如提单、发票、保险单）为条件，体现了钱款与单据对流的原则，为进出口双方提供了一定的安全保障
承兑人不同	商业承兑汇票	由工商企业或个人承兑的远期汇票，以商业信用为基础	特点：商业信用。信用等级和流通性上低于银行承兑汇票，在银行办理贴现的难度较银行承兑汇票高
	银行承兑汇票	由银行承兑的远期汇票，以银行信用为基础	特点：银行信用。信用好，承兑性强，可以背书转让，也可以申请贴现，灵活性高，能有效节约资金成本

3）汇票的票据行为

票据行为是指在票据的流通过程中，依票据上规定的权利和义务所确立的行为。汇票的票据行为包括：出票、提示、承兑、付款、背书、拒付、追索等。汇票票据行为定义要点的概括见表 3-32。

表 3-32　汇票票据行为定义要点的概括

票据行为	定　义	知识要点
出票（draw）	出票人填写汇票经签字后交付给收款人的票据行为	1. 出票包含两个动作，一是签发；二是交付 2.《票据法》第二十条规定："出票是指出票人签发票据并将其交付给收款人的票据行为"
提示（presentation）	持票人将汇票提交付款人要求承兑和付款的行为	提示的内容包括提示承兑和提示付款两种
承兑（acceptance）	汇票付款人承诺在汇票到期日支付汇票金额并签章的行为	1. 承兑的具体做法：（1）由付款人在汇票正面写上"已承兑"字样，注明承兑的日期，并由承兑人签名，交还收款人或其他持票人；（2）仅有付款人签名而未写"已承兑"字样，也构成承兑 2. 付款人承兑汇票应当是无条件的。有附加条件的承兑，应视作拒绝承兑。例如：（1）完成某项条件才付款；（2）仅对票面金额的一部分承兑和支付；（3）限定支付地点；（4）改变付款时间等

续表

票据行为	定　义	知识要点
付款 （payment）	付款人向持票人按汇票金额支付票款的行为	1．付款必须出于善意 2．付款人必须鉴定背书是否连续。对经过多次背书转让的远期汇票，只有连续背书才能证明持票人获得票据权利的合法性
背书 （endorsement）	持票人以转让汇票权利或其他为目的，在汇票背面或者粘单上记载有关事项并签章的票据行为	1．背书的方式主要有三种，具体如下： （1）限制性背书，不可转让。例如：Pay to ABC Co．only．/ Pay to ABC Co., not transferable. （2）特别背书，即记名背书，可以转让。例如：Pay to the order of ABC Co. （3）空白背书，即无记名背书，可以自由流通，无须背书转让。 2．我国法律不允许持票人采用“空白背书”的方式转让票据权利
拒付 （dishonor）	持票人提示汇票要求承兑时，遭到拒绝而不获承兑，或持票人提示汇票要求付款时，遭到拒绝而不获付款，均称退票，也称拒付	1．拒付包括拒绝承兑和拒绝付款 2．下列情况也视为拒付：（1）承兑人或者付款人已死亡或逃匿或避而不见；（2）承兑人或者付款人被依法宣告破产或者因违法被责令终止业务活动的；（3）付款人是虚构人物
追索 （recourse）	汇票被拒付后，持票人要求其前手背书人、出票人、承兑人清偿汇票金额及有关费用的行为。被追索人付清款项后可以向他的前手再追索，直至追索到出票人	1．追索权的行使应在法定时间进行，逾期追索无效 2．我国《票据法》规定：“即期汇票应自出票日起 2 年内行使；持票人对前手的追索权时效为自被拒绝承兑或拒绝付款之日起 6 个月；持票人对前手的再追索权是自其清偿之日或者被提起诉讼之日起 3 个月内行使”

2．本票与支票

在国际贸易结算中，除了常用的汇票外，在某些特定情况下，有时还使用本票和支票。本票和支票的基本概念和要点总结见表 3-33。

表 3-33　本票和支票的基本概念和要点总结

种　类	定　义	知识要点
本票 （promissory note）	由出票人签发的，承诺自己在见票时无条件支付确定的金额给收款人或持票人的票据	1．本票的基本当事人有两个：出票人和收款人。本票的付款人就是出票人本人 2．本票出票人是票据主债务人，承担主要的付款责任 3．本票一式一份
支票 （check）	银行存款户对银行签发的，要求于见票时对收款人或持票人无条件支付一定金额的票据	1．支票的基本当事人有三个：出票人、付款人和收款人 2．支票的付款人是银行；出票人是该银行开立支票账户的客户，担保支票的付款，若账户存款不足，支票是空头支票 3．支票只可即期付款

本票与支票的票样如图 3-5 和图 3-6 所示。

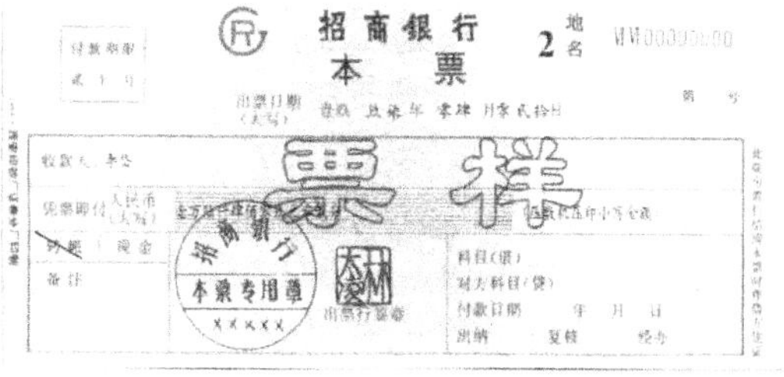

图 3-5　本票票样

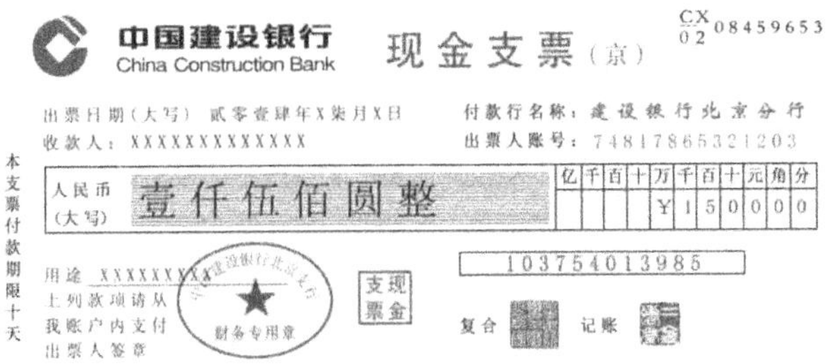

图 3-6　支票票样

知识要点解读

汇票、本票和支票的异同见表 3-34。

表 3-34　汇票、本票、支票的异同

	汇　票	本　票	支　票
性质	委托证券	自付证券	委托证券
基本当事人	出票人、付款人、收款人	出票人、收款人	出票人、付款人、收款人
主债务人	承兑前是受票人，承兑后是承兑人	出票人	银行
出票人	无直接支付责任，只有担保责任	有直接支付责任	有直接支付责任
付款人	承兑人、保证人、参与付款人	出票人	银行
提示承兑要求	即期汇票不需要承兑，远期汇票需要承兑	不需要承兑	不需要承兑
未按期提示付款的后果	丧失对前手的追索权，但承兑人仍负绝对支付责任	丧失对前手的追索权，但出票人仍负绝对支付责任	付款人可以不付款，出票人仍应承担付款责任

案例解析

丙的拒付理由不成立。因为票据的特性之一为无因性，即票据在使用的过程中不过问原因，因此丙不能以甲交的货物存在质量问题为由拒付乙，并且丙已经在票据上承兑，成为该票据的主债务人，必须承担债务责任。如果丙拒付，丁即享有向前手甲和乙追索的权力，另外丁也可以凭承兑汇票向法院起诉丙，要求丙付款。

模块训练

一、单选题

1. 国际贸易中使用的金融票据主要有汇票、本票和支票，其中（　　）使用最多。

   A. 汇票　　B. 本票　　C. 支票　　D. 票汇

2. 结汇单证中的汇票，大部分情况下，使用（　　）。

   A. 光票　　B. 跟单汇票　　C. 银行汇票　　D. 商业承兑汇票

3. 关于汇票的出票人正确表达的是（　　）。

   A. 出票人一般都位于汇票的左下角

   B. 出票人通常为信用证申请人

   C. 出票人通常为信用证议付行

   D. 出票人一般位于汇票右下角，通常为出口人或信用证的受益人，应有企业全称和负责人的签字盖章

4. 下列汇票抬头中，无须由持票人背书即可转让的是（　　）。

   A. pay to ABC Co. only

   B. pay to the order of ABC Co.

   C. pay to ABC Co. or order

   D. pay to bearer

5. 承兑是（　　）对远期汇票表示承担到期付款责任的行为。

   A. 付款人　　B. 受款人　　C. 卖方　　D. 通知行

二、多选题

1. 下列属于汇票必须记载的项目是（　　）。

   A. 出票地　　B. 付款时间　　C. 付款人名称　　D. 付款地点

2. 本票与汇票的区别在于（　　）。

   A. 前者是无条件支付承诺，后者则是要求他人付款

   B. 前者的票面当事人为两个，后者则有三个

   C. 前者在使用过程中需要承兑，后者则无须承兑

   D. 前者的主债务人不会变化，后者的主债务人因承兑而发生变化

   E. 前者包含两笔交易，而后者只包含一笔交易

3. 在即期汇票业务中，不可能出现的行为是（　　）。

   A. 出票　　B. 背书　　C. 承兑

   D. 保证　　E. 参加承兑　　F. 追索

4. 远期汇票付款时间的规定，除了指定具体日期外，还可以规定（　　）。

   A. 出票后若干天/月付款　　B. 见票后若干天/月付款

   C. 提单签发日后若干天/月付款　　D. 货到目的港若干天/月付款

5. （　　）属于以银行为出票人的票据。

   A. 银行汇票　　B. 银行本票　　C. 支票

   D. 银行承兑汇票　　E. 商业汇票

三、判断题

(　　) 1. 如果汇票上加注"货物到达后支付",则构成支付的附加条件,根据我国《票据法》,该汇票无效。

(　　) 2. 除非汇票上注明"Without Recourse",否则汇票经背书后,其收款权利转让给被背书人,如该汇票日后遭到拒付,被背书人可向前手行使追索权。

(　　) 3. 一张商业汇票的收款人是"仅付给约翰·斯通"(Pay to John Stone only),这种汇票可以经过背书转让。

(　　) 4. 本票可以签发一式两份或多份。

(　　) 5. 票据金额以中文大写和数字同时记载的,两者必须一致,如果不一致时,按我国《票据法》的解释,以中文大写金额为准。

四、实操题

表3-35中有三种汇票,各是什么抬头?哪些可以转让?怎样转让?

表3-35　汇票抬头填写

表达内容	抬头形式	转让情况
...pay to ABC Co. only		
...pay to the order of ABC Co.		
...pay to bearer		

五、案例分析

1. K与D达成买卖镀锌铁皮交易,并同意2个月付款。K开立了一张期限为2个月的汇票,其付款人是D,但受款人是C。该汇票经D承兑,C于汇票到期时向D要求支付款项,但D以K没有向其发货为由拒付汇票金额。

请问:本案中,汇票的主债务人是谁?C应不应该获得汇票款项?为什么?

2. H公司与G公司签订了一笔贸易合同。卖方H出具了一张期限为3个月、付款人为Y银行的远期汇票作为要求买方付款的凭证。H获得Y银行承兑后将该汇票转让给了W银行。汇票到期后,W银行要求Y银行付款,该银行拒付,其理由是该银行已经接到G公司通知:货物质量不符合合同要求,要求停止支付汇票。W银行与Y银行和H多次协商无果,于是W银行向法院起诉Y和H,要求其无条件支付汇票金额,并赔偿其延期付款的损失和有关费用。

请问:Y银行能否停止支付汇票吗?

3. A公司为了支付B公司的货款,于2018年6月3日给B公司开出一张100万元的银行承兑汇票。B公司取得该汇票后,因准备向C公司购买一批石料而将该汇票背书转让给C公司。但事后不久,B公司发现C公司根本无货可供,完全是一场骗局,因而马上通知付款人停止向C公司支付票款。但是C公司获得汇票后没有直接向付款人请求支付票款,而是将该汇票背书转让给D公司。D公司取得该汇票时对上述情况一无所知。于同年11月9日D公司向付款人请求付款,遭到拒绝。

请问:付款人可否因C公司的欺骗行为拒付D公司?为什么?

模块十五 国际贸易付款方式

案例导入

我国某公司准备进一步开拓国外市场，目前正与A国某企业进行第一次洽谈交易。

请思考：我国某公司应该如何选择支付方式既能有利于打开市场，又能减少外汇风险？

知识要点

序　号	知　识	重 要 性
1	汇付、托收、信用证的含义	★★★★☆
2	汇付、托收、信用证的种类及业务流程	★★★★☆
3	汇付、托收、信用证的特点与应用	★★★★★

思维导图

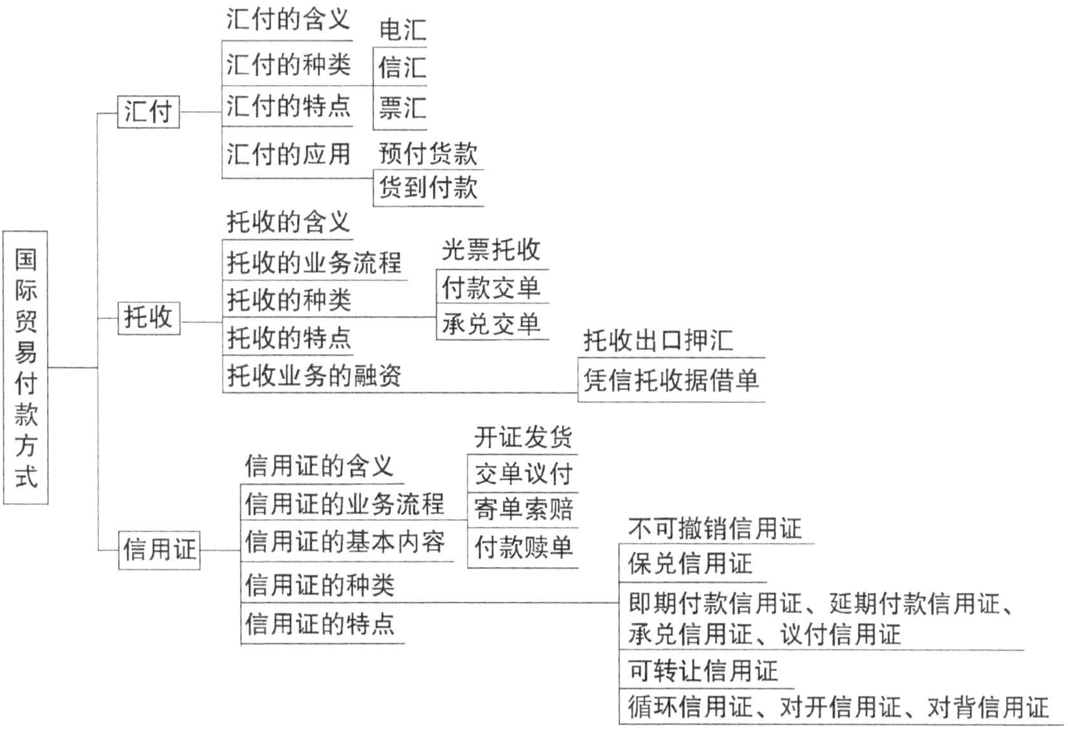

知识拓展

国际贸易付款方式主要有汇付、托收、信用证三种。

一、汇付

1. 汇付的含义

汇付（Remittance）又称汇款，指汇款人（进口人）通过银行将款项汇寄给收款人（出口人）的结算方式。

知识要点解读

1. 汇付的基本当事人

（1）汇付当事人概念。

汇付当事人概念见表 3-36。

表 3-36 汇付当事人概念一览表

当事人	定义
汇款人（Remitter）	即付款人。在国际贸易结算中通常是进口人、买卖合同的买方或其他经贸往来中的债务人
收款人（Payee）	即取得款项的人。在国际贸易结算中通常是出口人、买卖合同的卖方或其他经贸往来中的债权人
汇出行（Remitting Bank）	即接受汇款人的委托汇出款项的银行。通常是进口人所在地的银行
汇入行（Receiving Bank）	又称解付行（Paying Bank）即接受汇出行的委托解付款项的银行。通常是汇出行在收款人所在地的代理行

（2）汇付当事人的关系如图 3-7 所示。

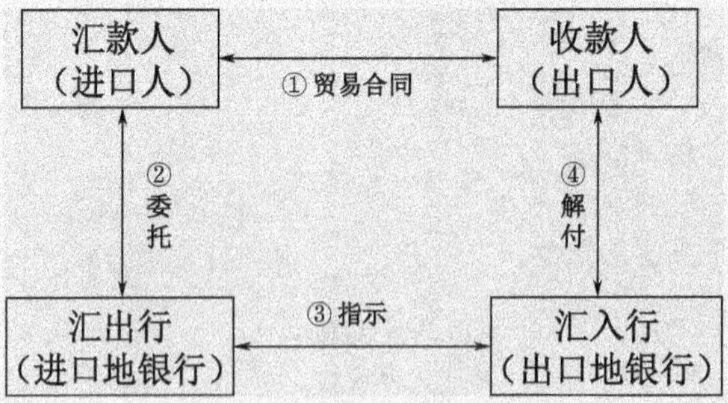

图 3-7 汇付当事人的关系

（3）汇付业务中当事人存在四种契约关系，分别是：

① 汇款人与收款人之间的买卖合同关系；② 汇款人与汇出行之间的委托受托关系；③ 汇出行与汇入行之间的委托受托关系；④ 汇入行与收款人之间的账户关系。

2. 汇付是国际贸易中最简单的结汇方式

3. 汇付是一种顺汇方式，债务人主动将款项支付给债权人。顺汇是指资金流动方向与结算工具流动方向相同；逆汇是指资金流动方向与结算工具流动方向相反。

2. 汇付的种类

汇付根据汇出行向汇入行转移资金发出指示的方式，可分为电汇、信汇和票汇，电汇、信汇及票汇三种方式内容详解见表 3-37。

表 3-37　电汇、信汇及票汇三种方式内容详解

种　类	定　义	利	弊	适用范围
电汇（Telegraphic Transfer, T/T）	汇出行以发加押电报或电传形式指示汇入行解付一定金额给收款人的一种汇款方式	收款安全，汇款速度最快	成本较高，使用不灵活	使用最广泛
信汇（Mail Transfer, M/T）	汇出行用航空信函的形式指示汇入行解付一定金额的款项给收款人的汇款方式	收款较安全，汇款速度较快	使用不灵活	少量金额小的个人汇款
票汇（Demand Draft,D/D）	汇出行代汇款人开立以其分行或代理行为解付行的银行即期汇票，支付一定金额给收款人的汇款方式	使用比较灵活，汇款成本较低	收款安全性较差，速度较慢	支付国外费用，购买简单用品等

知识要点解读

（1）电汇的业务流程如图 3-8 所示。

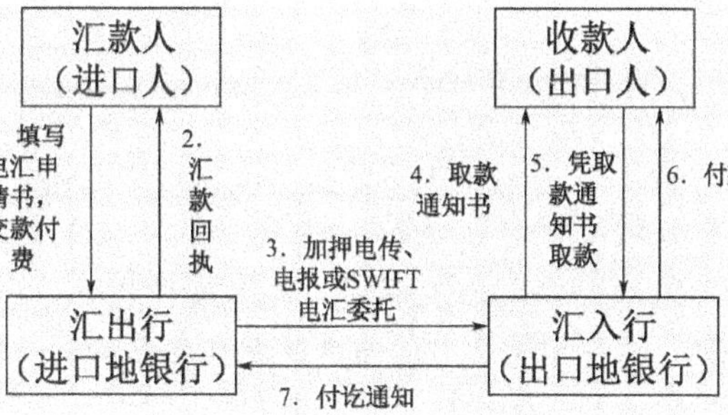

图 3-8　电汇的业务流程

（2）信汇的业务流程如图 3-9 所示。

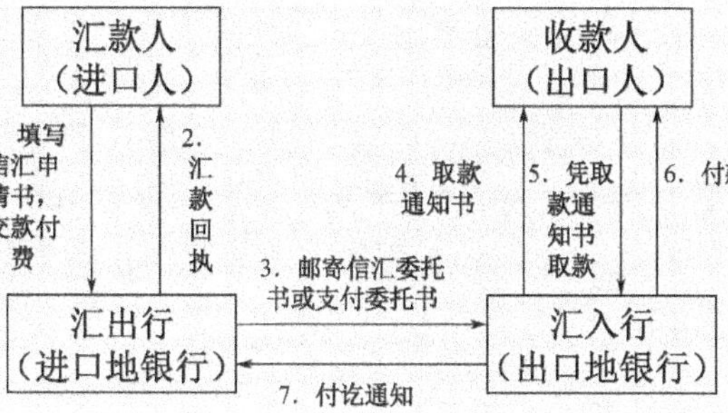

图 3-9　信汇的业务流程

（3）票汇的业务流程如图 3-10 所示。

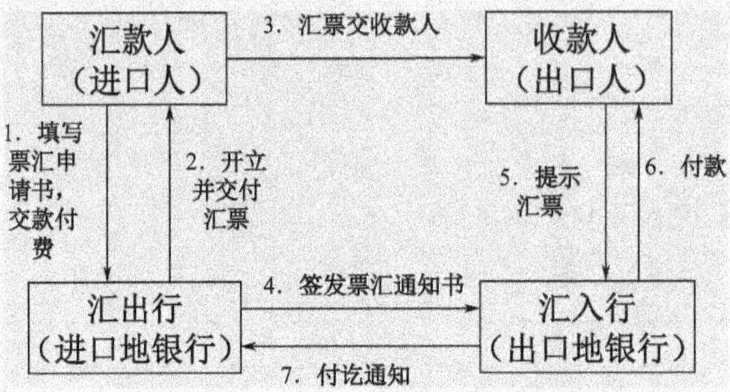

图 3-10　票汇的业务流程

注意：票汇与电汇、信汇相比最大的优势是：票汇的汇入行无须通知收款人取款，而由收款人持票登门取款，这种汇票除有限制流通的规定外，经收款人背书，可以转让流通，而电汇、信汇的收款人则不能将收款权转让，所以票汇的使用最为灵活。

3．汇付的特点

（1）资金负担不平衡。汇付方式结算通常用于货到付款或预付货款。资金和风险负担完全由出口商或进口商一方来承担。

（2）属于商业信用。商业信用是指企业之间在买卖商品时，以商品形式提供的信用。汇付是以商业信用为基础的支付方式，银行在结算过程中不向卖方提供任何付款保证，只接受双方委托转移相关款项。

（3）手续简便、费用低廉。汇付的操作手续比较简单，银行手续费用也较少。

知识要点解读

思考：A 公司与 B 公司签订一份合同，由 B 公司以 D/D 方式预付货款。临近装船时，B 公司称资金周转困难，要求先装船发货，随后即付款，以免耽误交货。A 公司不同意，坚持应先付款。次日，B 公司便传真发来汇款凭证（即期银行汇票）。A 公司于是发货寄单，并电告对方。1 个月后，仍未收到货款。为什么会出现这种结果？

分析：汇付是可以撤销的，在汇付尚未被支取之前，汇付人随时可以通知汇付行将汇款退回，所以出口商在收到银行的汇款通知后，应尽快发货、尽快交单、尽快收汇。

4．汇付的应用

在我国外贸实践中，汇付不是主要的结算方式，一般只用在预付货款和货到付款，例如，支付订金、货款尾数、佣金、样品费用等；在发达国家之间，由于大量的贸易是跨国公司的内部交易，而且外贸企业在国外有可靠的贸易伙伴和销售网络。因此，汇付成为较受发达国家欢迎的结算方式。

知识要点解读

预付货款与货到付款的对比见表 3-38。

表 3-38 预付货款与货到付款的对比

汇付的应用	定 义	特 点	注 意 事 项
预付货款（payment in advance）	进口商先付部分或全部货款，出口商收到货款再发货的方式	进口商承担贸易风险	对进口商而言： 1. 预付货款的情况下，进口商面临出口商不讲信誉，所发货物数量、品质规格与合同描述不符合，从而造成重大损失，故亟须对出口商资信情况、资产状况及经营管理等进行深入了解 2. 进口商可以委托银行凭单付款，进口商先委托汇出行通过信汇或者票汇的方式把货款汇给出口地银行，再委托汇入行凭出口商交付符合合同规定的单据支付货款，大大减少进口商的风险 对出口商而言： 必须严格审查相关银行票据的真实性，收到银行的汇款凭证或者银行汇票不等于已经收妥了货款，出口商要争取通过出口地银行确认收妥该笔款项后才能发运货物
货到付款（payment after arrival of the goods）	出口商先发货，进口商收到货物或单据后立即或在约定的一段时间后付款。又称赊销交易（Open Account transaction，O/A）	出口商承担贸易风险	对出口商而言： 1. 货到付款的情况下，出口商面临进口商经营作风不佳，长期占压资金、货到后拒付的风险，故亟须对进口商进行全面的风险评估 2. 争取采用 C 组术语，有利于出口商对货物的控制，如果进口商拒付款项，出口商可以通知承运人处理货物，或者也可以委托承运人运回货物避免钱货两空 3. 出口商可投保出口信用险，与银行保函配合使用等方式减小风险。 对进口商而言： 货到付款的情况下，进口商可以检查，开箱验货，先查看购买的货与物货物描述有无差别，检验货物真实性及质量，运送损伤等情况之后，根据情况再签单，如果与事实不符，可以拒签，表明理由

二、托收

1. 托收的含义

托收（collection）是指在进出口贸易中，出口方开具以进口方为付款人的汇票（随附或不随附货运单据），委托出口方银行通过其在进口方的分行或代理行向进口方收取货款的一种结算方式。

《托收统一规则》（国际商会第 522 号出版物）第二条规定：“托收意指银行根据所收到的指示处理金融单据和/或商业单据，以便取得付款和/或承兑，或者凭付款和/或承兑交付单据，或者按其他条款和条件交单。”根据该定义，托收是银行根据债权人的指示向债务人取得付款和/或承兑，或者在取得付款和/或承兑（或其他条件）时交付单据的付款方式。

知识要点解读

托收的基本当事人

（1）托收的基本当事人概念。具体概念见表 3-39。

表 3-39　托收的当事人概念

托收的当事人	定　义	运　用
委托人（principal,consignor）	委托银行收取款项的人	委托人一般是出口商或卖方，是债权人和汇票的出票人
付款人（payer,drawee）	代收行或提示行向其收款的人	付款人通常为进口人，即商务合同中的买方或债务人
托收行（remitting bank）	或称委托行，是接受出口商的委托向进口商收取货款的银行	出口方的银行
代收行（collecting bank）	接受托收行委托向付款人收款的银行	一般是托收行在付款人所在地的联行或代理行

（2）托收业务中基本当事人关系如图 3-11 所示。

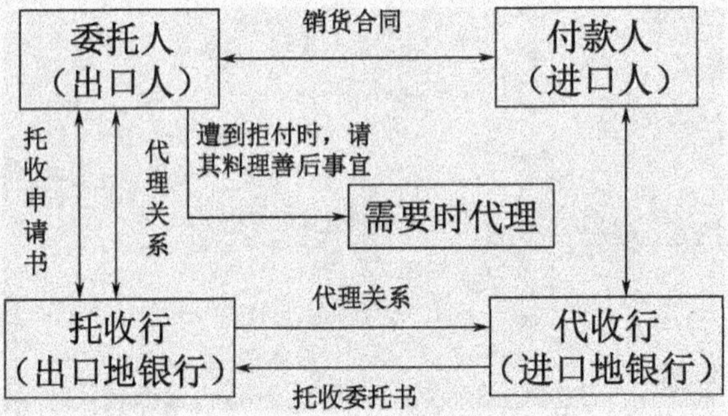

图 3-11　托收业务中基本当事人关系

① 委托人与付款人的关系：以双方签订的合同为基础的债权债务关系。

② 委托人与托收行的关系：委托代理关系。托收申请书是它们之间的委托代理合同。

③ 托收行与代收行的关系：委托代理关系。托收委托书是它们的委托代理合约。

④ 代收行与付款人的关系：并不存在契约关系。付款人的责任是按销售合同的规定付款；代收行没有义务一定要付款人承兑或付款赎单。

2．托收的业务流程

托收业务流程如图 3-12 所示。

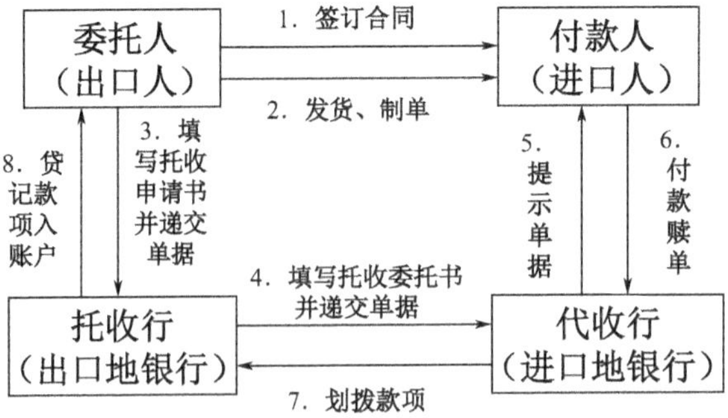

图 3-12　托收业务流程

知识要点解读

托收的业务程序一般为：

（1）进出口双方签订国际货物买卖合同，合同中明确规定以托收方式结算；

（2）出口人按合同规定备货、装运，然后制作汇票，备妥有关单据；

（3）出口人填写托收申请书，连同货运单据、汇票等送交托收行，委托其向进口人收款；托收行审查托收委托申请书及所附单据，审核无误后出具回单给出口人，作为接受委托的证明；

（4）托收行选择代收行，根据托收申请书填制托收委托书，然后将托收委托书连同出口人递交的汇票和所附单据寄往代收行请其代为收款；

（5）代收行审查托收委托书及有关单据，决定是否接受委托，接受委托后，发回单给托收行作为接受委托的凭证；代收行填制代收通知书，通知进口人并向其提示单据要求付款或承兑；

（6）进口人接到通知后到银行审核单据，审核无误后付款或承兑；

（7）代收行收款后，将相关款项划拨托收行账户，并通知托收行款已收妥；

（8）托收行收款后，按托收申请书的指示贷记出口人账户，并通知出口人。

3．托收的种类

托收按照是否附带商业单据进行分类，分为光票托收（clean collection）和跟单托收（documentary collection）。光票托收是不附带商业单据的托收，跟单托收是指附有商业单据的托收。国际贸易中的托收一般都是跟单托收，跟单托收以交单方式的不同又分为付款交单（Documents against Payment，D/P）与承兑交单（Documents against Acceptance，D/A），托收种类知识点见表 3-40。

表 3-40 托收种类知识点

<table>
<tr><th colspan="2">托收的种类</th><th>知 识 要 点</th></tr>
<tr><td colspan="2">光票托收</td><td>1．票据分为即期和远期，大多数为即期付款
2．适用范围：小额交易货款、部分预付货款、分期支付货款、佣金、贸易从属费用的收取和不能或不便提供商业单据的交易，如寄送样品、软件等高科技产品交易、时令性商品交易以及服务、技术转让等无形贸易
3．特点：出口商承担较大风险</td></tr>
<tr><td rowspan="2">跟单托收</td><td>付款交单</td><td>1．定义：被委托的代收行必须在付款人付清票款后才将货运单据交给付款人的方式
2．分类：按照付款期限分为即期付款交单（D/P at sight）和远期付款交单（D/P after sight）。即期付款交单是付款人对提示的汇票立即付款取单；远期付款交单是付款人对提示的汇票承兑到期付款，单据仍在代收行手中，单据在到期付款后才放行
3．特点：进口商需付款后才能获得货物，这对出口商有利</td></tr>
<tr><td>承兑交单</td><td>1．定义：被委托人的代收银行在付款人承兑汇票以后就可将货运单据交给付款人，付款人在汇票到期时，履行其付款义务的方式，只适用于远期汇票的托收
2．特点：出口商给进口商的资金融通。进口商承兑后即可获单取货，这对进口商有利，对出口商不利</td></tr>
</table>

知识要点解读

（1）托收种类的具体业务流程，现通过示意图展示如下。

① 光票托收业务流程如图 3-13 所示。

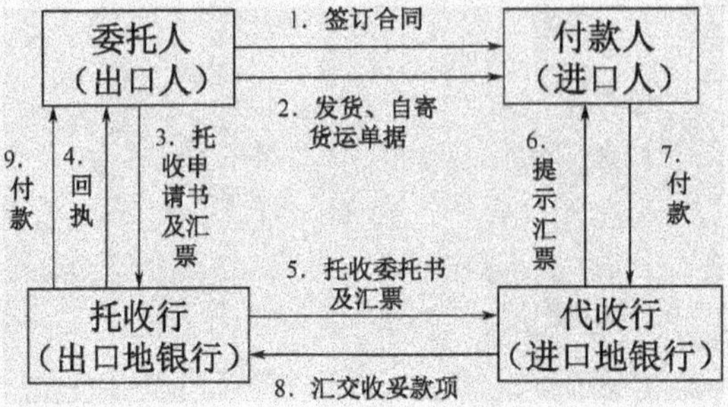

图 3-13　光票托收业务流程

② 即期付款交单流程如图 3-14 所示。

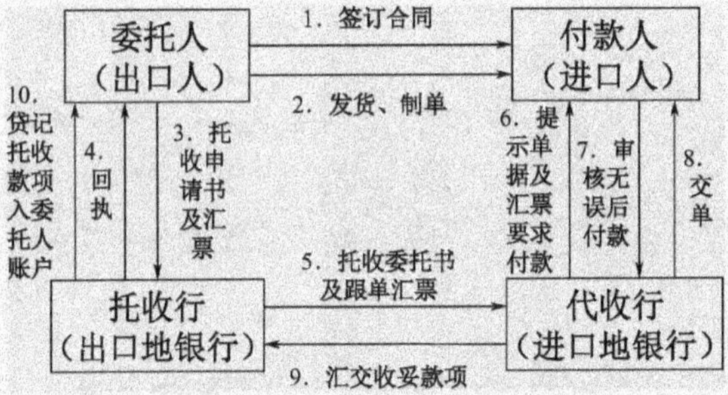

图 3-14　即期付款交单流程

③ 远期付款交单流程如图 3-15 所示。

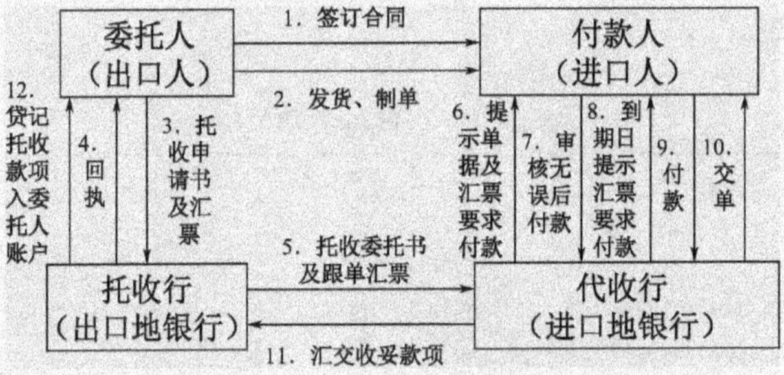

图 3-15　远期付款交单流程

④ 承兑交单流程如图 3-16 所示。

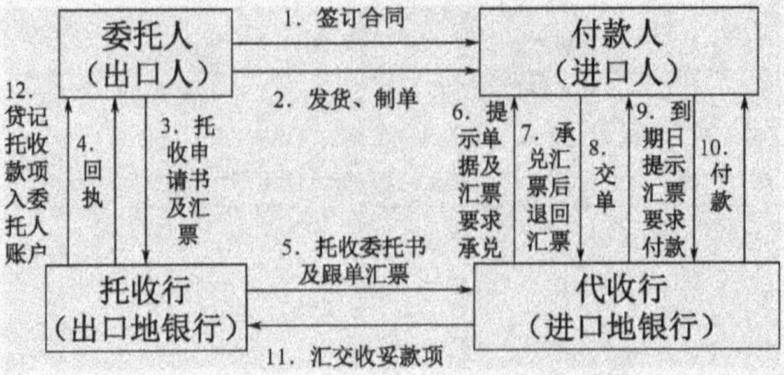

图 3-16　承兑交单流程

（2）承兑交单与付款交单的区别见表 3-41。

表 3-41　承兑交单与付款交单的区别

不同点	承兑交单	付款交单
实质不同	先交单，后收取货款	货款的收取与单据的转移同时完成
交单的依据不同	以付款人的承兑为交单依据	代收行以付款人的付款为交单依据
收款的时间不同	只有远期	有即期和远期
委托人承担的风险不同	对出口商不利，有可能存在钱货两失的风险	对出口商有利，风险相对较小

4．托收的特点

（1）托收属于商业信用。在托收方式下，银行只提供服务，不提供信用。银行无检查单据内容及保证付款的责任。

（2）对出口商来说，采用托收承担的风险较大，尤其 D/A 比 D/P 的风险更大。主要表现在：① 出口商可能遭遇进口商拒付。一旦商品的价格、计价货币的汇率或进口商的经营状况等发生了不利的变化，进口商极有可能要求降价或拒绝付款；② 出口商易陷于被动地位。货物生产出来以后，买方突然单方面撤销买卖合同，造成商品库存；货物运抵目的港后，买方迟迟不去银行付款赎单，给卖方造成被动和损失。

（3）采用托收对进口商较为有利。可免去开证手续费及预付押金，还有可预借货运单据的便利。

（4）托收的手续较为简便，采用托收可增强出口商的竞争能力。

知识要点解读

采用托收方式时，出口商应注意以下问题。

（1）充分调查进口商的资信情况和进口国贸易惯例。

（2）成交金额不能太大，一般只接受 D/P。

（3）可要求买方预付部分货款，作为跟单托收的条件。

（4）争取 CIF、CIP 价格条件成交，在买方未偿付货款前货物出险或投买方利益险。

（5）不能直接将货物直接发给代收行或以代收行为收货人。

5．托收业务的融资

托收虽属于商业信用，但银行仍可以通过多种方式向出口商和进口商提供资金融通，跟单托收方式下资金融通方式分为托收出口押汇和凭信托收据借单。跟单托收方式下资金融通方式的具体内容见表 3-42。

表 3-42　跟单托收方式下资金融通方式的具体内容

融资方式	知识要点
托收出口押汇	托收行对出口商的融资方式 1．具体做法：出口商按照合同规定发货后，开立以进口商为付款人的汇票，并将汇票及所附全套单据交托收银行委托收取货款，由托收行买入跟单汇票及单据，按照汇票金额扣除从付款日到预计收到票款日期的利息和手续费，将款项先行付给出口人 2．优缺点：（1）有利于出口商加速资金周转。出口商在装运完货物之后，立即得到货款；（2）托收银行承担风险较大

续表

融资方式	知识要点
凭信托收据借单	代收行对进口商的融资方式 1. 具体做法：买方承兑汇票后出具信托收据（T/R），向代收行借出货运单据并提取货物，在付款到期日将货款交付给银行，收回自己的信托收据 2. 使用业务：远期付款交单方式 3. 性质：如果代收行向进口商提供的信用便利，是自行决定的，则由代收行对出口商负全部责任；如果是出口商主动授权代收行向进口商提供该便利，则出口商自己承担全部风险，这种做法被称为“付款交单凭信托收据借单”（D/P・T/R）

知识要点解读

思考：我方A公司向美国客商出口货物一批，以D/P方式付款。我方按时发运并备齐全套结汇单据，开出以买方为付款人的60天远期汇票委托银行托收货款。单证寄抵代收行后，付款人办理承兑手续。鉴于货物已抵目的港，且行情看涨，但付款期限未到，为及时提货销售取得资金，买方经代收行同意，向代收行出具信托收据借取货运单据先行提货。不巧，货物因保管不善被火焚毁，付款人又因其他债务关系倒闭，无力付款。在这种情况下，责任应由谁承担？为什么？

分析：责任应由代收行承担。因为在D/P 60天结算方式下，代收行的交单应以付款人的付款为条件，如果代收行自行决定凭信托收据借单给买方，则由代收行对出口商负责。本案例中，代收行同意买方出具信托收据借取货运单据，因此所造成的风险责任由代收行承担。

三、信用证

1. 信用证的含义

信用证（Letter of Credit, L/C）是开证行根据开证申请人（进口商）的要求和指示或为自身业务需要，向受益人（出口商）开立的在一定条件下保证付款的凭证。一定条件是指受益人提交符合信用证条款规定的单据。

根据《跟单信用证统一惯例》（国际商会第600号出版物）第2条规定，信用证（Letter of Credit, L/C）是指一项不可撤销的安排，无论其名称或描述如何，该项安排均构成开证行对相符交单予以承付的确定承诺。

知识要点解读

信用证的主要当事人有四个：开证申请人、开证行、通知行和受益人。根据不同情况还产生了其他当事人，如保兑行、付款行、议付行、承兑行和偿付行等，信用证的当事人权利与义务见表3-43。

表 3-43 信用证的当事人权利与义务

信用证的当事人	权利和义务
开证申请人（Applicant）	向银行申请开立信用证的人，一般是进口商。1. 按照合同规定，向开证行申请开立信用证；2. 审核信用证内容是否与合同规定一致；3. 审核提交的单据是否相符；4. 向开证行付款赎单
开证行（Issuing Bank）	开立信用证的银行，一般是进口商的开户银行。1. 对符合信用证规定的单据，承担保证付款的责任；2. 在进口商无力付款时，开证行有权处理单据和货物
通知行（Advising Bank）	将信用证转交出口商的银行，是出口商所在地银行，开证行的分行。1. 检验证明信用证的表面真实性；2. 缮制通知书，及时通知出口商
受益人（Beneficiary）	受益人一般为出口商。1. 收到信用证，认真审核信用证条款是否与合同规定一致；2. 提出修改信用证；3. 按规定发货；4. 在有效期内提交正确单据；5. 在单据相符条件下，获得货款
保兑行(Confirming Bank)	应开证行要求在信用证上加具保兑银行。1. 付款责任与开证行相同；2. 保兑责任不可撤销；3. 保兑行付款是无追索权的。若开证行无力付款，保兑行无权向出口商追索票款
付款行（Paying Bank/Drawee Bank）	应开证行要求向受益人付款的中介行。它和开证行的关系是委托代理。1. 付款行有权不付款；2. 付款后无追索权；3. 有权向开证行取得偿付
议付行（Negotiating Bank）	根据开证行在议付信用证中的授权，买进受益人提交的汇票和单据的银行，一般是出口地银行。1. 购买符合条件的单据；2. 向指定银行追索垫汇；3. 向受益人行使追索权
承兑行（Accepting Bank）	信用证规定的远期汇票的付款行，与付款行一样由开证行指定。1. 汇票一经承兑，就承担了到期必须付款的责任；2. 付款是无追索权
偿付行（Reimbursing Bank）	指代开证行向议付行或付款行清偿垫款的银行。1. 不接收单据；2. 开证行的出纳机构；3. 偿付行的付款是有追索权的

2. 信用证的业务流程

信用证的业务流程因信用证的类型不同而有所不同，但基本环节大体相同，现以即期跟单议付信用证为例说明信用证业务流程。

1）即期跟单议付信用证的业务流程如图 3-17 所示

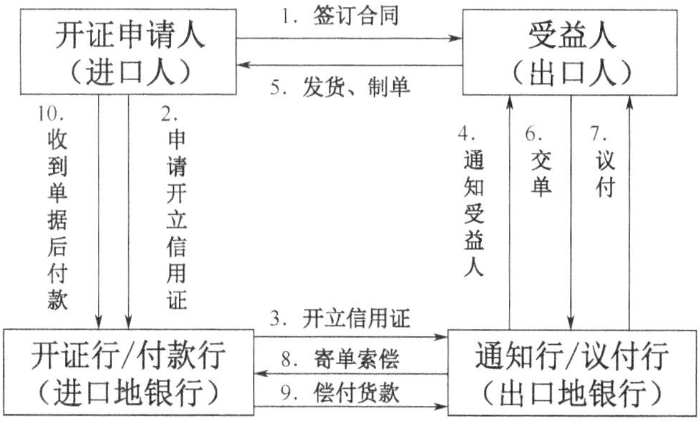

图 3-17 即期跟单议付信用证的业务流程

2）具体流程说明

即期跟单议付信用证的具体流程主要分为四个环节，分别为开证发货、交单议付、寄单索偿和付款赎单。

（1）开证发货。

① 进出口双方就货物的交易条件进行磋商，达成协议后订立国际货物买卖合同，在合同中明确规定以跟单信用证方式支付货款。

② 进口人作为开证申请人在合同规定的时间内向其所在地银行申请开立信用证。开证申请人需要填写开证申请书，还应向开证行交纳全部或部分保证金，并支付开证费及相关手续费。

③ 开证行按开证申请书规定的内容和方式向指定的受益人开立信用证，并将信用证以电讯或航邮方式传递给通知行通知受益人。

④ 通知行收到信用证后，立即核实信用证的表面真实性。经核实无误后将信用证通知受益人。

⑤ 受益人收到信用证后对信用证的条款进行审核。如发现信用证有误应立即通知开证申请人提请开证行修改，修改无误后方可发货。

（2）交单议付。

① 货物发运完毕后，受益人缮制并取得信用证所规定的全部单据，开立汇票，连同信用证正本，在信用证规定的交单期和有效期内送议付行议付。

② 议付行对受益人送交的单据进行审核，在确认单据无误后进行议付。

（3）寄单索偿。

① 议付行将单据连同汇票以航邮方式寄给开证行，同时向开证行或付款行发出索偿指示请求偿付。

② 开证行或付款行审核单据无误后向议付行偿付。

（4）付款赎单。

① 开证行履行付款责任后向开证申请人提示单据，开证申请人核验单据无误后付款。

② 开证申请人付款后，从开证行取得全套单据凭以提货。

知识要点解读

1. 议付行为的含义

议付行为有两种含义：① 在信用证结算方式下，出口商所在地银行审核受益人交来的货运单据后，购进汇票与单据而付款给受益人的行为；② 在托收结算方式下，出口商所在地银行买入托收项下跟单汇票的行为。

2. 议付对信用证当事人的影响

(1) 对于出口商，议付行先行审单垫款，这有利于出口商资金融通。

(2) 对于信用证申请人，可以在收到相符的单据后再付款，这样有利于申请人资金周转。

(3) 对于开证行，只要在单证相符的单据没有到达柜台前是不需付款的；且单证是否相符最终由开证行确认，开证行可以认为议付行寄来的单据有不符点而拒付。

3. 议付行有追索权，开证行无追索权

采用信用证支付方式，议付行议付后，如开证行倒闭或拒付，可向受益人行使追索权；但若开证申请人破产或无力付款，开证行或保兑行付款后，则无追索权。

4. 信用证支付方式下当事人付款的条件

信用证的付款条件是指受益人提交符合信用证条款规定的单据。即做到“单单相符、单证相符”。

5. 通知行的作用

通知行应合理审慎地鉴别所通知的信用证及其修改书的表面真实性并及时、准确地将信用证及其修改书通知受益人，无须承担其他义务。信用证及修改后的信用证都必须经过通知行进行传递。

3. 信用证的基本内容

信用证并无统一的格式但其主要内容基本上是相同的，大体包括以下几个方面。

（1）对信用证自身的说明，包括信用证的种类、性质、编号、金额、开证日期、有效期及到期地点、当事人的名称和地址、使用本信用证的权利可否转让等。

（2）汇票的出票人、付款人、期限以及出票条款等。

（3）货物的名称、品质、规格、数量、包装、运输标志、单价等。

（4）对运输的要求，包括装运期限、装运港、目的港、运输方式、运费应否预付，可否分批装运和中途转运等。

（5）对单据的要求，包括单据的种类、名称、内容和份数等。

（6）特殊条款。根据进口国政治经济贸易情况的变化或每一笔具体业务的需要，可作出不同的规定。

（7）开证行对受益人和汇票持有人保证付款的责任文句。

MT700/MT701 是由开证行发送给通知行用来列明发报行（开证行）开立的跟单信用证条款的报文格式。报文开头和结尾部分是发报行和收报行之间的联系信息，中间正文部分是信用证的栏位。各个栏位的结构一样，都是由栏位名称、栏位代号和条款内容三部分组成的，栏位名称和栏位代号是固定的，条款内容则根据交易情况而有所不同。信用证的样本如下：

SWIFT OUTPUT: FIN 700 ISSUE OF A DOCUMENTARY CREDIT
SENDER　　: CAMIIT2B×××
　　CASSA DI RISPARMIO DI MIRANDOLA
　　MIRANDOLA
RECEIVER　　: CMBCCNBS×××
　　CHINA MERCHANTS BANK
　　(HEAD OFFICE)
　　SHENZHEN CN
--------------------------------------MESSAGE TEXT--------------------------------------
27:　SEQUENCE OF TOTAL
　　1/1

40A: FORM OF DOCUMENTARY CREDIT
IRREVOCABLE
20: DOCUMENTARY CREDIT NUMBER
AC/4100850/08
31C: DATE OF ISSUE
180620
40E: APPLICABLE RULES
UCP LATEST VERSION
31D: DATE AND PLACE OF EXPIRY
180820 IN THE COUNTRY OF THE BENEFICIARY
50: APPLICANT
MENU'S.R.L.
VIA STATALE 12,102
41036 MEDOLLA(MO)
ITALY
59: BENEFICIARY-NAME & ADDRESS
GRAND TIANCHI IMP AND EXP CO.,LTD
666,DAHEROAD,KUNMING,YUNNAN,CHINA
32B: CURRENCY CODE,AMOUNT
CURRENCY: EUR(EURO DOLLAR)
AMOUNT : NOT EXCEEDING #102000.#
39A: PERCENTAGE CREDIT AMT TOLERANCE
10/10
41A: AVAILABLE WITH...BY...- NAME & ADDR
CAMIIT2B
CASSA DI RISPARMIO DI MIRANDOLA
MIRANDOLA
BY PAYMENT
42M: MIXED PAYMENT DETAILS
75 PCT AT SIGHT AND
25 PCT BY APPLICANT'S DIRECT
43P: PARTIAL SHIPMENTS
ALLOWED
43T: TRANSHIPMENT
NOT ALLOWED
44A: ON BOARD/DISP/TAKING CHARGE AT/F
ANY CHINESE PORT
44B: FOR TRANSPORTATION TO...
ANY ITALIAN PORT

44C:　LATEST DATE OF SHIPMENT
180726

45A:　DESCRIPTION OF GOODS &/OR SERVICES
SLICED FROZEN BOLETUS EDULIS
GRADE:AAA
PACKING:IN WOODEN CASES
QTY:27.2MT
UNIT PRICE: EUR5 000/MT　CFR ITALIAN PORT
TOTAL AMOUNT: EUR 136 000.00
GOODS ARE AS PER PROFORMA INVOICE NO.HME-I080101 DATED JUNE 9,2018
SHIPPING MARK:HME-I080101
CASE NO.01-UP

46A: DOCUMENTS REQUIRED

+　SIGNED COMMERCIAL INVOICE IN 3 COPIES.

+　PACKING LIST IN 3 COPIES SHOWING NO．OF PACKAGE.

+　FULL SET CLEAN ON BOARD OCEAN BILL OF LADING ISSUED TO THE ORDER OF MENU'S.R.L., VIA STATALE 12,102,41036 MEDOLLA (MO) ITALY, MARKED "FREIGHT PREPAID",NOTIFY CABELIA SAS　-　GENOVA ITALY.

+　PHYTOSANITARY CERTIFICATE ISSUED BY THE COMPETENT AUTHORITIES IN CHINA,IN DUPLICATE.

+　ANALYSIS CERTIFICATE ISSUED BY THE COMPETENT AUTHORITIES SHOWING SPECIFICATION,

IN DUPLICATE.

+　CERTIFICATE OF ORIGIN GSP "FORM A", IN ONE ORIGINAL AND ONE COPY, ISSUED BY COMPETENT CHINESE AUTHORITIES.

+　BENEFICIARY'S COPY OF TELEFAX SENT TO MENU'S.R.L. FAX NO.0039-0535-46899 AT LEAST TWO DAYS AFTER SHIPMENT DATE WITH ALL SHIPPING DETAILS INCLUDING:VALUE,WEIGHT,

QUANTITY CONTAINER'S NUMBER,SHIPMENT DATE AND ETA, VESSEL NAME AND SO FOR INSURANCE PURPOSES.

47A: ADDITIONAL CONDITIONS

+　ANY COSTS OTHER THAN FREIGHT ON B/L ARE NOT ACCEPTABLE.

+　ALL DOCUMENTS MUST SHOW THE NUMBER OF THIS LC.

+　ALL DOCUMENTS MUST BE ISSUED IN ENGLISH LANGUAGE.

+　INSURANCE WILL BE COVERED BY THE BUYER.

+　T.T.REIMBURSEMENT NOT ALLOWED.

71B: CHARGES

ALL BANKING CHARGES AND COMMISSIONS ARISING OUTSIDE ITALY ARE FOR APPLICANT'S ACCOUNT.

49：CONFIRMATION INSTRUCTIONS

WITHOUT

78：INSTR TO PAYG/ACCPTG/NEGOTG BANK

UPON RECEIPT OF THE DOCUMENTS IN CONFORMITY WITH THE CREDIT TERMS AND CONDITIONS, WE WILL EFFECT PAYMENT FOR THE 75PCT OF THE COMMERCIAL INVOICE AMOUNT. THE REMAINING 25PCT WILL BE PAID BY APPLICANT DIRECTLY.

TRAILER ORDER IS <MAC:><PAC:><ENC:><CHK:><TNG:><PDE:>

知识要点解读

MT700格式中各栏位的应用方式说明如下。

1. 27: SEQUENCE OF TOTAL

报文页次，用于列明报文的页次顺序以及总的报文页数。

2. 40A: FORM OF DOCUMENTARY CREDIT

跟单信用证形式。

3. 20: DOCUMENTARY CREDIT NUMBER

跟单信用证号码，这是开证行为信用证业务编的流水号，供有关方业务处理时引用。

4. 31C: DATE OF ISSUE

开证日期，这个日期是开证行对受益人不可撤销地承担承付责任的起点。

5. 40E: APPLICABLE RULES

适用规则，该栏位有6个代码，必须使用其中之一列明该信用证遵循的适用规则。

6. 31D: DATE AND PLACE OF EXPIRY

截止日及交单地点，该栏位列明跟单信用证项下最迟交单日期和交单的可能地点。信用证要求提交的单据如未能在该日期前或当天提交到规定地点，信用证即失效。

7. 50: APPLICANT

开证申请人，要求开立信用证的一方，是信用证业务的发起人或原始指示方。

8. 59: BENEFICIARY

受益人，接受信用证并享受其利益的一方，也就是开证行通过信用证承诺在单证相符的情况下向其付款的一方。

9. 32B: CURRENCY CODE, AMOUNT

信用证货币及金额，该栏位中的货币符号一律采用国际标准符号，金额的小数点以“,”表示，而不可用实心点表示，数字分节号则以实心点而非“,”表示。

10. 39A: PERCENTAGE CREDIT AMT TOLERANCE

信用证金额浮动允许范围，该栏位列明信用证金额上下浮动最大允许范围，用百分比表示。但是根据SWIFT的规则，39A不能和39B同时出现。

11. 41A: AVAILABLE WITH…BY…

指定银行及信用证兑用方式，该栏位列明被授权对信用证付款、承兑或议付的银行及该信用证的兑用方式。

12. 42M: MIXED PAYMENT DETAILS

混合付款条款，该栏位列明混合付款跟单信用证项下付款日期、金额及确定的方式。

13. 43P: PARTIAL SHIPMENTS

部分装运条款，该栏位列明货物是否允许在一个时期内分几次装运。

14. 43T: TRANSHIPMENT

转运条款，该栏位列明货物是否允许在信用证规定的起点到终点之间的运输过程中，从一件运输工具上卸下再装上另一件运输工具。

15. 44C: LATEST DATE OF SHIPMENT

最迟装运日期，该栏位列明的是装船、发运和接受监管的最迟日期。

16. 45A: DESCRIPTION OF GOODS &/OR SERVICES

货物/劳务描述，该栏位包括货物或劳务的描述，价格条款也在该栏位中。

17. 46A: DOCUMENTS REQUIRED

单据要求，该栏位列明要求受益人提交的单据的种类、份数以及必要时对出单人、单据内容的要求。

18. 47A: ADDITIONAL CONDITIONS

信用证的附加条件。

19. 71B: CHARGES

费用负担，该栏位的出现只表示费用由受益人负担。若报文无此栏位，且信用证也未在其他栏位规定费用承担方时，则表示除议付费、转让费外，其他费用均由申请人负担。

4. 信用证的种类

信用证的种类可细分为五大类，详见表 3-44。

表 3-44 信用证的种类

	类 别	定 义
1	不可撤销信用证（Irrevocable L/C）	信用证一经开出，在有效期内，未经受益人及有关当事人的同意，开证行不能片面修改和撤销
2	保兑信用证（Confirmed L/C）	开证行开出的信用证，由另一银行保证对符合信用证条款规定的单据履行付款义务。保兑信用证有开证行和保兑行共同对受益人负责
3	即期付款信用证（Sight L/C）	开证行或付款行收到符合信用证条款的票据后，立即履行付款义务的信用证
	延期付款信用证（Deferred payment L/C）	是一种不用汇票的远期信用证
	承兑信用证（Acceptance L/C）	要求提供汇票的远期信用证
	议付信用证（Negotiation L/C）	是指开证行在信用证中邀请其他银行买入票据，允许受益人向某一指定银行或任何银行交单议付的信用证。一般注明“议付兑现”（available buy negotiation）
4	可转让信用证（Transferable L/C）	指特别注明“可转让（transferable）”字样、受益人（第一受益人）可将信用证的全部或部分金额转给另一受益人（第二受益人）的信用证

续表

	类　别	定　义
5	循环信用证（Revolving L/C）	信用证被全部或部分使用后，其金额又恢复到原金额，可再次使用，直至达到规定的次数或规定的总金额为止，通常在分批均匀交货情况下使用
	对开信用证（Reciprocal L/C）	两张信用证申请人互以对方为受益人而开立的信用证。两张信用证的金额相等或大体相等，可同时互开，也可先后开立
	对背信用证（Back to Back L/C）	又称背对背信用证、桥式信用证、从属信用证或补偿信用证，是指中间商收到以其为受益人的信用证后，以该证为抵押，请求通知行或其他银行开出的、以信用证项下的真正供货人为受益人的新的信用证

知识要点解读

1. 不可撤销信用证的解读

《UCP600》第 3 条规定，信用证是不可撤销的，即使信用证中对此未作指示也是如此。

2. 保兑信用证的解读

《UCP600》第 8 条规定，保兑行自对信用证加具保兑之时起即不可撤销地承担承付的责任。保兑信用证项下，保兑行对相符交单的承付或议付是不可撤销的，是没有追索权的。保兑行的保障并不是开证行之外的附属保障，即使开证行收到止付令，保兑行依然摆脱不了信用证单证相符的付款责任。

3. 即期信用证、延期付款信用证、承兑信用证和议付信用证的解读

《UCP600》第 6 条规定，信用证必须规定其是以即期付款、延期付款、承兑还是议付的方式兑付。

（1）即期信用证。受益人一般不需要开立汇票，开证行或付款行只凭全套合格的货运单据付款。付款行一经付款，对受益人无追索权。

（2）延期付款信用证。它是一种不用汇票的远期信用证。① 远期付款日期计算方法有：一是“自运输单据出单日期后若干天”，二是“自单据到达开证行之日起若干天”。② 该信用证无汇票，无承兑行为，风险比承兑信用证大。

（3）承兑信用证。在实际工作中进口商为了融资便利的做法有：买卖双方签订的贸易合同原规定为即期付款，买方要求开证行开立承兑信用证，证中规定“远期汇票可即期付款，所有贴现和承兑费用由买方承担”，这种信用证，对出口人来说仍属于即期收款的信用证；但对开证人来说则属于远期付款的信用证，故也称为假远期信用证或“买方远期信用证”（Buyer's Usance Credit）。

（4）议付信用证。若信用证规定适用于议付，此信用证为议付信用证。① 特点：一般要求受益人开立汇票；汇票可以是即期的，也可以是远期的。汇票的付款人为开证行或其他银行；信用证的到期地点在议付行所在地。② 种类：指定某一银行作为议付行的叫限制议付信用证，任何银行都可以议付的叫公开议付信用证。

4. 可转让信用证的解读

① 所有因办理转让而产生的费用（如佣金、手续费、成本或开支）必须由第一受益人支付。② 可转让信用证只能转让一次，第二受益人不能再将信用证转让给他人，但可

以重新转让给第一受益人。③ 已转让信用证须准确转载原证条款，但信用证金额、单价、到期日、最迟交单日、最迟发运日期等项目可以减少或缩短；投保的加成比例可以增加，以达到原证规定的保险金额。

5. 循环信用证的解读

（1）循环信用证根据循环的方式可分为：

① 自动式循环。每期用完一定金额，不需等待开证行的通知，即可自动恢复到原金额。

② 非自动循环。每期用完一定金额后，必须等待开证行通知到达，信用证才能恢复到原金额使用。

③ 半自动循环。即每次用完一定金额后若干天内，开证行未提出停止循环使用的通知，自第×天起即可自动恢复至原金额。

（2）循环信用证与一般信用证的不同之处就在于：一般信用证在使用后即告失效；而循环信用证则可多次循环使用。

（3）循环信用证的优点在于：进口方可以不必多次开证从而节省开证费用，同时也可以简化出口方的审证、改证等手续，有利于合同的履行。

6. 对开信用证的解读

（1）对开信用证多用于易货贸易、加工贸易和补偿贸易业务，交易的双方都担心凭第一张信用证出口或进口后，另一方不履行进口或出口的义务，于是采用这种互相联系、互为条件的开证办法，用以约束彼此。

（2）对开信用证多用于来料加工和来件装配业务中。具体做法是：进口料件时要求开立远期信用证。我方在承兑对方汇票后先行取得进口原材料、配件和设备。出口成品时采用即期付款信用证，以即期收汇并偿付进料所需支付的到期票款。该结算方式有利于节约外汇，但要求在付款期限的安排上必须与加工装配的生产周期紧密配合并留有适当余地，以防出现信用证项下成品因不能及时出口和收汇而无法如期偿付进口票款的情况。

5．信用证的特点

信用证有三个特点。

一是信用证是一项自足文件（self-sufficient instrument）。信用证不依附于买卖合同，是独立于合同之外的文件。银行在审单时只管信用证，不管合同。

二是信用证方式是纯单据业务（pure documentary transaction）。信用证业务处理是以单据为准而不是以货物为准的。只要受益人提交的表符合信用证条款，银行就必须付款。

三是开证银行负首要付款责任（primary liabilities for payment）。信用证是一种银行信用，它是银行的一种担保文件，开证银行开出信用证后，就承担了第一性付款责任，不管开证申请人是否履行付款责任，甚至破产或倒闭，开证行付款责任均不解除。

知识要点解读

1. 信用证是一项自足文件的案例说明

思考：我国 A 公司向加拿大 B 公司以 CIF 术语出口一批货物，合同规定 4 月装运。B 公司于 4 月 10 日开来不可撤销信用证。此证按《UCP 600》规定办理。证内规定：

装运期不得晚于4月15日。此时我国A公司已来不及办理租船订舱，立即要求B公司将装期延至5月15日。随后B公司来电称：同意延展船期，有效期也顺延一个月。我国A公司于5月10日装船，提单签发日为5月10日，并于5月14日将全套符合信用证规定的单据交银行办理议付。请问：我国A公司能否顺利结汇？为什么？

分析：我国A公司是不能顺利结汇的。因信用证是一项自足文件，一经开出，即独立于合同之外，买卖双方的权利和义务皆以信用证规定为准。我国A公司和B公司磋商延展船期，只停留在合同层面，并没有修改信用证中的对应条款。银行在审核信用证时一旦发现单单不符或单证不符就会拒绝付款。

2. 信用证方式是纯单据业务的案例说明

思考：我方某公司进口一批货物，按信用证方式结算货款，受益人在信用证有效期内向国外议付行交单议付，议付行经审查合格后即向受益人议付货款。我方收到货物后发现货物品质与合同规定不符，请问：我方是否可以要求开证行拒绝向议付行付款？

分析：我方不可以要求开证行拒绝向议付行付款。理由：在信用证业务中，这是一种纯单据业务，有关各方处理的是单据，而不是与单据有关的货物或服务。在本案例中，受益人在信用证有效期内向国外议付行交单议付，而且单据是合格的，所以开证行不能拒绝向议付行偿付。

3. 开证银行负首要付款责任的案例说明

思考：我国某出口公司通过通知行收到一份国外银行开出的不可撤销信用证，该公司按信用证要求将货物装船后，但在尚未交单议付时，突然接到开证行通知，称："开证申请人（进口商）已经倒闭，本开证行不再承担付款责任"。请问：开证行的做法是否正确？为什么？

分析：开证行的做法不正确。因为在单证严格相符的情况下，信用证的开证行必须承担第一性付款责任。开证行第一性的付款责任并不因为开证申请人倒闭而解除。

案例解析

在国际贸易中，当事人应根据交易对手的信用状况选择支付方式。出口商想要安全地收款、收货，都必须调查对方的信用。第一，若信用不佳或不十分了解，尽量选择风险较小的支付方式，如信用证结算方式，或多种方式并用，具体做法有：① 汇付和托收相结合，如先采取T/T形式预付10%的定金，在装船后，再用T/T形式付40%的合同款，剩余50%的货款采用D/P即期付款的形式。② 汇付和信用证相结合。如定金的部分以T/T方式办理，主要的货款采用L/C方式支付。③ 托收与信用证结合。如托收采用D/P方式，全套单据随附与托收项下，出口商签发两张汇票，一张用于信用证，一张用于托收。这样组合既能尽量避免不必要的开支，又能对作为物权凭证的单据起到保护作用。第二，若对方信用好，交易风险小，则可选择有利于双方的手续简、费用少的方式。

综上所述，国际贸易支付方式的选择不仅要考虑到自己的风险，也要考虑对方的成本。

要根据对方的资信等级、货物的供求状况、合同金额的高低、运输方式和种类、结算成本高低等因素来决定。

模块训练

一、单选题

1. D/P AFTER SIGHT 条件下，代收行交单的条件是（　　）。
   A. 进口商付款　　B. 进口商承兑
   C. 进口商凭信托收据　　D. 代收行自行处理
2. 在汇付方式的种类中，（　　）使用最广泛。
   A. M/T　　B. T/T
   C. D/D　　D. L/C
3. 按照惯例，开证行在收到国外寄来的全套单证后应进行严格审核，但下列不属于审核事项的是（　　）。
   A. 单据与信用证之间是否相符　　B. 单据与单据之间是否相符
   C. 单据与货物之间是否相符　　D. 单据与《UCP 600》是否相符
4. 在国际贸易支付方式中，信用证是银行信用，使用的通常是（　　）。
   A. 商业汇票　　B. 银行汇票
   C. 银行本票　　D. 支票
5. D/P • T/R 项下，货到目的港后，买方凭 T/R 向代收行借单提货，若事后卖方收不回货款，则（　　）。
   A. 代收行应负责向卖方赔偿　　B. 由卖方自行负责货款损失
   C. 由卖方与代收行协商共同承担　　D. 托收行应负责向卖方偿付

二、多选题

1. 假远期信用证与远期信用证的区别是（　　）。
   A. 开证基础不同　　B. 信用证条款不同
   C. 利息的负担不同　　D. 收汇的时间不同
2. 信用证结算方式的特点有（　　）。
   A. 信用证是一项自足文件　　B. 信用证是单据买卖
   C. 信用证是银行信用　　D. 信用证结算方式对出口商不利
3. 在国际贸易中，不用于中间商转售货物交易的信用证是（　　）。
   A. 对背信用证　　B. 对开信用证
   C. 可转让信用证　　D. 循环信用证
4. 托收结算方式下银行免责的情况有（　　）。
   A. 单据在寄送过程中的延误所引起的后果
   B. 不可抗力所引起的后果
   C. 单据内容不正确所引起的后果
   D. 疏忽没有按委托人的委托指示所引起的后果

5. 属于商业信用的国际贸易结算方式是（　　）。

A. 信用证　　B. 托收

C. 电汇　　D. 票汇

三、判断题

（　　）1. 在信用证业务中，受益人收到信用证修改通知书后，如不同意修改，应立即将信用证修改书退回通知行，否则视为同意接受。

（　　）2. 在票汇情况下，汇款人要求汇出行开立的是银行即期汇票，因此这种付款方式属于银行信用。

（　　）3. 即期议付信用证条件下，议付行 ABC 银行提交的汇票收款人规定为：“TO ORDER OF ABC BANK，但对汇票未作背书，则应视为不合格汇票。

（　　）4. 付款交单（D/P）与承兑交单（D/A）都有一定的风险，一般说来，D/A 方式风险较小，更易被卖方接受。

（　　）5. 对信用证条款的修改，只要进口商与出口商双方同意即可，无须通知开证行。

四、实操题

有三笔业务，付款方式为：① D/P 见票 30 天。② D/A 见票 30 天。③ D/P 见票 30 天，凭信托收据借取单据。以上三笔业务，国外客户均于 8 月 1 日办理了除付款以外的各项手续。请问：分别可在何日取得货运单据？请完成表 3-45。

表 3-45　托收业务取得货运单据时间

付 款 方 式	取得货运单据的时间
D/P 见票 30 天	
D/A 见票 30 天	
D/P 见票 30 天，凭信托收据借取单据	

五、案例分析

1. 我某外贸企业与某国 A 商达成一项出口合同，付款条件为付款交单见票后 45 天付款。当汇票及所附单据通过托收行寄抵进口地代收行后，A 商及时在汇票上履行了承兑手续。货抵目的港时，由于用货心切，A 商出具信托收据向代收行借得单据，先行提货转售。汇票到期时，A 商因经营不善，失去偿付能力。代收行以汇票付款人拒付为由通知托收行，并建议由我某外贸企业向 A 商索取货款。

请问：你认为我某外贸企业应如何处理?

2. 某开证银行按照它开出的信用证的规定审查受益人提交的各项单据后，已付款给受益人。但在进口人向开证行赎单后，发现提单的日期是倒签的。进口人立即要求开证银行退回货款并赔偿损失。

请问：开证行要不要承担责任?

3. 有一国外开来的信用证，证内规定金额为 100000 英镑；单价为每公吨 100 英镑 CIF 伦敦；数量 1000 公吨。但信用证内对金额和数量既未规定“约”（about）或机动幅度，也没有规定其他限制性条款。该信用证的受益人在装运出口时，实际装货为 995 公吨。

请问：开证行能否以数量与信用证不符而拒付货款？为什么？

模块十六 国际商品检验

案例导入

甲公司向乙公司采购一批设备，合同中约定：甲公司在收货时 30 日内验收，验收无误后付款。甲公司人员在收货后由于忙于其他事未及时验收，到了第二个月才发现货物存在质量问题，遂向乙公司要求退货，乙公司以已过检验期为由拒绝退货。甲公司为此起诉至法院，法院驳回了甲公司的诉讼请求。

请思考： 1. 商品质量存在问题，为什么甲公司无法要求退货？

2. 我们在货物验收时要注意什么问题？

知识要点

序　号	知　识	重 要 性
1	商品检验的重要性	★★★★☆
2	《公约》对商品检验的规定	★★★★★
3	买卖合同中检验条款的主要内容	★★★★☆

思维导图

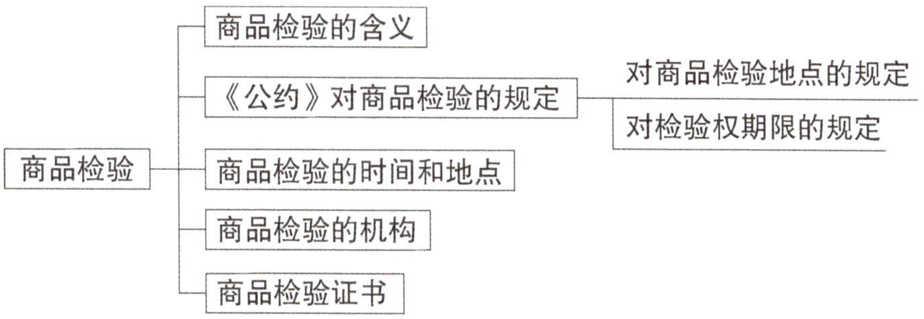

知识拓展

一、商品检验的含义

商品检验（Commodity Inspection），又称货物的检验（Inspection of the Goods）是指在

国际贸易中，进出口商品检验机构对交付商品的质量、数量、包装、安全性能等进行分析和测量，以确定货物是否符合国际公约和惯例、国家法律法规、进出口合同的要求，或明确各种风险损失引起的责任归属等，并出具检验证书的活动。商品检验是国际贸易不可或缺的环节。

二、《公约》对商品检验的规定

行使检验权，对商品进行检验是国际贸易中买方的一项基本权利。国际条约及各国法律都明确赋予了买方检验权，并对商品检验作出有关规定。《公约》，对商品检验地点和检验权的期限有如下规定：

1. 对商品检验地点的规定

《公约》第 38 条规定：

（1）买方必须按情况在实际可行的最短时间内检验货物或由他人检验货物。

（2）如果合同涉及货物运输，检验可推迟到货物到达目的地后进行。

（3）如果货物在运输途中改运或买方须再发运货物，没有合理机会加以检验，而卖方在订立合同时已知道或理应知道这种改运或再发运的可能性，检验可推迟到货物到达新目的地后进行。

知识要点解读

思考：我国某公司与新加坡一公司以 CIF 新加坡的条件出口一批土特产品，订约时，我国公司已知道该批货物要转销美国。该货物到达新加坡后，立即转运美国。其后新加坡的买主凭美国商检机构签发的在美国检验的证明书，向我国要求赔偿。请问：我国公司应如何对待美国的索赔要求？为什么？

分析：我国应及时回应美国的索赔要求。

《公约》第 38 条第（3）项规定，“如果货物在运输途中改运或买方须再发运货物，没有合理机会加以检验，而卖方在订立合同时已知道或理应知道这种改运或再发运的可能性，检验可推迟到货物到达新目的地后进行”。

在本案例中，我国公司在订约时已知道该批货物到达新加坡后还要转销美国，商品的检验可推迟到商品到达美国后进行。

因此，新加坡商人提交的美国检验证书是有效的，可以凭此证书要求我国进行赔偿。

2. 对检验权期限的规定

《公约》第 39 条规定：

（1）买方对货物不符合同，必须在发现或理应发现不符情形后一段合理时间内通知卖方，说明不符合同情形的性质，否则就丧失声称货物不符合同的权利。

（2）无论如何，如果买方不在实际收到货物之日起两年内将货物不符合同情形通知卖方，他就丧失声称货物不符合同的权利，除非这一时限与合同规定的保证期限不符。

知识要点解读

（1）商品的检验权有一定的期限限制。买方应在条件允许的情况下尽快检验商品。

（2）《公约》规定的检验期限是收到货物之日起两年内。若买卖双方未在合同约定检验期限的，应以有关的国际惯例或法律法规为准。若买卖双方在合同约定检验期限内的，以合同为准。

（3）合理规定检验期限。买方应根据运输情况、商品特点和检验所需时间，合理规定检验期限。以避免出现检验期限过早结束，无法对商品进行检验的情况。

（4）买方对商品的检验期，实际也是索赔期。买方如果不在规定的检验期限内检验商品，或不经检验就接受商品，即使此后发现商品存在问题，也无权向卖方提出异议和索赔。

三、商品检验的时间和地点

由于在国际贸易中，商品检验既可在出口国进行，也可在进口国进行。为避免日后引起纠纷，进出口双方一般都在贸易合同的检验条款中就商品检验的时间和地点作出明确规定。

检验时间和地点的规定，基本分为在出口国检验、在进口国检验和在出口国检验、在进口国复验三种做法。

知识要点解读

（1）三种检验做法比较见表3-46。

表 3-46 三种检验做法比较

基本做法		检验地点	检验时间	适用范围
在出口国检验	在产地检验	生产地点（如工厂、矿山或农场等）	离开生产地点前	柑橘、苹果等农产品，或需要把生产工作深入生产领域，对生产、监督部门进行技术监督的产品
	在装运港（地）检验，也称离岸品质和离岸重量（shipping quality and weight）	在装运港（地）期间	商品在装运前或装运时	无特别规定
在进口国检验	在目的港（地）检验，也称到岸品质和到岸重量（landing quality and weight）	在目的港（地）	卸货前后均可	大宗散装商品、易腐烂变质商品等容易在运输途中发生数量、品质等变化的商品
	在买方营业处所或最终用户所在地检验	营业处所、最终用户所在地	到达规定地点后的一定时间内	开件检验后难以恢复原包装的产品，或需要安装调试后才能检验的产品
在出口国检验、在进口国复验	卖方出具检验证书作为交货、收款的依据，买方凭复验证书向卖方提出索赔	出口国和进口国	装运前和卸货后一段时间内	国际贸易中最常用的方式

（2）分析三种做法的利弊。

① 在出口国检验，对卖方有利，对买方不利。

在产地检验，卖方只在商品离开产地前负有责任。在装运港（地）检验，卖方只需承担商品在装运港（地）之前的风险。因此，在出口国检验，无论是在产地检验还是在装运港（地）检验，卖方都不用承担商品离开出口国后运输途中的风险（如品质、数量与合同不符等），买方收到货后即使发现商品存在问题，一般情况下也无权再提出索赔。

② 在进口国检验，对卖方不利，对买方有利。

在进口国检验，无论采用哪种方式，卖方都必须承担商品到达进口国之前品质、数量等与合同不符的风险，即使这种不符的风险是在运输途中产生的。

③ 在出口国检验、在进口国复验，对双方都有利。

在出口国检验、在进口国复验，买卖双方都能行使商品的检验权，运输途中的风险也由相应责任人承担，兼顾买卖双方的利益，公平合理。因此，这种方式是国际贸易中最常采用的检验方式。我国一般也采用这种做法。

四、商品检验的机构

在国际贸易中，为了保证商品检验的结果公平公正，买卖双方往往委托一个有权威、有资质的独立第三方机构进行商品的检验。国际上有不少进出口检验机构，大体可以分为官方机构和非官方机构，具体选择哪家检验机构，由买卖双方在合同中约定。国内及国外的主要商品检验机构见表 3-47。

表 3-47　国内及国外的商品检验机构

国内	官方	中华人民共和国国家质量监督检验检疫总局（General Administration of Quality Supervision, Inspection and Quarantine of the People's Republic of China）[简称国家质检总局（AQSIQ）]
	非官方	中国检验认证（集团）有限公司
国外	官方	美国粮谷检验署、美国食品药物管理局、法国国家实验室检测中心、日本通商产业检查所等
	非官方	美国保险人实验室、瑞士日内瓦通用鉴定公司、英国劳合氏公证行、日本海事鉴定协会等

知识要点解读

（1）我国《商检法》和《商检法实施条例》规定，在进出口商品检验方面，出入境检验检疫机构的基本任务有三项：实施法定检验；办理一般的公证鉴定和委托检验业务；对进出口商品的质量和检验工作实施监督管理。

（2）法定检验与一般检验的对比，详见表 3-48。

表 3-48　法定检验与一般检验的对比

	性　质	执 行 条 件	目　的
法定检验	强制性	产品在检验目录及法律规定范围内	为了防止危害人类健康和环境安全的有害产品、动植物及其制品和病原体等的输入输出，维护国家和人民的安全
一般检验	非强制性	检验机构受委托	为了确定商品是否符合规定，并出具证书作为钱货交接和索赔理赔的依据

五、商品检验证书

商品检验的证书种类繁多，目前我国常见的商品检验证书有以下几种：品质检验证书、重量或数量检验证书、包装检验证书、兽医检验证书、卫生检验证书、消毒检验证书、熏蒸证书、温度检验证书、残损检验证书、船舱检验证书、货载衡量检验证书、价值证明书、产地证明书。检验证书样本如图 3-18 和图 3-19 所示。

中华人民共和国出入境检验检疫
ENTRY-EXIT INSPECTION AND QUARANTINE OF THE PEOPLE'S REPUBLIC OF CHINA
正本 ORIGINAL

装运前检验证书
Certificate for Pre-shipment Inspection

申报价值：**11492.00 美元
Declared value: **11492.00USD
出口商名称与地址：
进口商名称与地址：***
检验地点：中国广东省深圳市
Site of Inspection: SHENZHEN,GUANGDONG,CHINA
集装箱号码与封识号码：集装箱号码：　封识号码：
Container No.& Seal No. Container No.　Seal No.
外观检验结果：合格
Findings on Quantity and Package Inspection: QUALIFIED
核价结果：**11492.00 美元
Result of Price Verification: **11492.00USD
品质检测结果：
Findings on testing: APPEARANCE INSPECTION WAS CONDUCTED BASED ON STANDARD ON SAMPLES OF PRODUCT. ALL WITH SATISFACTORY RESULT
标准：FC016 号合同要求
Standard: CONTRACT THE REQUIREMENT OF PO NO. FC016
合格评定意见：合格
Conformity assessment opinion: QUALIFIED
所附文件：***
Documents Attached ***
检验机构盖章 The Seal of Inspection Body
检验员签名 The Signature of Inspector
附加内容 Attachment

序列号 Serial Number	商品名称 Description	HS 编码 HS Code	原产地 Place of Origin	数量 Quantity	单位 Unit	包装方式和件数 Number and Type of Packages	单价 Unit Price (USD)	估价结果 Result of Price Verification (USD)
-1-	女鞋 WOMEN SHOE	6402992000	中国 CHINA	**3400	双 PAIRS	**160 纸箱 **160 CARTONS	**0.80	**0.80
-2-	女凉鞋 WOMEN SANDALS	6402992000	中国 CHINA	**10200	双 PAIRS	**420 纸箱 **420 CARTONS	**0.86	**0.86

合计数量：**580 纸箱
Total Quantity: **580 CARTONS
合计估价结果：**11492.00 美元
Total Price Verification: **11492.00USD

签证地点 Place of Issue: SHENZHEN
签证日期 Date of Issue: 06 JUL. 2011

图 3-18　检验证书样本 1

CTA
China Testing Alliance
品质验证证书
CERTIFICATE OF QUALITY INSPECTION
编号 No. CTA-9130120968
企业名称 Entity：诚丰家具（中国）有限公司
法人代表 Legal Representative：何善祥
地　址 Address：福清市融侨经济技术开发区
产品类别 Scope：办公桌（NID-147 至 189）、会议桌（UFO-97 至 DBC-1028）文件柜（NES-88-2018）、茶几（ASD-65T 至 ATS-1266）椅子（SF-280 至 SF-9833KTG）、沙发（SF-012-1 至 SF-060-3）屏风（PF30、PF38、PF50、PF65、PF519）
检验标准 Testing Criteria：GB/T 3324-2008、QB/T 3325-2008、QB/T 1952.1-2012、QB/T 2280-2007、QB/T 1951.1-2010、GB 18584-2001、GB/T 22792.3-2008、GB 22792.2-2008、GB/T 22792.1-2009
经审核，符合中检华纳质量技术中心品质验证实施细则要求，特发此证。
This is to certify that the above entity complies with the quality inspection requirements of China Testing Alliance.
请登录 www.ctatest.net 查验证书有效性。
批准人 Approved by
发证日期 Issue date：2013 年 11 月 12 日
有效期至 Valid until：2014 年 11 月 11 日
中国质量检验联盟
CHINA TESTING ALLIANCE

图 3-19　检验证书样本 2

知识要点解读

商品检验证书对于维护国际贸易有关各方的合法权益起着十分关键的作用。检验证书的作用凸显了商品检验的重要性。

（1）商品检验证书是卖方所交付货物是否符合规定的依据。

（2）商品检验证书是买方提出异议时进行索赔和理赔的依据。

（3）商品检验证书是海关放行、征收关税的凭证。

（4）商品检验证书是银行在收到信用证后，议付货款的依据。

案例解析

请思考 1：商品质量存在问题，为什么甲公司无法要求退货？

分析：（1）甲公司的确无法要求退货。

（2）《公约》第 39 条规定，当货物不符合合同时，买方必须在发现或理应发现不符情形后一段合理时间内通知卖方，说明不符合合同情形的性质，否则就丧失声称货物不符合同的权利。

（3）本案中甲公司和乙公司在合同中明确约定了货物的检验期为收货之日起 30 日内，这就要求甲公司在收到货物之日起 30 日之内对设备的质量进行验收，并将质量瑕疵通知乙公司。而甲公司并未在约定期间内履行通知义务，根据规定，应视为质量符合约定。因此，甲公司不得要求乙公司退货。

请思考 2：我们在货物验收时要注意什么问题？

分析：（1）商品的检验权有一定的期限限制。买方应在条件允许的情况下尽快检验商品。

（2）合理规定检验期限。买方应根据运输情况、商品特点和检验所需时间，合理规定检验期限。避免出现检验期过早结束，无法对商品进行检验的情况。

模块训练

一、单选题

1．在国际贸易中关于商品检验的时间和地点，最常用的检验做法是（　　）。

A．在出口国检验　　B．在进口国检验

C．在出口国检验，在进口国复验　　D．在运输途中抽检

2．中国主管进出口商品检验检疫工作的官方机构是（　　）。

A．中华人民共和国国家质量监督检验检疫总局及其分支机构

B．中国检验认证集团有限公司及其分公司

C．中华人民共和国进出境动植物检疫局及其分支机构

D．各有关单位自设的检验检疫机构

3．下列对检验时间和地点规定，（　　）对卖方不利。

A．在产地检验　　B．在装运港（地）检验

C．营业处所或最终用户所在地检验　　D．在出口国检验，在进口国复验

4．对进出口商品进行强制性的检验检疫属于（　　）。

A．法定检验　　B．公证鉴定

C．合同约定检验　　D．抽查检验

5．商品检验证书不具有（　　）的作用。

A．货物销售凭证　　B．货物在海关通关验放的凭证

C．索赔和理赔的依据　　D．银行议付货款的依据

二、多选题

1．对于商品检验的时间和地点，主要的检验做法有（　　）。

A．在出口国检验　　B．在进口国检验

C．在出口国检验，在进口国复验　　D．把货物运到第三国检验

2. 我国出入境检验检疫机构在进出口商品检验方面的基本任务有（　　）。

A. 实施法定检验

B. 办理一般的公证鉴定和委托检验业务

C. 签发商品检验检疫证书

D. 对进出口商品的质量和检验工作实施监督管理

3. 目前我国常见的商品检验证书有（　　）。

A. 品质检验证书　　B. 数量或重量检验证书

C. 熏蒸证书　　D. 产地证明书

4. 商品检验证书的作用有（　　）。

A. 作为卖方所交付货物是否符合规定、向银行议付货款的单据之一

B. 作为有异议时进行索赔和理赔的依据

C. 作为海关放行、征收关税的凭证

D. 确定检验标准和检验方法的依据

5. 下列属于商品检验内容的是（　　）。

A. 商品的品质　　B. 商品的数量或重量

C. 商品的包装　　D. 商品的产地

三、判断题

（　　）1. 不论何时，买方只要检验发现商品存在问题，都可以向卖方提出异议并进行索赔。

（　　）2. 在进口国检验这种检验条款的规定方法对卖方有利。

（　　）3. 如果不是法定检验的商品，对外贸易当事人可以向商检机构申请检验，也可以不向商检机构申请检验。

（　　）4. 商品检验证书可以作为卖方所交货物的品质、数量（重量）及卫生条件等是否符合合同规定的凭证。

（　　）5. 凡属法定检验范围的商品，在办理进出口清关手续时，必须向海关提供商检机构签发的检验证书，否则海关不予放行。

四、实操题

请判断表 3-49 商品检验时间和地点的方式中，运输途中的风险由买卖双方中哪一方承担，并判断对谁有利。

表 3-49　进、出口检验风险承担与获利情况

<table>
<tr><th colspan="2">商品检验的时间和地点</th><th>运输途中的风险由谁承担（买方/卖方）</th><th>对谁有利（买方/卖方）</th></tr>
<tr><td rowspan="2">在出口国检验</td><td>在产地检验</td><td></td><td></td></tr>
<tr><td>在装运港（地）检验</td><td></td><td></td></tr>
<tr><td rowspan="2">在进口国检验</td><td>在目的港（地）检验</td><td></td><td></td></tr>
<tr><td>在买方营业处所或最终用户所在地检验</td><td></td><td></td></tr>
<tr><td colspan="2">在出口国检验，在进口国复验</td><td></td><td></td></tr>
</table>

五、案例分析

1. 我出口 A 公司向新加坡 B 公司以 CIF 新加坡条件出口一批土特产，B 公司又将该

批货物转卖给马来西亚C公司。货到新加坡后，B公司发现货物的质量有问题，但B公司仍将原货转销至马来西亚。最后，B 公司在合同规定的索赔期限内凭马来西亚商检机构签发的检验证书，向A公司提出退货要求。

请问：A公司应如何处理？为什么？

2. 我公司以CFR条件向越南出口一批镰刀。合同规定复验有效期为货到目的港后30天，买方有权凭检验结果提出索赔。货到目的港后，越南客户未提出任何异议。可半年后，越南客户来电称：镰刀有70%已锈损，只能降价出售。并附有越南某内地一检验机构出具的检验证书。因此越南客户要求我方按成交价的40%赔偿其损失。

请问：我公司是否应该同意对方要求？为什么？

3. A公司委托B公司进口机器一台，合同规定检验期限为货到目的港后30天，货到目的港卸船后，B公司立即将货物转给A公司，因A公司厂房尚未建好，机器无法安装试车。半年后厂房完工，机器安装完毕，A 公司在调试中发现机器不能正常运转，经过商检机构检验证明，该机器是旧货，于是A公司向B公司提出对外索赔，但外商拒绝赔偿，A公司遭受巨大经济损失。

请问：从该案例中可以吸取什么教训？

模块十七 索 赔

案例导入

卖方发货并办理押汇，现买方以货样不符为由，要求卖方按 L/C CIF 价赔偿 50%。卖方函请买方提供公证报告，但事隔数月杳无音信。

请思考： 卖方应如何处理此事？

知识要点

序 号	知 识	重 要 性
1	违约的基本知识	★★★★☆
2	索赔的基本知识	★★★☆☆
3	买卖合同中的索赔条款	★★★★★

思维导图

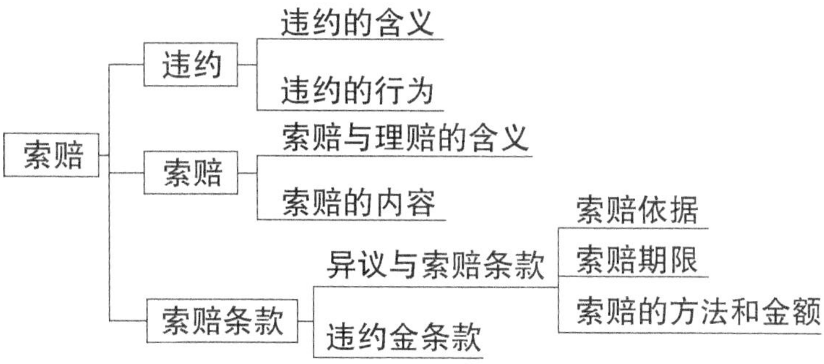

知识拓展

一、违约

1. 违约的含义

违约是指合同当事人完全没有履行合同或者履行合同不符合约定的行为。一方如果发生违约行为，需要采取相应的违约补救措施。根本违反合同（fundamental breach）可以要求损害赔偿并且解除合同；非根本违反合同（non-fundamental breach）只能要求损害赔偿，不能解除合同。

知识要点解读

违约补救措施包括：损害赔偿、退换货、修理、减价、延迟履行、替代履行、解除合同等。一方发生违约行为，并不意味着另一方一定可以要求解除合同这一补救措施。受损方是否可以提出解除合同，需视违约的具体情况而定。

思考：有一份CIF合同，出售100公吨大米，单价为每公吨500美元，总值为50000美元。事后卖方只交货5公吨。请问：在这种情况下，买方可主张何种权利？为什么？如果卖方交货95公吨，买方又可主张何种权利？为什么？

分析：根据《公约》的规定，当事人一方违反合同导致另一方实际上被剥夺了根据合同规定有权期待得到的东西，即为根本性违反合同，受到损害的一方不仅可以撤销合同，还可以提出索赔。若违约不能达到根本违反合同的程度，则只能要求损害赔偿而不能提出解除合同。

本案例中，当卖方只交货5公吨时，买方可以提出解除合同并要求索赔。因为交货重量与合同约定差距过大，对买方的销售造成实质性影响，属于根本违反合同。因此，买方可以提出解除合同并要求索赔。

而当卖方交货95公吨时，属于非根本违反合同。通常买方只能提出索赔，不能解除合同。因为卖方基本上履行了合同，买方可以先销售到货的95公吨大米。因此买方只能提出索赔，除非双方合同中约定卖方交货数量不足，买方有权解除合同。

2. 违约的行为

国际贸易中买卖双方的违约行为表现不同，具体区别见表3-50。

表3-50　买卖双方违约行为的比较

买方违约行为	卖方违约行为
无理拒绝付款赎单	1. 不提供货物
	2. 延迟装运货物
	3. 先期违约
	4. 提供错误单据
	5. 违约交付特定的货物
	6. 错发错运等

二、索赔

1. 索赔与理赔的含义

如果违约行为确实存在并造成损失，则会产生索赔和理赔。索赔（claim）是指买卖合同的一方当事人因另一方当事人违约致使其遭受损失而向另一方当事人提出损害赔偿的行为。理赔（settlement of claim）是指违约方对损失方提出的损害赔偿进行处理。索赔和理赔是一个问题的两个方面，在受害方是索赔，在违约方是理赔。

知识要点解读

1. 关于损害赔偿的相关说明

（1）损害赔偿是指违约方用金钱来补偿另一方由于其违约所遭受的损失。

（2）损害赔偿是违约补救措施的一种，且是最常用的违约补救措施。

（3）受损方提出损害赔偿的要求并不因违约方采取了换货、修理等其他违约补救措施而丧失。

2. 索赔的特点

（1）索赔是双向的。买方可以向卖方提出索赔，卖方也可以向买方提出索赔。

（2）索赔必须建立在损害后果客观存在的基础上。有违约行为而没有造成损害时不能提出索赔。

（3）索赔行为是单向的。受损方提出索赔无须经对方同意，只要受损方保证索赔的要件均成立。

3. 发现对方违约后，受损方应及时收集并保留有关损失的事实证据

2. 索赔的内容

针对不同的违约行为，被损害方在索赔时可行使相应的权利，具体内容见表 3-51。

表 3-51 发生违约行为时买卖双方享有的权利

<table>
<tr><th>买方违约行为</th><th>卖 方 权 利</th><th>卖方违约行为</th><th>买 方 权 利</th></tr>
<tr><td rowspan="6">无理拒绝付款赎单</td><td rowspan="6">1. 有权要求买方付款
2. 有权按违约行为造成的直接或自然损失要求赔偿
3. 对掌握物权的货物可行使留置权、对在途货物可行使停运权、对易腐易死货物可行使再售权</td><td>不提供货物</td><td>有权按违约造成的直接或自然损失进行索赔</td></tr>
<tr><td>延迟装运货物</td><td>有权按由此造成的损失索赔</td></tr>
<tr><td>先期违约</td><td>有权提起诉讼要求赔偿</td></tr>
<tr><td>提供错误单据</td><td>有权拒收单据</td></tr>
<tr><td>违约交付特定的货物</td><td>有权拒收货物</td></tr>
<tr><td>错发错运等</td><td>有权要求交付替代货物、减价、维修货物、规定一段合理的额外时间让对方履约或宣告合同无效等</td></tr>
</table>

三、索赔条款

买卖合同中的索赔条款有“异议与索赔条款”和“违约金条款”两种，分别在不同的情形下使用，针对不同的违约情况。

知识要点解读

（1）异议与索赔条款一般针对的是卖方交付商品的质量、数量或包装不符合合同约定的情况。损害赔偿金的目的是补偿受损方的损失，是在违约且损害发生的情况下给付的，且数额应与遭受的损失相当。

违约金条款主要针对当事人不按期履约的情况。如卖方延期交货或买方延期接货、延期开立信用证、延期付款等。违约金的目的是保证合同的履行。当违约金带有惩罚性质时，不论被违约方是否遭受损害，只要有违约行为就要给付，且数额可以超过遭受的损失。

（2）在一般情况下，我国的进出口买卖合同只订立“异议与索赔条款”，有的还与检验条款合并为“检验与索赔条款”。只有在大宗商品或成套设备等类商品的买卖合同中，才同时附加规定“违约金条款”。

1. 异议与索赔条款

异议与索赔条款（discrepancy and claim clause）的主要内容包括索赔依据、索赔期限、索赔的方法和金额。

第三篇　模块十七
索赔依据

1）索赔依据

索赔依据是指索赔时必须出具的证据。为了确保索赔的真实性，受损方提出索赔时必须有证据证明自己的权益受到损害。因此，缺少证据、证据不全或出证机构不符合要求等，都有可能遭到拒赔。

索赔依据分为事实依据和法律依据。事实依据是指违约的事实、情节及其书面证明。法律依据是指买卖合同和适用的法律规定。受损方应指出另一方的做法的确违反了相关规定，其索赔行为和要求的补救措施也符合规定。

知识要点解读

思考：甲公司从乙公司进口大米。到货后甲公司发现大米的品质与合同约定的不符，于是请检验机构进行检验，并出具检验证书证明乙公司交付的商品品质不符合买卖合同的约定。请指出本案例索赔的事实依据和法律依据。

分析：在本案例中，检验证书属于索赔的事实依据，买卖合同属于索赔的法律依据。

2）索赔期限

索赔期限是指受损方有权向违约方提出索赔的期限。超过期限后，受损方无权提出索赔。索赔期限分为约定期限和法定期限。约定期限是买卖双方在合同中明确规定的索赔期限。法定期限是相关法律法规规定的索赔期限。

知识要点解读

（1）约定索赔期限的法律效力大于法定索赔期限。合同中规定索赔期限的，以合同约定期限为准。合同中未约定索赔期限时，法定索赔期限起作用。

（2）约定索赔期限的长短要视商品的具体情况而定，一般商品为 40 天、60 天、90 天，机器设备类等复杂商品应适当延长，可以为 120 天、150 天、180 天。

（3）相对约定索赔期限而言，法定索赔期限较长。《公约》规定的索赔期限是买方在实际收到货物之日起两年内。我国《合同法》规定提起诉讼或者仲裁的期限为四年，自当事人知道或者应当知道其权利受到侵犯之日起计算。

索赔期限的起算时间也十分重要，影响到如何计算索赔结束的具体日期。对于起算时间，一般有以下几种规定方法。

（1）抵岸日期起算：货物到达目的港后××天起算。

（2）卸货完毕后起算：货物到达目的港卸离海轮后××天起算。

（3）到达最终目的地起算：货物到达营业处所或用户处所后××天起算。

（4）检验后起算：货物经检验后××天起算。

知识要点解读

对于索赔期限的起算时间，出口方选择第一种抵岸日期起算最有利。因为起算日期越早，索赔结束的日期越早，出口方因货物出现问题而需要承担责任的风险就越小。而上述四种起算日期，是按从早到晚的顺序排列的，按抵岸日期起算最早。

3）索赔的方法和金额

对于索赔方法和金额，在买卖合同中一般不作过于具体的规定，这是因为违约的原因复杂，难以在合同中一一作出规定。如果在买卖合同的索赔条款中有规定索赔金额或索赔金额的计算方法，按合同规定的执行。如果合同未作规定，根据有关法律或国际公约，确定索赔金额的基本原则为：

（1）赔偿金额应与因违约而遭受的包括利润在内的损失额相等；

（2）赔偿金额应以违约方在订立合同时可预料到的合理损失为限；

（3）由于受损害一方采取合理措施而导致的有可能减轻但未减轻的损失，应在赔偿金额中扣除。

知识要点解读

思考：甲国A公司从乙国B公司购进一套变压器设备，价值100多万美元，变压器设备的装配、调试需要3个月。请从进口方A公司的角度，拟定异议与索赔条款。

条款：货物到达最终目的地后150日内，除应由保险公司和船主负责的索赔外，如果发现货物的质量、规格和数量与合同规定不符，买方凭卖方同意的公证机构出具的检验证书，有权要求更换新货，或要求补偿。所有的费用（如检验费、退回不合格货物和运送替换货物的运费、保险费、仓储费和装卸费等）应由卖方负担。

分析：异议与索赔条款的主要内容包括索赔依据、索赔期限、索赔的方法和金额。

由于变压器设备的装配、调试需要3个月，且调试后可能需要运行一段时间才可确定设备是否存在异常，因此应规定索赔期在3个月以上。同时争取索赔期限从到达最终目的地起算。此外，还应对索赔依据作出规定，在条款中写明以何机构出具的检验证书为准。对于索赔方法和金额，一般不在合同中做具体的规定。

2. 违约金条款

违约金条款（liquidated damage clause），也称罚金条款（penalty clause），其特点是预

先在合同中规定违约金的数额或违约金的百分比。

知识要点解读

思考： 换个角度，甲国A公司从乙国B公司购进一套变压器设备，价值100多万美元，变压器设备的装配、调试需要3个月。由于商品的制造成本高、交货周期长，B公司为了保证A公司能按时开立信用证付款，需要与A公司订立违约金条款。请你为B公司拟订该违约金条款。

条款： 买方因自身原因不能按合同规定的时间开立信用证，应向卖方支付违约金。违约金按迟开证每2天收取信用证金额的0.1%，不足2天按2天计算，但罚金不得超过买方应开信用证金额的5%。该违约金仅作为因迟开立信用证引起的损失赔偿。

分析： 拟定违约金条款时，第一应在条款中明确该条款是针对哪一违约行为，第二应详细规定违约金的数额或百分比。本案例总违约金条款的订立，是为了防止买方A公司延期开立信用证的。

案例解析

卖方可提出拒赔。① 索赔必须提出相应依据。违约事实的书面证明是索赔的依据之一。买方迟迟未能提供公证报告，对此卖方可提出拒赔。② 索赔应在索赔期限内提出。该期限通常在合同中明确规定，如果没有规定，买方也应该在合理期限内提出索赔。本案中，买方数月后尚未提供证据，若为一般货物，早已超过合理索赔期限。因此，卖方可以拒绝买方的索赔要求。

模块训练

一、单选题

1. 按《公约》的解释，如违约的情况尚未达到根本性违反合同的程度，则受损害的一方（　　）。

   A. 只可宣告合同无效，不能要求损害赔偿

   B. 只能提出损害赔偿的要求，不能宣告合同无效

   C. 不但有权向违约方提出损害赔偿的要求，而且可宣告合同无效

   D. 可根据违约情况选择以上答案

2. “争议与索赔条款”一般针对（　　）情况。

   A. 卖方延期交货

   B. 买方延期接货、延期开立信用证、延期付款

   C. 交付商品的质量、数量或包装不符合合同约定

   D. 卖方不交货

3.“异议与索赔条款”适用于品质、数量、包装等方面的违约行为，它的赔偿金额(　　)。

A．一般预先规定　　B．一般不预先规定

C．由第三方代为规定　　D．由受损方确定

4.《公约》规定的索赔期限是买方实际收到货物之日前（　　）。

A．半年内　　B．一年内　　C．一年半内　　D．两年内

5．双方当事人在合同中明确规定“货物运抵目的港后30天内索赔”。这种索赔期限是（　　）。

A．法定索赔期限　　B．约定索赔期限

C．固定索赔期限　　D．变动索赔期限

二、多选题

1．下列属于索赔特点的是（　　）。

A．买方可以向卖方提出索赔，卖方也可以向买方提出索赔

B．索赔必须建立在损害后果客观存在的基础上

C．只要有违约行为就可以提出索赔

D．受损方在提出索赔前必须经对方同意

2．“异议与索赔条款”的主要内容包括（　　）。

A．索赔依据　　B．索赔对象

C．索赔期限　　D．索赔的方法和金额

3．关于索赔起算时间的规定方法，下列方法正确的是（　　）。

A．抵岸日期起算：货物到达营业处所或用户处所后××天起算

B．卸货完毕后起算：货物到达目的港卸离海轮后××天起算

C．到达最终目的地起算：货物到达目的港后××天起算

D．检验后起算：货物经检验后××天起算

4．在对外索赔和理赔工作中，（　　）是很关键的问题。

A．保护好受损货物　　B．想法核实对方财产

C．收集好索赔的法律依据　　D．掌握好索赔的期限

5．在“异议与索赔条款”中，根据有关法律或国际公约，确定索赔金额的基本原则为（　　）。

A．赔偿金额不包括买方所遭受的利润损失

B．由于违约方有错在先，违约方应无条件接受受损方提出的赔偿金额

C．赔偿金额应以违约方在订立合同时可预料到的合理损失为限

D．由于受损害一方采取合理措施而导致的有可能减轻而未减轻的损失，应在赔偿金额中扣除

三、判断题

（　　）1．违约金条款的特点是预先在合同中规定违约金的数额或违约金的百分比。

（　　）2．遭受损害的一方向违约方要求赔偿，这是理赔。

（　　）3．如果违约方采取了退货、减价等补救措施，则受损方不能再提出损害赔偿，也就是索赔。

（　　）4．进出口合同中索赔条款有两种，一般情况下订立“异议与索赔条款”。

（　　）5．约定索赔期限的法律效力小于法定索赔期限。

四、实操题

请判断表 3-52 中的索赔期限是属于约定期限还是法定期限。

表 3-52　索赔期限

索赔期限的规定	约定期限/法定期限
双方当事人在合同中明确规定"货物运抵目的港后 30 天内索赔"	
《公约》规定"无论如何，如果买方不在实际收到货物之日起两年内将货物不符合合同情形通知卖方，他就丧失声称货物不符合合同的权利，除非这一时限与合同规定的保证期限不符"	
我国《合同法》规定提起诉讼或者仲裁的期限为四年，自当事人知道或者应当知道其权利受到侵犯之日起计算	

五、案例分析

1．甲国 A 公司从乙国 B 公司进口一批冻火鸡供应圣诞节市场。合同规定卖方应当在 9 月底以前装船。但是卖方违反合同，推迟至 10 月 7 日才装船。当货物最后运抵甲国时，已经错过圣诞节销售时机，因此 A 公司拒收货物，并主张撤销合同。

请问：A 公司的主张是否成立？为什么？

2．A 公司从乙国 C 公司进口了一批普通冻肉鸡，合同规定卖方应在 9 月底以前装船。但是卖方推迟到 11 月才装船。货到甲国后，A 公司同样拒绝收货并主张撤销合同，双方发生争议。事后查明，甲国肉鸡市场价格、供求关系始终保持平稳，无大变化。

请问：A 公司的主张是否成立？为什么？如果 A 公司主张不能成立，是否还有其他解决方法？

3．某国公司以 CIF 鹿特丹出口食品 1000 箱，即期信用证付款，货物装运后，凭已装船清洁提单和已投保一切险及战争险的保险单，向银行收托货款，货到目的港后经进口人复验发现下列情况：

（1）该批货物共有 10 个批号，抽查 20 箱，发现其中 2 个批号涉及 200 箱内含沙门氏细菌超过进口国的标准；

（2）收货人是实收 998 箱，短少 2 箱；

（3）有 15 箱货物外表情况良好，但箱内货物共短少 60 千克。

试分析以上情况，进口人应分别向谁索赔，并说明理由。

模块十八 不可抗力

案例导入

芬兰某公司与广州某进出口公司于6月初订立合同，约定购买300吨黄桃罐头，17.5美元/箱 CIF 赫尔辛基港，约定于第二年的5月交货。中国出口商品广交会于4月作出新规，规定每箱罐头的单价不低于19.70美元，否则不予颁发出口许可证。供方将上述事实通知了需方，要求修改合同并变更价格，需方不同意，供方即以价格过低无法申领出口许可证为由，未再提供剩余罐头，需方提起诉讼并要求供方赔偿。被告供方称价格过低申领不到出口许可证，属不可抗力，不同意承担赔偿责任。

请思考：本案例中，出口商因为价格过低申领不到出口许可证属于不可抗力吗？供方是否需要承担赔偿责任？

知识要点

序　号	知　识	重 要 性
1	不可抗力的含义及具备条件	★★★★☆
2	不可抗力的法律后果	★★★☆☆
3	不可抗力处理注意事项	★★★★☆
4	不可抗力条款内容规定方法	★★★☆☆

思维导图

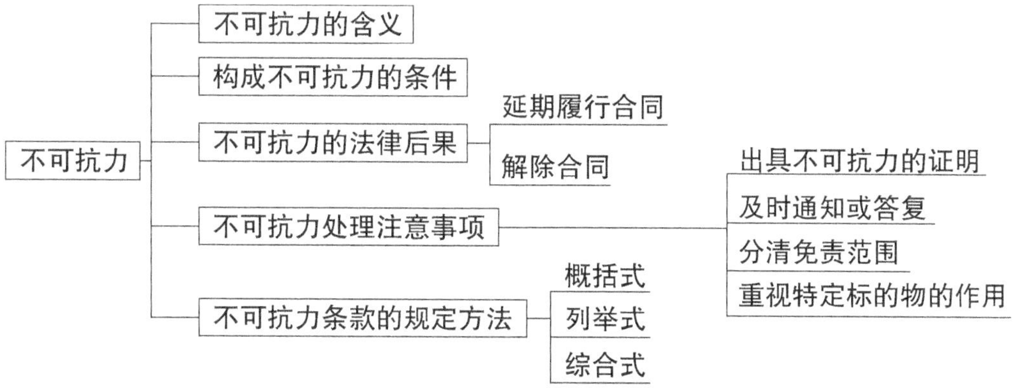

知识拓展

一、不可抗力的含义

不可抗力（Force Majeure）是指买卖双方在签订合同后，发生了当事人不能预见、不能避免、不能克服的意外事件。这种意外事件（或称不可抗力事故）使合同无法履行或无法按期履行，遭受意外事件的当事人可免除其不履行或不按期履行合同的责任。

第三篇 模块十八
不可抗力含义

知识要点解读

引起不可抗力的原因主要有两种：

（1）自然原因引起的，如地震、水灾、旱灾、雪灾等。

（2）社会原因引起的，如战争、罢工、政府宣布某些商品不许进口的禁令等。

注：商品价格波动、汇率变化等正常的贸易风险不属于不可抗力。

思考：判断以下情况是否属于不可抗力？

（1）某公司对外订立出口合同后，发生火灾，供出口的商品全部被毁。

（2）上海某公司出口一批货物，货物在港口待运期间遭雷击烧毁。

（3）我国某公司与国外某公司签订进口花生 10000 公吨的交易，价格为每公吨 USD1000CIF 深圳，合同签订后，国际花生价格暴涨至 1200 美元，国外公司损失严重。

（4）某进出口公司签订进口合同，货到时，外汇汇率暴涨，使该公司比原计划多花了一倍的货款。

（5）国内某公司与土耳其某公司签订一份进口合同，交易条件为 FOB。后因码头工人罢工，我方无法正常卸货，导致延期履行合同。

二、构成不可抗力的条件

一般认为，构成不可抗力应具备三个条件。

（1）意外事件是在签订合同之后发生的。

（2）意外事件的发生并非由于任何一方当事人故意或过失造成的。

（3）意外事件的发生及造成的后果是当事人不能预见、不能避免且不能克服的。

知识要点解读

《公约》第 79 条第 1 款作出如下规定：当事人对不履行义务，不负责任，如果他能证明此种不履行义务，是由于某种非他所能控制的障碍，而且对于这种障碍，没有理由预期他在订立合同时能考虑到或能避免或克服它或它的后果。

1. 不可抗力因素之一：不可预见性

不可抗力必须是不能预见、不能避免和不能克服的，凡是当事人能够预见而未预见、经过努力能够预防或控制的，均不属于不可抗力事件。

思考： 某货船从上海港运输一批货物到横滨港，按常规船长应该在出海前关注天气情况，但是船长没有听天气预报就出海了，结果出海后遇暴风雨，货物受到损毁。

分析： 此案例里的暴风雨对于船长来说不是不可抗力。因为船长应该提前了解当天的天气情况，因为天气预报已对该暴风雨作了预告，船长是能够预见暴风雨的，但由于疏忽大意未能避开暴风雨，使货物受损，不能以不可抗力为由免责，应当承担货损的责任。

2. 不可抗力因素之二：不可避免性

不可避免性是指即使出现了不可预见的灾害，如果造成的后果是可以避免的，那么也不构成不可抗力，只有无法采取任何措施加以避免的，才具有不可抗力的特征。

例如，在确实未能提前预见暴风雨的情况下，货船在海上遇到突如其来的暴风雨，如果附近就有避风港，可以进入港口避风，但船长没有驶入避风港致使货物受损，也不能免责。

3. 不可抗力因素之三：不可克服性

不可克服性是指当事人无法克服该事件的后果，即毫无办法加以阻止后果的发生，这是不可抗力的延伸。

例如，货船虽然遇上了暴风雨，但是如果船上有挽救设施，可以用来保护货物免于受损，而相关人员没有采取相应的挽救措施，那么也不能以不可抗力为由免责。

三、不可抗力的法律后果

买卖合同因不可抗力事故的发生而变更或解除，称为不可抗力的法律后果。不可抗力的法律后果一般有两种情况：

1. 延期履行合同

如果不可抗力事故使合同的履行暂时受到阻碍，但合同义务以后还能继续履行，则不能解除合同，只能暂时免除遭遇不可抗力事故一方的履约责任，即延迟履行。

2. 解除合同

如果不可抗力事故使合同部分或全部不可能履行，而且以后也不可能履行，则可以将合同部分或全部解除。

知识要点解读

（1）“不可抗力条款”是一种免责条款。《公约》规定，合同签订后，如果发生了合同当事人订约时无法预见和事后不能控制的障碍，以致不能履行合同义务，则可免除责任，具体就是免除解除合同和免除延期履行合同的责任。

（2）不可抗力的法律后果是采用解除合同、变更合同还是延期履行合同，要视不可抗力事故的影响程度而定。一般的做法是：如果不可抗力事件只是暂时阻碍合同的履行，则不能解除合同，只能延期履行；如果不可抗力事件的发生导致合同不能实现，使合同履行成为不可能事件，则可以解除合同。

思考：我国某企业从日本进口一批货物，在发货前日本该地区发生地震，但卖方仓库由于距离震中较远，仅仓库外墙受到轻微损坏，货物未受影响。但由于地区交通受严重破坏，货物不能按时运出。卖方以不可抗力为由要求解除合同并免除交货责任。

分析：这种情况下，卖方解除合同的要求是不合理的。因为地震未导致货物受到实质损坏，只是由于交通问题导致卖方不能按时交货。因此，卖方只能要求延期交货，不能免除交货责任，不能要求解除合同。

四、不可抗力处理注意事项

（1）出具不可抗力的证明。合同一般都定有不可抗力条款，规定当一方遇到合同规定的意外事故而不能履行或不能如期履行合同，并出具当地合法机构的证明时，一方无权要求撤销合约或赔偿损失。在我国，不可抗力的证明由中国国际贸易促进委员会（中国国际商会）出具，在国外一般由当地的商会或登记注册的公证行出具。

（2）及时通知或答复。按照国际惯例，遭受不可抗力事件的一方要在规定期限内采取有效的通信方式通知对方；对方在收到不可抗力通知后也应在规定期限内答复，不答复视为默认。

（3）分清免责范围。分清事故的实际影响程度，确保免除责任是完全由于不可抗力造成的。

（4）重视特定标的物在不可抗力事件处理中的作用。

知识要点解读

“特定标的物”是指包装后已刷上唛头或通过运输单据明确为某项合同标的物的货物。这类货物如果由于意外事故而遭到损失，卖方可以把事故确认为不可抗力事件。但是如果货物没有明确或特定化，那么可能不具备充分的免责依据。例如，5 万箱罐头在运输中遇到不可抗力损失了 2 万箱，如果这些罐头分别卖给两个买方，即存在两个合同，但未规定哪些罐头属于哪份合同，即未对罐头进行特定化处理，则卖方对两个买方都无法引用不可抗力条款进行免责。

五、不可抗力条款的规定方法

不可抗力条款的规定方法一般有三种。

1．概括式

概括式是指在合同中不具体规定不可抗力事件的范围，只做笼统规定。例如：“由于不可抗力因素，致使卖方不能交货或不能按期交货，卖方无须承担违约责任。”

2．列举式

列举式又称具体式，是指在合同中一一列举不可抗力的范围，凡是未作规定的均不构成不可抗力事件。例如："由于地震、水灾、火灾、雪灾、暴风雨、战争的原因，致使卖方不能交货或不能按期交货，卖方对于不能交货或不能按期交货不负责任。"

3. 综合式

综合式是指概括式和列举式的综合运用，是在合同中既列明可能发生的不可抗力事故，同时又加上"以及双方同意的其他不可抗力事故"的表述。

知识要点解读

以上三种规定方法优缺点比较明显：概括式对条款的表述过于含糊，买卖双方容易出于理解不一致而产生纠纷，故不宜采用；列举式的优点是明确、具体，但缺点是篇幅过长，文字烦琐，而且容易出现遗漏；综合式弥补了单独使用前两种方法的不足，比较科学实用。因此目前在我国实际业务中，较常使用综合式。

案例解析

本案例中出口税因为价格过低申领不到出口许可证不属于不可抗力，供方应该承担赔偿责任。

《公约》在第 79 条第 1 款作出如下规定："当事人对不履行义务，不负责任，如果他能证明此种不履行义务，是由于某种非他所能控制的障碍，而且对于这种障碍，没有理由预期他在订立合同时能考虑到或能避免或克服它或它的后果。"因此，不可抗力必须是不能预见、不能避免和不能克服的，凡是当事人能够预见而未预见、经过努力能够预防或控制的，均不属于不可抗力事件。

本案例中，黄桃罐头每年出口价格都是在广交会上定价，外贸部也是在广交会结束后制定最低限价，供方对此应当熟知，不属"不能预见"的范围。申领出口许可证是供方的义务，一旦申领不成功造成合同不能履行，就应承担违约责任。

模块训练

一、单选题

1. 下列因素中，(　　) 不是不可抗力因素。

A. 政府禁令　　B. 地震

C. 市价跌落　　D. 战争

2. 不可抗力免除了遭受意外事故的一方当事人（　　）。

A. 履行合同的责任　　B. 对损害赔偿的责任

C. 交付货物的责任　　D. 支付货款的责任

3. 我国某食品进出口公司与美国某粮食公司签订进口美国燕麦合同，数量为 100 万公吨。而后美国该地区暴雨成灾，到卖方应交货时燕麦价格上涨，美方未交货。合同订有不可抗力条款，天灾属于该条款的范围，美方据此要求免责。这种情况属于（　　），我方应（　　）。

A．不可抗力；予以免责，并解除合同
B．未构成不可抗力；坚持美方应按合同规定交货
C．构成不可抗力；可以解除合同，但要求损害赔偿
D．构成不可抗力；但不要求损害赔偿，亦不解除合同，而要求推迟交货

4．我国某企业与日本某出口商签订一笔进口汽车零件的合同。合同签订以后，日商安排三家代工厂同时投入生产。不料交货前两个月，其中一家工厂由于意外事故遭致火灾，严重影响正常的生产进度，我方（　　）。

A．因遇不可抗力事件，可要求解除合同
B．因遇不可抗力事件，可要求延期履行合同
C．因遇不可抗力事件，可要求延期履行合同，但我方有索赔的权力
D．不属于不可抗力的范围，我方应要求日商按期履行合同

5．在国际货物买卖中，经常采用的不可抗力事件范围的规定方法是（　　）。

A．概括规定　　B．不规定
C．具体规定　　D．综合规定

6．以下属于政府行为的是（　　）。

A．罢工　　B．游行
C．骚乱　　D．征收

7．“由于公认的不可抗力的原因，致使卖方不能交货或不能按期交货，卖方可免除责任。”这种条款规定方式属于（　　）。

A．具体规定　　B．概括规定
C．综合规定　　D．充分规定

二、多选题

1．构成不可抗力事件应具备的条件有（　　）。

A．事件发生在合同签订后
B．不是由于当事人的故意或过失所造成的
C．事件的发生及其造成的后果是当事人无法预见、控制、避免或克服的
D．事件致使卖方暂时无法履行合同

2．以下属于不可抗力事件的有（　　）。

A．政府颁布禁令　　B．战争
C．汇率波动　　D．游行示威

3．不可抗力事件引起的法律后果是（　　）。

A．遭遇事故的一方可要求损害赔偿
B．遭遇事故的一方可要求解除合同
C．遭遇事故的一方可要求延期履行合同
D．遭遇事故的一方可要求交付替代货物

三、判断题

（　　）1．从美国某厂商进口在当地通常可以买到的某化工产品，在约定交货前，该商所属生产上述产品的工厂之一因爆炸被毁，该商要求援引不可抗力免责条款解除交货责任。对此，我方应予同意。

(　　) 2. 援引不可抗力条款的法律后果是撤销合同或推迟合同的履行。
(　　) 3. 在生产制作过程中发生极罕见的过失，违约方可援引不可抗力条款要求免责。
(　　) 4. 凡是当事人能够预见而未预见的，均不属于不可抗力事件。
(　　) 5. 一方当事人收到不可抗力的通知及证明文件后，无论同意与否都应及时回复。

四、实操题

请翻译以下不可抗力条款：

Force Majeure: Neither the Seller nor the Buyer shall be held responsible for late delivery（延迟装运）or non-delivery owing to generally recognized "Force Majeure" causes. However in such a case, the Seller shall immediately advise by cable or telex the Buyer of the accident and airmail to the Buyer within____days after the accident, a certificate of the accident issued by the competent government authority（政府主管当局）or the chamber of commerce（商会）which is located at the place where the accident occurs as evidence thereof. If the said "Force Majeure" cause lasts over_____days, the Buyer shall have the right to cancel the whole or the undelivered part of the order for the goods as stipulated in Contract.

五、案例分析

1. 我国上海某研究所 2017 年 10 月与美国一厂商签订了一份进口合同，计划进口一批高端机器人手臂，合同规定 2018 年 5 月交货。5 月 20 日，美国政府宣布禁止该类高科技产品出口。该禁令自公布之日起 15 日后生效。美国厂商通知该研究所，欲以不可抗力为由解除合同。

请问：该研究所是否应同意？

2. 印度尼西亚一工厂与我国一进口商签订合同，约定出口一批化工原料，合同规定 2019 年 10 月交货。9 月初，印度尼西亚该地区发生严重水灾，该工厂生产设备及仓库全部浸毁，但该工厂未通知我方进口商。10 月初，我方询问到货情况，该工厂才告知因水灾导致生产停滞，并以不可抗力为由解除合同。我方进口商只好从市场上另寻途径补货，但此时该化工原料价格已上涨 15%，我方进口商损失了 550 万美元，于是向该工厂提出索赔。

请问：该工厂是否应该承担赔偿责任？

3. 我国广东某进出口公司与智利某粮食出口商订立了购销合同，约定从智利进口普通土豆 2 万吨，交货期限为 2016 年 9 月底，拟转售泰国。但交货前 4 个月智利原定收购地点发生百年未遇的特大洪水灾害，收购计划落空。卖方提出按不可抗力免除交货责任。

请问：我方应如何处理？

模块十九 仲　　裁

案例导入

广东某进出口企业与法国某机械公司签订了 50 万美元的机器设备合同，后来双方对机器的质量产生了纠纷，双方根据前期订立的协议，向巴黎国际商会仲裁院申请仲裁。仲裁院开庭时，我方企业没有把握胜诉，于是单方面放弃了仲裁，未参与答辩，也没有出庭。最后，仲裁协会裁决我方企业败诉，并通知广东省中级人民法院执行赔偿费、仲裁费共计 1000 万美元。原来，巴黎国际商会仲裁院的仲裁费用高达数百万美元！其实这宗案件如果选择在我国仲裁，赔偿费和仲裁费合计仅需要几十万美元。

请思考：关于仲裁地点的选择，此案例给你什么启示？

知识要点

序　号	知　识	重 要 性
1	对外贸易仲裁含义及特点	★★★★☆
2	仲裁协议及作用	★★★★☆
3	仲裁条款主要内容	★★★☆☆

思维导图

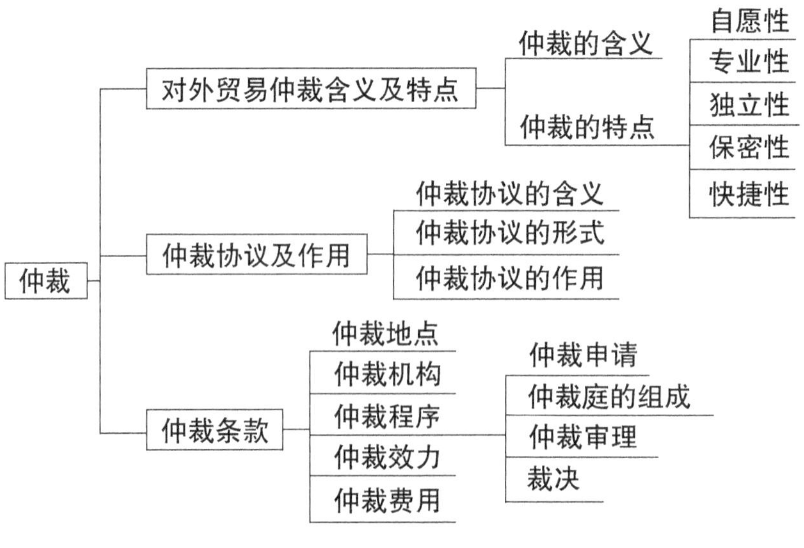

知识拓展

一、对外贸易仲裁含义及特点

1. 仲裁的含义

仲裁（Arbitration）是指买卖双方在产生争议之前或之后签订书面协议，明确规定自愿将争议交给双方同意的第三方仲裁机构进行裁决。

2. 仲裁的特点

采用仲裁方式解决争议具有以下特点。

1）自愿性

仲裁的自愿性体现在买卖双方的争议和纠纷是否提交仲裁解决、由谁仲裁、仲裁的具体审理方式等必须由双方达成协议，建立在双方自愿的基础上，这是仲裁最明显的特点。

2）专业性

仲裁法规定，仲裁机构的仲裁员名单由具有较高专业能力的专家组成，以供当事人选择，这样对解决复杂的民商法涉及的问题、经贸和技术性问题都更有保障。

3）独立性

仲裁机构是非官方机构，仲裁庭审理案件不受任何行政机关或个人等外界因素干预，从而有效保障裁决的公正，显示出最大的独立性。

4）保密性

不公开审理是仲裁的重要原则，仲裁相关法律规定仲裁机构和仲裁员要遵守保密义务，因此可以有效保守双方当事人的商业秘密。

5）快捷性

与诉讼的多级审理不同，仲裁实行一裁终局制，一经仲裁庭作出裁决即发生法律效力，因此能迅速、及时地解决争议和纠纷。

知识要点解读

（1）解决争议的途径有：友好协商、调节、仲裁和诉讼。其中仲裁是解决对外贸易争议的一种重要途径。

（2）诉讼和仲裁的区别见表 3-53。

表 3-53　诉讼和仲裁的区别

区　别	形　式	
	诉　讼	仲　裁
管辖权的取得	带有强制性。一方当事人只要向有管辖权的法院起诉，法院依法受理后，另一方必须应诉	以自愿为基础。到仲裁委员会申请仲裁，必须要有仲裁协议
审理者的产生方式	诉讼案件的审判庭由法院指定，不能由当事人选择	当事人自行选定仲裁员，比较灵活

续表

区　别	形　式	
	诉　讼	仲　裁
开庭审理的原则	法院开庭审理一般公开进行，只有某些涉及国家机密或个人隐私的案件，可以不公开审理	仲裁庭审理案件一般不公开进行，有利于保守当事人之间的商业秘密，维护其商业信誉
审理程序及当事人的能动性	程序复杂。诉讼过程中当事人应当严格按照诉讼法的规定进行，处理问题慢，不利于今后贸易关系	仲裁过程中的每一程序的执行均建立在当事人自愿的基础上，处理问题较快。对贸易关系影响小
监督程序	我国法院实行两审终审制，对已经发生法律效力的判决，发现确有错误，可适用审判监督程序	终局性裁决。败诉方不得上诉，必须执行裁决，否则，胜诉方有权要求法院强制执行
费用	较高	比诉讼费用低

二、仲裁协议及作用

第三篇　模块十九
仲裁协议

1. 仲裁协议的含义

仲裁协议是双方当事人共同约定将争议提交给仲裁机构裁决的书面协议，是仲裁机构受理争议案例的法律依据。

知识要点解读

常用的仲裁协议格式:

仲 裁 协 议

双方当事人自愿提请××市仲裁委员会根据其相关规则，仲裁以下争议:

1. ____________________

2. ____________________

3. ____________________

仲裁地点在_______。

双方同意仲裁裁决是终局的，对双方均具有约束力。

当事人名称、地址　　　　当事人名称、地址

(签字)　　　　(签字)

年　月　日　　　　年　月　日

2. 仲裁协议的形式

仲裁协议是指在合同中订立仲裁条款或纠纷发生前、纠纷发生后双方当事人达成的请求仲裁的协议。它一般有两种形式：一种是买卖双方在争议发生前在合同中订立的仲裁条款（Arbitration Clause）；另一种是买卖双方在争议发生后另外订立的书面仲裁协议（Arbitration Agreement）。

知识要点解读

仲裁协议必须以书面形式订立，书面的形式可以多样化，如共同签署的纸质协议、信件、电报、电子邮件或传真等通过电子系统传送的协议。

例如，意大利A公司与我国B公司因买卖家具配件发生了争议，A公司向B公司发去一份电子邮件："我司提议将此纠纷提交中国国际经济贸易仲裁委员会仲裁。贵公司是否同意，请答复。"第二天，B公司回复了电子邮件："如贵方执意提交仲裁，我方同意。"此案例中，双方通过电子邮件订立了同意将争议提交仲裁的协议，这是有效的。

3. 仲裁协议的作用

仲裁协议的作用主要体现在三个方面：

（1）约束了争议双方当事人在协商或调解不成时，只能通过仲裁的方式解决争议，不得诉至法院。

（2）仲裁协议是仲裁机构受理争议案件的依据，使仲裁机构取得了对争议案件的管辖权。

（3）凡是订立了仲裁协议的，法院不得强制管辖，即排除了法院对争议案件的管辖权。

知识要点解读

上述作用最重要的是第（3）项，体现了仲裁协议的排他性，即排除法院对争议案件的管辖权。如果任何一方当事人违反了仲裁协议向法院提起诉讼，另一方当事人可根据仲裁协议进行抗辩，要求法院停止诉讼，并将争议案件退交仲裁机构裁决。

三、仲裁条款

仲裁条款的主要内容一般包括仲裁地点、仲裁机构、仲裁程序、裁决效力、仲裁费用等。

1. 仲裁地点

根据不同的贸易对象，仲裁地点的规定方法一般有以下三种。

（1）规定在本国进行仲裁。

（2）规定在被告所在国进行仲裁。

（3）规定在双方同意的第三国进行仲裁。

知识要点解读

思考：北京市某纺织厂与美国某公司签订了一份服装出口合同，美方企业交付了首期货款，但收货后美方公司提出服装样式与订单要求存在差别，拒付余下货款，我方欲追究美国公司的违约责任，但发现合同约定"本合同项下的一切争议均由瑞典斯德哥尔摩国际仲裁中心受理"，我方公司考虑前往瑞典仲裁的费用成本较高，而且仲裁结果具有不确定性，于是放弃了向美国公司的索赔要求。在这个案例中，我方应吸取什么教训？

分析： 上述案例是国际贸易中经常发生的纠纷，由于我国企业在对外贸易中的经验不足，在纠纷发生时，才发现国际贸易合同约定的仲裁地在遥远的第三国，考虑到仲裁的费用和成本及对他国法律、人文、语言环境的不熟悉，往往放弃维权，遭受损失。

一般情况下，争议双方出于对本国法律的了解和信任，都会力争在本国进行仲裁；如果不能在本国仲裁，也可规定在被告国仲裁；在特殊的情况下，也可以规定在争议双方同意的第三国进行仲裁。

2. 仲裁机构

仲裁机构有两种形式，一种是常设的仲裁机构，另一种是临时仲裁机构。

常设仲裁机构是指根据一国相关法律法规设立的，具有固定的名称、地点、仲裁员的具有仲裁权的仲裁机构。国际商事仲裁绝大多数通过仲裁机构进行仲裁。

临时仲裁机构是指由争议双方当事人指定仲裁员临时组成的仲裁庭。

知识要点解读

表 3-54 为仲裁机构的种类特点及主要机构名称。

表 3-54 仲裁机构的种类、特点及主要机构名称

仲裁机构种类	特 点	国际主要仲裁机构	我国仲裁机构
常设的仲裁机构	专门从事处理商事纠纷	英国伦敦仲裁院、瑞典斯德哥尔摩仲裁院、瑞士苏黎世商会仲裁院、日本国际商事仲裁协会、美国仲裁协会等	中国国际经济贸易仲裁委员会、海事仲裁委员会
临时的仲裁机构	为审理某一具体案件而组成的，案件处理完毕后自动解散	—	—

3. 仲裁程序

各国与仲裁相关的法律法规对仲裁程序都有明确的规定。以下主要依照中国国际经济贸易仲裁委员会的仲裁规则介绍仲裁程序：

1）仲裁申请

（1）申请人提交仲裁申请书和仲裁要求。

（2）申请人提交仲裁申请所依据的事实及其证明文件。

2）仲裁庭的组成

争议双方当事人各自指定一名仲裁员后，再由仲裁机构指定一名仲裁员作为首席仲裁员，这三名仲裁员组成仲裁庭。

3）仲裁审理

仲裁审理的过程主要包括双方当事人答辩、收集和审定证据。审理形式有开庭审理和书面审理两种。

4）裁决

国际上规定仲裁裁决必须采取书面形式。我国仲裁规则规定，仲裁裁决的时限是仲裁庭组成后的 9 个月之内。仲裁裁决书要阐述裁决决定、裁决理由，由全体或多数仲裁员署名，加盖仲裁机构印章，写明裁决日期和地点。

4. 仲裁效力

仲裁的效力主要是指仲裁裁决的终局性，一般而言，仲裁裁决对争议双方当事人都有约束力，双方必须按照裁决执行，不允许任何一方向法院提起上诉。

5. 仲裁费用

多数情况下，仲裁费用由败诉方承担；或采取在仲裁协议中明确各自承担比例的方式；也可以规定由仲裁庭酌情决定。

案例解析

此案例给我们的启示是：仲裁地点必须谨慎选取。仲裁地点的选取是争议双方非常关注的问题。首先，仲裁地点与仲裁适用的法律有极其密切的关系，仲裁地点不同，可能适用不同的法律，这对争议双方权力的行使和义务的履行都会造成影响。按照许多国家法律的解释，凡属程序方面的问题，除非仲裁协议另有规定，一般都使用审判地法律，在哪个国家仲裁，就适用那个国家的仲裁法规。其次，在不同的仲裁机构进行仲裁，涉及的费用可能有天壤之别，在订立仲裁协议时应该充分考虑。由此可见，仲裁地点的选择对争议的解决与仲裁费用都有很大的影响，所以仲裁地点必须谨慎选取。

模块训练

一、单选题

1. 通常采用不公开审理解决争议的方式为（　　）。

A. 协商　　B. 仲裁　　C. 诉讼　　D. 调解

2. 我国常设的仲裁机构主要有（　　）。

A. 中国人民法院　　B. 中国人民检察院

C. 中国国际经济仲裁委员会　　D. 中国外贸局

3. 在同外国企业商定仲裁条款时，关于仲裁地点有几种不同的规定，其中对我方最有利的一种是（　　）。

A. 在我国　　B. 在被告国

C. 在对方国　　D. 在双方同意的第三国

4. 仲裁协议的作用有好几项，其中处于中心地位的是（　　）。

A. 约束当事人只能以仲裁的方式解决争议

B. 使仲裁机构获得对争议案件的管辖权

C. 排除了法院对有关案件的管辖权

D. 上述三点皆非

5．关于仲裁裁决，以下正确的是（　　）。

A．裁决是终局的

B．可能对其中一方当事人不具约束力

C．其中一方如不服裁决可以再向法院诉讼

D．其中一方如不服裁决可以再向上一级仲裁庭提出

6．在争议发生之前订立的仲裁协议称为（　　）。

A．仲裁协议　　B．仲裁条款　　C．仲裁合同　　D．仲裁书

二、多选题

1．以下属于在国际贸易中解决交易双方争议的方式有（　　）。

A．协商　　B．调解　　C．诉讼　　D．仲裁

2．具有强制法律效力的裁决文件有（　　）。

A．协商结果　　B．协议书　　C．仲裁裁决书

D．诉讼判决书　　E．仲裁协议

3．仲裁协议是仲裁机构受理争议案件的法律依据，仲裁协议在（　　）达成。

A．在争议发生之前

B．在争议发生之后

C．既可以在争议发生之前，也可以在争议发生之后

D．必须在争议发生的过程中

4．以下属于仲裁的特点的是（　　）。

A．自愿性　　B．保密性　　C．快捷性

D．独立性　　E．公开性

三、判断题

（　　）1．如果买卖双方已经订立了仲裁协议，一旦发生争议，任何一方不得再向法院提起诉讼。

（　　）2．在仲裁过程中，国家行政机构可以特殊原因要求当事人变更仲裁协议内容。

（　　）3．一旦通过仲裁方式解决争议，双方当事人必须同意由仲裁机构指派仲裁员，双方不能自行选定。

（　　）4．买卖双方为解决争议而提请仲裁时，必须向仲裁机构递交仲裁协议，否则仲裁机构不予受理。

（　　）5．相比于诉讼，仲裁的程序略为复杂。

四、实操题

请根据本章内容设计国际商事仲裁的流程图。

五、案例分析

1．我国某金融投资公司委托日本某信息科技公司研发一款金融信息安全软件，合同约定，如果在合同履行过程中双方产生争议或纠纷，可以通过仲裁或诉讼方式解决，如果采取仲裁方式，双方需在仲裁地点、仲裁机构等方面协商一致。该软件研发完成后，我方公司认为该软件未完全符合使用需求，与日方公司承诺的可实现的功能不匹配，日方公司坚持服务与合同约定一致，双方协商无果。我方公司提出通过仲裁解决，但日方公司坚持认为软件功能已实现约定的需求，提出如果要通过法律程序解决，就提交至法院，不配合商

定仲裁事项。由于我方公司软件功能涉及商业秘密，不希望提至法院公开审理，于是只能放弃维权。

请问：本案例中，我方公司想通过仲裁解决争议，却最终维权失败的原因是什么？

2. 我国甲公司与马来西亚乙公司签订了一份艺术品出口合同，合同中规定使用信用证付款，仲裁条款规定：“若执行合同过程中发生争议，双方同意提交仲裁，仲裁地为被诉人所在国，仲裁裁决是终局的，对双方均具有约束力。”后来，乙公司收货后认为甲公司所交货物存在质量瑕疵，甲公司认为不存在任何质量问题，双方调解不成，于是将争议提交至中国国际经济贸易仲裁委员会进行仲裁。经仲裁庭调查审理，认为乙公司举证不足，乙公司败诉。乙公司不服，于是向本国法院提出上诉。

请问：乙公司所在国家法院能否立案审理？为什么？

3. 我国某企业向外商出口一批牛仔裤，合同中明确规定，如果在履约过程中发生争议或纠纷，若友好协商不能解决，即将争议提交中国国际经济贸易仲裁委员会进行仲裁。后来，双方就商品的品质发生纠纷，且协商无果，进口方在其所在地法院起诉我方，法院发来了传票，传我方企业出庭应诉。

请问：我方企业应如何处理？

FOURTH CHAPTER

第四篇

国际贸易买卖合同的履行

模块二十 出口合同履行

案例导入

某外贸企业出口一批货物，规定以 CIF 条件成交，货物装运后，出口企业向船公司支付了运费并取得船公司签发的已装船清洁提单。由于制单员的疏忽，在提单上漏打了“Freight Prepaid”字样。开证行以所提交单据与信用证不符为由拒付货款。

请思考： 开证行拒付货款是否合理？

知识要点

序　号	知　识	重 要 性
1	出口合同履行一般环节	★★★★☆
2	出口环节履行时应注意的事项	★★★★☆

思维导图

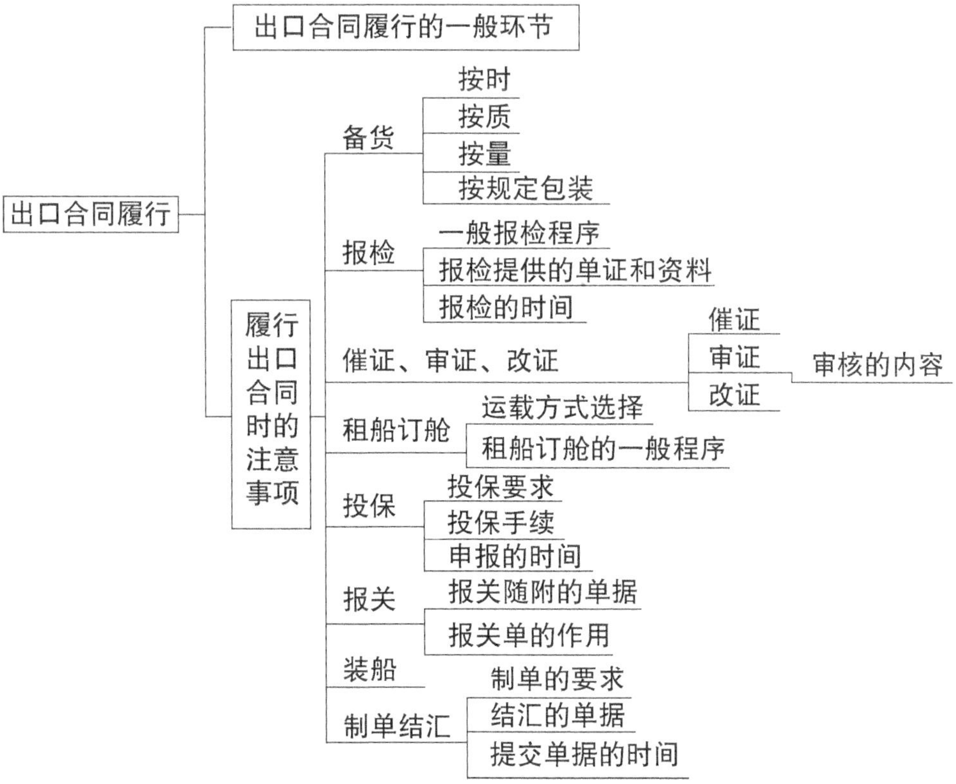

知识拓展

在对外出口贸易中，出口商应承担的最基本的义务是准备货物和制单结汇。出口商采用不同的贸易术语和不同的支付方式，合同履行的环节就会有所不同。下面以 CIF 贸易术语和 L/C 支付方式的出口合同履行为例，阐述出口合同履行环节。

第四篇　模块二十
出口合同履行

在出口合同的履行程序中，包括了备货、催证、审证、改证、租船、订舱、报关、报检、投保、装船、制单、结汇等环节。

知识要点解读

以上是以 CIF 条件，使用 L/C 履行出口合同时的必要环节。若使用其他贸易术语及付款方式时，其履行的环节有所区别。例如：

（1）在履行 CFR 出口合同时，卖方不负责投保，该环节应由买方办理。

（2）在履行 FOB 出口合同时，卖方不承担租船订舱的任务，也不负责办理货运的投保手续。

根据合同的类别和采用的支付条件，履行出口合同的环节也有所不同。

一、备货

备货是出口合同履行的首要环节。卖方在订立合同之后，需及时跟踪货物的生产、加工情况，按要求保证合同约定的货物能够按时、按质、按量，以及按规定包装完成交付，以保证合同的顺利履行。

知识要点解读

备货工作注意事项如下。

（1）卖方要注意及时备货和装运。卖方需及时备货，避免延误装运期。要严格按照销售合同和信用证规定的交货期安排备货，在时间上留有适当的余地，避免不必要的纠纷。

（2）卖方注意交货品质规格与信用证规定一致。卖方必须按合同和信用证的规定，核对货物的品质、规格。如果交付货物品质、规格与合同、信用证不符，会导致对方拒付或索赔。

（3）卖方要注意交货数量与信用证一致。按约定数量交付货物是卖方的一项基本义务。卖方须保证货物数量符合合同的要求，如无其他约定，多装或少装都不可以。

（4）卖方交货的包装要符合信用证的要求。货物的包装方式和材料需符合合同和信用证要求，同时要保证货物的包装既能保护商品，又有利于运输。

总之，在备货环节中，卖方要严格按照信用证规定的条款履行义务。

二、报检

我国规定卖方在备妥货物后，需要向中国进出口商品检验局申请检验，由商检局签发检验合格证书后，海关才给予放行。商检证书是对外贸易中各方履行合同义务、处理索赔争议和仲裁、诉讼举证的有效证件。

知识要点解读

出口报检的注意事项如下。

1. 出口商品的一般报检程序

（1）填写“出口检验申请单”。

（2）提供合同、信用证及有关单证资料。

（3）商检机构对报检的出口商品进行检验，并出具检验结果。

（4）检验合格的商品，出具放行单或商检证书；检验不合格的商品，出具“出口商品检验不合格通知单”。

2. 报检时应提供的单证和资料

（1）销售合同。

（2）信用证。信用证如有更改，还需提交信用证修改书及相关函电。

（3）如果商品属于危险或法定检验范围的商品，需提交商检机构签发的出口商品包装性能检验合格单证。

（4）在凭样成交时，还需提交成交样品。

3. 出境货物的最迟报检时间在出口报关或装运前7天

三、催证、审证、改证

在使用信用证付款的出口合同中，买方按时开来信用证不但是卖方如约交货的前提，也是卖方及时收回货款的基本保证。因此，卖方需要做好催证、审证和改证的工作。

1. 催证

按信用证支付条件成交时，买方按时开立信用证是履行出口合同的前提，如果买方没有及时开证，卖方将不能安排货源，因此卖方的催证工作是十分必要的。催证实质是法律步骤。若买方经催证后仍拒开信用证，属于违约行为，卖方有权提出索赔。

2. 审证

审证是卖方根据合同的条款对买方的信用证进行审查核对的环节。在实践的过程中，信用证的开立往往会因为电文传递的错误、市场行情的变化，买方加列一些卖方看似无所谓却在实际情况中无法满足的“软条款”等，使得信用证和合同规定不相符，卖方无法按信用证收取货款。所以，为了保证收汇的安全，卖方应对照合同认真审查。

知识要点解读

审核信用证的内容一般应包括以下方面：

（1）审核信用证的当事人包括通知行和出口方；

（2）通知行和出口方审核信用证的依据都是合同和《UCP600》；

（3）审核信用证的内容。银行审核信用证的真实性，开证行的政治背景、资信能力、付款责任和索汇路线；出口方审核信用证的内容是否与原定合同内容一致。

3．改证

改证是指在审核信用证后，发现信用证内容与合同规定不相符，要求进行信用证的修改。在实际的操作中，卖方应视具体情况妥善处理。如果来证的内容不符合合同内容，只要不影响安全收汇，也可灵活掌握不做修改。

知识要点解读

改证需要注意的事项：

（1）如果信用的内容不符合我国对外贸易方针政策，或影响我方安全收汇，或涉及相关方面权利和义务变更，我方必须坚决要求买方通过开证行对信用证进行修改；

（2）信用证的修改既可以由卖方提出，也可以由买方提出，但必须经由买方（开证申请人）向开证行提出修改申请；

（3）在改证工作中，凡需要修改的内容，应尽可能做到一次向买方提出，尽量避免多次提出修改要求，因为多次修改会增加双方的手续和费用。

四、租船订舱

在按 CIF 条件成交时，卖方需及时办理租船订舱手续。在货物备妥，有关信用证审核、修改无误后便进入出口合同履行的租船订舱环节。在签订舱位时，需要填写托运单，该单据是船公司或代理人与托运人办理货物托运的单证，在订舱手续完成后，运输合同成立。

知识要点解读

1．办理租船订舱手续的注意事项

在选择运载方式时，一般需要考虑出口货物的数量：出口货物数量大时，需要整船运载，则选择租船运输；如果出口货物数量不大时，不足以用整船运载的，则选择订舱。

2．租船订舱的一般程序

（1）托运人根据运输公司发布的船期表，按照信用证和合同的运输条款规定填写托运单，该单据作为租船订舱的依据。

（2）船公司根据货物性质、货运数量、装运港、目的港等情况安排船只和舱位，并签发装货单。

3. 在完成报关手续且出口方装船后由船长或大副签发收货单（M/R）

五、投保

在按 CIF 条件成交时，卖方在备妥货物、确定船期和船名后，应在货物装船前向中国人民保险公司办理投保手续，需要按实际内容填制投保单，目的是货物一旦在运输过程中发生了风险和损失，可以得到经济补偿。我国出口货物的投保一般采取逐笔投保的方式，即每发生一笔国际货运业务，出口方向保险公司办理一次投保手续。

知识要点解读

1. 办理逐笔投保的手续过程

（1）投保人提出投保申请，即与保险人表示订立保险合同的意愿。

（2）投保人填写投保申请书。在申请书中填写投保人名称、货物名称、包装及数量、保险金额、保险险别、船名、船期、装运港、目的港等内容。投保单一式两份，一份由保险公司签署后交给投保人作为接受承保的凭证；另一份由保险公司留存，作为缮制保险单的依据。

（3）保险公司审核后出具保被险单或其他保险单据，并收取保险费。

2. 投保的时间不得晚于提单日期

六、报关

报关，也称清关、通关。我国《海关法》规定，凡是进出口的货物，必须经由设有海关的港口、车站、国际航空站进出，并向海关申报，经海关查验后方可放行。海关在接受申报后，审核报关单证的内容，对出口货物进行查验，核对实际出口的货物与报关单申报的内容是否相符，审查货物的出口是否合法。出口方需在货物装船出运前，填写出口货物报关单，并随附相关证书和文件向海关办理报关手续。

知识要点解读

报关需要注意的事项：

（1）申报日期：除特殊情况外，一般出口货物申报日不能晚于运输工具出境日期；

（2）出口报关时需要随附的单据包括：商业发票、装箱单、商检证书、出口许可证、合同和信用证副本；

（3）报关单是海关监管、征税、统计及开展稽查和调查的重要依据，也是出口退税和外汇管理的重要凭证。为了顺利报关，卖方在填写报关单时必须谨慎。

下面以一则典型案例说明及时报关在实际业务中的重要性。

思考：我国一家进出口公司委托其客户指定的船公司出口30万美元的货物，涉及30多万元的出口退税。由于该公司采购的是以“盒”为单位的货物，公司在提交的报关单上也注明了“360000BOXES”，所以工厂的增值税发票也以“盒”为单位。但船公司在重新填写报关单时却将“BOXES”漏打，只标明“60000KGS”，因此海关计算机上该产品的数量为“60000千克”，导致报关单上的内容与发票上注明的数量和单位不同，该进出口公司不能正常退税。

分析：以上案例说明，卖方在报关时需要加倍小心谨慎。要注意报关单上资料的准确性，避免造成不能正常报关、不能正常出运、不能正常退单、不能正常退税的后果。

七、装船

在办理了租船订舱、报关、投保的手续后，卖方就可以将备好的货物装船出运了。按CIF术语的解释，卖方在信用证规定的装船期内，在装运港装上运往目的港的船上，即履行了交货的义务。按照国际惯例，卖方在装船后应向买方及时发出装运通知，以便买方准备货款、赎单，办理进口报关和接货手续。

知识要点解读

下面以一则典型案例说明及时装船在实际业务中的重要性。

思考：我国甲公司在2017年11月与国外乙公司签订了一份出口合同。乙公司开来一份不可撤销即期信用证，来证规定装船期限为2018年1月31日，要求提供“FULL SET ORIGINAL CLEAN ON BORAD OCEAN BILL OF LADING”（全套正本清洁已装船海运提单）。由于装船期太紧，甲公司便要求乙公司将装船期限改为3月31日。乙公司接受了甲公司的要求并修改了信用证。甲公司收到信用证进行审查未发现问题，于是在3月30日将货物装船，4月13日向议付行交单议付。

4月27日接到议付行转来的开证行的拒付通知：“你第***号信用证项下的单据经我行审查，发现不符点：提单上缺少‘已装船’批注”。甲公司的有关人员立即审查了提单，证实了开证行的拒付是合理的。甲公司立即电洽申请人，提单缺少“已装船”批注是我方业务员的疏忽所致，货物确实是被如期装船的，而且货物将在5月3日左右如期到达目的港，我方同意在收到目的港船代的提货通知书后再向开证行付款赎单。乙公司回复由于市场上该批货物的售价大幅度下降，要求我国甲公司降价20%后方可向开证行赎单。我方考虑再三后，只好同意降价20%，了结此案。

分析：甲公司遭受的巨大损失应引起人们的深思。案例给我们的启示是：应在信用证的装船期内尽快办理装运，并且严格按照信用证的要求制作与审核单据。

八、制单结汇

1. 制单

制单是指出口方在信用证规定的交单到期日前、交单期限内，向指定银行提交符合信用证条款规定的单据。这些单据经过银行审核确认无误后，根据信用证规定的付款条件，由银行办理出口结汇。在货物装船后，出口方应按信用证的规定，根据“单单相符，单证相符”的原则，正确、完整、及时、简明、整洁地缮制各类单证，并在信用证的有效期内，将全套单据办理议付和结汇，做到及时收汇、安全收汇。

知识要点解读

缮制出口单据的基本要求如下。

1. 正确

正确缮制单证体现在两方面：一是要求各种单证要做到“三相符”，即单据应与信用证条款相符，单据与单据之间的内容相符，单据与贸易合同相符；二是各种单证需符合有关的国际惯例和法令法规。

2. 完整

单证的完整性体现在三个方面：一是指信用证规定的各项单证的种类须完整，即在向银行议付时，单证一般是成套的。例如，在以信用证支付的方式下，卖方需按规定备齐所有单证，银行才能议付、付款或承兑；二是要求每种单证的份数要齐全；三是每张单证的必要项目的内容都必须完整。

3. 及时

单证的及时性体现在两方面：一是出单及时，即出单的日期不能超过信用证规定的有效期。例如，保险单的日期应早于提单的签发日期或同一日期，提单的日期不能迟于装运的日期；二是交单及时，结汇所需的单据必须在信用证规定的交单期内送交银行，根据《跟单信用证统一惯例》规定，若信用证未明确规定交单期，受益人最后向银行交单的期限是不迟于提单签发日 21 天，但无论如何不能超出信用证有效期。

4. 简明

单证的内容应简单明了、力求简化，这样有利于提高单证缮制的质量和减少缮制的差错。《跟单信用证统一惯例》中明确指出：“为了防止混淆和误解，银行应劝阻在信用证或其任何修改书中加注过多细节的内容。”

5. 整洁

单证表面要整洁，布局力求美观，字迹清晰。有改错的地方需要加盖校对章，如果涂改过多，最好重新缮制。

2. 出口结汇的单据

根据单据制作的主体不同，结汇时要求的单据有以下三类：第一类是出口方自行缮制的单据，包括商业发票、汇票、装箱单等；第二类是国际贸易提供商业服务的各个部门所出具的单据，包括保险单据、运输单据等；第三类是由出口方申请并经核准，官方机构出具的各种单据，包括海关发票、原产地证书、检验证书等。下面附上常用的结汇单据样表（见样表一至样表六）。

样表一　商业发票

ABC COMPANY, SHANGHAI

NO. 11 CHANGCHUN ROAD, SHANGHAI, CHINA

COMMERCIAL INVOICE

TO:

INVOICE NO.__________

DATE:__________

S/C NO.__________

L/C NO.__________

FROM__________VIA__________TO__________BY__________

MARKS & NUMBERS DESCRIPTION	QUANTITY OF GOODS	UNIT PRICE	AMOUNT
TOTAL AMOUNT:			

样表二　装箱单

ABC COMPANY, SHANGHAI

NO. 11 CHANGCHUN ROAD, SHANGHAI, CHINA

PACKING LIST

TO:

INVOICE NO.__________

DATE:__________

S/C NO.__________

L/C NO.__________

MARKS & NUMBERS	NOS & KINDS OF PKGS	QUANTITY	G.W.(KGS)	N.W.(KGS)	MEAS.(CBM)
TOTAL PACKAGES (IN WORDS):					

样表三　装运通知

装运通知

Shipping Note

<table>
<tr><td colspan="2" rowspan="2">1 出口商（Exporter）</td><td colspan="2">4 发票号 （Invoice No.）</td></tr>
<tr><td>5 合同号 （Contract No.）</td><td>6 信用证号 （L/C No.）</td></tr>
<tr><td colspan="2" rowspan="2">2 进口商（Importer）</td><td colspan="2">7 运输单证号 （Transport document No.）</td></tr>
<tr><td colspan="2">8 价值 （Value）</td></tr>
<tr><td colspan="2">3 运输事项（Transport details）</td><td colspan="2">9 装运口岸和日期 （Port and date of shipment）</td></tr>
<tr><td>10 运输标志和集装箱号
（Shipping marks; Container No.）</td><td colspan="3">11 包装类型及件数；商品名称或编码；商品描述
（Number and kind of packages; Commodity No.; Commodity description）</td></tr>
<tr><td colspan="4">12 出口商签章
（Exporter stamp and signature）</td></tr>
</table>

样表四 保险单

中国人保财险

北京2008年奥运会保险合作伙伴

货物运输保险单

CARGO TRANSPORTATION INSURANCE POLICY

总公司设于北京 一九四九年创立

Head Office Beijing Established in 1949

发票号（INVOICE NO.） 保单号次

合同号 (CONTRACT NO.) POLICY NO.

信用证号(L/C NO.)

被保险人(INSURED) ________________

中国人民财产保险股份有限公司（以下简称本公司）根据被保险人的要求，由被保险人向本公司缴付约定的保险费，按照本保险单承保险别和背面所载条款与下列特款承保下述货物运输保险，特立本保险单。

THIS POLICY OF INSURANCE WITNESSES THAT PICC PROPERTY AND CASUALTY COMPANY LIMITED（HEREINAFTER CALLED "THE COMPANY"）AT REQUEST OF THE INSURED AND INCONSIDERATION OF THE AGREED PREMIUM PAID TO THE COMPANY BY THE INSURED, UNDERTAKES TO INSURANCE. THE UNDERMENTIONED GOODS IN TRANSPORTATION SUBJECT TO THE CONDITIONS OF THIS POLICY AS PER THE CLAUSES PRINTED OVERLEAF AND OTHER SPECIAL CLAUSES ATTACHED HEREON.

标记 MARKS & NOS.	包装及数量 QUANTITY	保险货物项目 DESCRITION OF GOODS	保险金额 AMOUNT INSURED

总保险金额 TOTAL AMOUNT INSURED :

保费： 启运日期： 装载运输工具：

PREMIUM :____________ DATE OF COMMENCEMENT :____________ PER CONVEYANCE : ____________

自 经 至

FROM VIA ____________________ TO

承保险别：

CONDITIONS:

所保货物，如发生保险单项下可能引起索赔的损失或损坏，应立即通知本公司代理人查勘。如有索赔，应向本公司提交保单正本（本保险单共有____份正本）及有关文件。如一份正本已用于索赔，其余正本自动失效。

IN THE EVENT OF LOSS OR DAMAGE WHICH MAY RESULT IN A CLAIM UNDER THIS POLICY, IMMEDIATE NOTICE MUST BE GIVEN TO THE COMPANY'S AGENT AS MENTIONED HEREUNDER CLAIMS, IF ANY ONE OF THE ORIGINAL POLICY WHICH HAS BEEN ISSUED IN____ORIGINAL TOGETHER WITH THE RELEVENT DOCUMENTS SHALL BE SURRENDERED TO THE COMPANY.IF ONE OF THE ORIGINAL POLICY HAS BEEN ACCOMPLISHED. THE OTHERS TO BE VOID.

中国人民财产保险股份有限公司上海市分公司

PICC Property and Casualty Company Limited, Shanghai

赔款偿付地点

CLAIM PAYABLE AT/IN

出单日期

ISSUING DATE

×××

GENERAL MANAGER

样表五　海运提单

Insert Name, Address and Phone Consignee Insert Name, Address and Phone	B/L No.

Notify Party Insert Name, Address and Phone	COSCO	中远集装箱运输有限公司 COSCO CONTAINER LINES TLX: 33057 COSCO CN FAX: +86(021) 6545 8984 ORIGINAL

Ocean Vessel Voy. No.	Port of Loading	
		Port-to-Port BILL OF LADING
Port of Discharge	Port of Destination	Shipped on board and condition except as other-……

Marks & Nos. Container / Seal No.	No. of Containers or Packages	Description of Goods	Gross Weight Kgs	Measurement
		Description of Contents for Shipper's Use Only (Not part of This B/L Contract)		

Total Number of containers and/or packages (in words)

Ex. Rate:	Prepaid at	Payable at	Place and date of issue
	Total Prepaid	No. of Original B(s)/L	Signed for the Carrier

LADEN ON BOARD THE VESSEL

DATE:　　　　BY:

样表六 一般原产地证

<table>
<tr><td colspan="2">1. Exporter</td><td colspan="3" rowspan="2">Certificate No.</td></tr>
<tr><td colspan="2">2. Consignee</td></tr>
<tr><td colspan="2">3. Means of transport and route</td><td colspan="3" rowspan="2">5. For certifying authority use only</td></tr>
<tr><td colspan="2">4. Country/region of destination</td></tr>
<tr><td>6. Marks and numbers</td><td>7. Number and kind of packages, description of goods</td><td>8. H.S.Code</td><td>9. Quantity</td><td>10. Number and date of invoices</td></tr>
<tr><td colspan="2">11. Declaration by the exporter</td><td colspan="3">12. Certification</td></tr>
</table>

案例解析

银行拒付有理。

根据《UCP600》第 7 条 a 款："只要规定的单据提交给指定的银行或开证行，并且构成相符交单，则开证行必须承付……" 第 14 条 a 款："……开证行须审核交单，并仅基于单据本身确定其是否在表面上构成相符交单。" 第 16 条 a 款："当按照指示行事的指定银行、保兑行（如果有的话）或者开证行确定交单不符时，可以拒绝承付或议付。" 所以要求出口方交付的单据应严格做到正确、完整，特别强调单证相符、单单相符，才能保证及时收汇，否则，银行有权拒付货款。本案例中，某外贸企业未按信用证要求提交符合单据，构成单证不符，因此开证行有权拒付。

本案中，信用证规定 CIF 条件，显然由卖方预付运费，提单中漏掉未显示此内容，就构成了单据与信用证内容不相符，故银行有权拒付货款。

模块训练

一、单选题

1. 信用证开立的基础是买卖合同，也是开证行对受益人有条件的付款承诺，当信用证条款与买卖合同不一致时，受益人可以要求（　　）。

A. 开证申请人修改　　B. 开证行修改

C. 通知行修改　　D. 保兑行修改

2. 国际贸易中，海运提单的签发日期是指（　　）。

A. 货物开始装船的日期

B. 货物全部装船完毕的日期

C. 货物装船完毕船舶起航的日期

3. 信用证有效期与（　　）规定在同一天的，成为“双到期”。

A. 议付日期　　B. 承兑日期

C. 装运期　　D. 交单期

4. 出境货物最迟的报检时间为出口报关或装运前（　　）天。

A. 3　　B. 5　　C. 7　　D. 10

5. 出口报关时随附的单据不包括（　　）。

A. 商业发票　　B. 装箱单　　C. 合同　　D. 保险单

二、多选题

1. 下列各项中，卖方必须要求买方通过开证行对信用证进行修改的是（　　）。

A. 不符合我国对外贸易方针政策

B. 影响卖方安全收汇

C. 涉及相关方面权利和义务变更

D. 交易条件与合同规定不一致

2. 按 CIF 成交的合同，卖方交货后办理交单议付，需要提交的单据包括（　　）。

A. 商业发票　　B. 保险单　　C. 提单　　D. 装箱单

3. 缮制结汇单据时，要求做到以下内容（　　）。

A. 正确　　B. 完整　　C. 及时　　D. 简明、整洁

4. 在履行 FOB 出口合同时，卖方需要履行的责任是（　　）。

A. 租船订舱　　B. 投保货运保险

C. 办理出口清关手续　　D. 交单收汇

5. 审核信用证的依据分别是（　　）。

A. 开证申请书　　B. 合同

C. 全套单据　　D.《跟单信用证统一惯例》

三、判断题

(　　) 1. 卖方在备货时，既要按销售合同和信用证规定的交货期安排备货，也要在时间上留有适当余地，避免不必要的纠纷。

(　　) 2. 买方无法律依据而拒开信用证，属于违法行为。

(　　) 3. 除特殊情况外，一般出口货物申报日应该晚于运输工具出境日。

(　　) 4. 在按 CIF 条件成交的出口合同中，在货物装船前，买方应及时向中国人民保险公司办理投保手续。

(　　) 5. 信用证的修改只能由卖方提出，但买方必须向开证行提出修改申请。

四、实操题

请根据合同审核信用证

1. 买卖双方签订的合同如下：

托普纺织品进出口公司

TOP TEXTILES IMP AND EXP CORPORATION

127 Zhongshan Road East One, Shanghai , China

No. 28CA1006

Date: 20180306

销售确认书

SALES CONFIRMATION

Messrs: THOMSON TEXTILES INC.

3384 VINCENT ST.

DOWNS VIEW, ONTARIO

M3J, 2J4, CANADA

Article No.　　Commodity and Specification　　Quantity　　Unit Price　　Amount

77111　　DYED JEAN FABRIC, COTTON 70% POLYESTER 30%

112/114CM WIDTH, 40M CUT LENGTH　　CIF TORONTO

Colour	Quantity(M)	USD/M	USD
RED	4,000	1.56	6,240.00
SILVER	4,000	1.32	5,280.00
DK NAVY	4,200	1.62	6,804.00
WINE	2,800	1.62	4,536.00
DK BLUE	4,800	1.44	6,912,00
BLACK	4,200	1.62	6,804.00
	TOTAL 24,000M		USD36,576.00

10% MORE OR LESS BOTH IN AMOUNT AND QUANTITY ALLOWED

PACKING: FULL WIDTH ROLLER ON TUBES OF 1.5 INCHES IN DIAMETER IN CARTONS

SHIPMENT: ON OR BEFORE APR. 30 2018

DELIVERY: FROM SHANGHAI TO TORONTO PARTIAL SHIPMENT AND TRANS-

SHIPMENT ALLOWED.

INSURANCE: TO BE EFFECTED BY THE SELLER COVERING ICC(A) DATED 01/01/1982 FOR 110%

OF THE INVOICE VALUE W/W CLAUSE INCLUDED

PAYMENT: BY 100 PCT IRREVOCABLE L/C AVAILABLE BY DRAFT AT SIGHT TO BE OPENED IN SELLERS FAVOUR 30 DAYS BEFORE THE DATE OF THE SHIPMENT AND TO REMAIN VALID IN CHINA FOR NEGOTIATION UNTIL

THE 15 DAYS AFTER THE DATE OF SHIPMENT

Buyer Signature	Seller Signature
Charles Brown	李 明

2．进口国开来的信用证如下：

ZCZC AHS302 CPUA520 S9203261058120RN025414394

P3 SHSOCICRA

TO 10306 26BKCHCNBJASH102514

FM 15005 25CIBCCATTFXXX05905

CIBBCCATTFXXX

*CANADIAN IMPERIAL BANK OF COMMERCE

*TORONTO

MT 701 02

27 SEQUENCE OF TOTAL:	1/1
40A FORM OF DOC.CREDIT:	IRREVOCABLE
20 DOC.CREDIT NUMBER:	T-017641
31C DATE OF ISSUE:	20180325
31D DATE PLACE OF EXPIRY:	20080505 CANADA
50 APPLICANT:	THOMSON TEXTILES INC. 3384 VINCENT ST DOWNS VIEW, ONTARIO M3J.2J4 CANADA
59 BENEFICIARY:	TOP TEXTILES IMP AND EXP COMPANY 127 ZHONGSHAN ROAD EAST ONE SHANGHAI P. R. C.
32B AMOUNT CURRENCY:	USD 36,576,000
39A POS/NEG TOL(%):	05/05
41D AVAILABLE WITH/BY:	AVAILABLE WITH ANY BANK IN CHINA BY NEGOTIATION
42C DRAFTS AT:	30 DAYS AFTER SIGHT
42D DRAWEE:	CIBE, TORONTO TRADE FINANCE CENTRE TORONTO
43P PARTIAL SHIPMENTS:	PROHIBITED
43T TRANSSHIPMENT:	PROHIBITED

44E PORT OF LOADING: SHANGHAI
44F PORT OF DISCHARGE: TORONTO
44C LATEST DATE OF SHIP: 20180430
45A SHIPMENT OF GOODS: DYED JEAN FABRIC, AS PER S/CNO.82CA1006
CIF TORONTO
46A DOCUMENTS REQUIRED:
+ COMMERCIAL INVOICE IN QUADRUPLICATE
+ CERTIFICATE OF ORIGIN FOR TEXTILES
+ FULL SET CLEAN ON BOARD BILLS OF LADING MADE OUT TO SHIPPERS ORDER BLANK ENDORSED MARKED FREIGHT PREPAID NOTIFY APPLICANT
+ INSURANCE POLICY OR CERTIFICATE ISSUED BY PEOPLE' S INSURANCE COMPANY OF CHINA INCORPORATING THEIR OCEAN MARINE CARGO CLAUSES ALL RISKS AND WAR RISKS FOR 110 PERCENT OF CIF INVOICE VALUE WITH CLAIMS PAYABLE IN CANADA
+ DETAILED PACKING LIST IN TRIPLICATE
47A: ADDITIONAL CONDITIONS:
THE NUMBER AND THE DATE OF THIS CREDIT AND THE NAME OF OUR BANK MUST BE QUOTED ON ALL DRAFTS REQUIRED
AN ADDITIONAL FEE OF USD 80.00 OR EQUIVALENT WILL BE DEDUCTED FROM THE PROCEEDS PAID UNDER ANY DRAWING WHERE DOCUMENTS PRESENTED ARE FOUND NOT TO BE IN STRICT CONFORMITY WITH THE TERMS OF THIS CREDIT
71B: DETAILS OF CHARGES:
ALL BANKING CHARGES OUTSIDE CANADA ARE FOR THE BENEFICIARY'S ACCOUNT AND MUST BE CLAIMED AT THE TIME OF ADVISING
48: PRESENTATION PERIOD:
WITHIN 5 DAYS AFTER THE DATE OF ISSUANCE OF THE SHIPPING DOCUMENTS
BUT WITHIN THE VALIDITY OF THE CREDIT
49: CONFIRMATION: WITHOUT
78: INSTRUCTIONS:
UPON OUR RECEIPT OF DOCUMENTS IN ORDER WE WILL REMIT IN ACCORD -ANCE WITH NEGOTIATING BANK'S INSTRUCTIONS AT MATURITY
MAC/OBTDE84E

五、案例分析

1．某企业进口一批货物，以 CIF 条件成交。在签订的合同中规定 3 月装船，买方开来的信用证规定装船的时间不得迟于 3 月 20 日。因为无法租到船只，卖方无法在 3 月 20 日前装船，于是去电要求买方将装船时间改至 4 月 20 日，买方来电表示同意，但卖方在 4 月 10 日装船完毕，持全套单据向银行办理议付时却遭到拒付，为什么？

2. 我国某外贸公司接到国外开来的信用证，信用证中规定："货物数量为 300 箱，1～6 月分 6 批装运，每月装运 100 箱。" 该信用证受益人在 1～3 月每月装运 100 箱，银行分批议付了货款。第四批货物原定于 4 月 5 日装船运出，但由于天气原因，该批货物延迟至 5 月 3 日装船。当公司持 5 月 3 日提单向银行议付时，银行拒付货款。

请问：银行有无拒付的权利？为什么？

3. 我国某公司出口一批货物，签订了以信用证方式支付的 CIF 出口合同。买方开来信用证，规定装运期不得迟于 3 月 6 日，信用证的有效期为 3 月 31 日。我公司于 3 月 29 日向议付行提交了签发日期为 3 月 6 日的提单，但遭到了议付行的拒付。

请问：议付行是否有权拒付？为什么？

模块二十一 进口合同履行

案例导入

中国一家外贸公司以 FOB 中国口岸与印度一家公司成交一批货物，该印度公司以 CFR 大阪价将该批货物出售给日本一家公司。印度公司来证价格为 FOB 中国口岸，目的港为大阪，并要求在提单上说明“运费预付”。

请思考：我方公司如何处理？

知识要点

序　号	知　识	重 要 性
1	进口合同履行的一般环节	★★★★☆
2	履行进口合同的注意事项	★★★★☆

思维导图

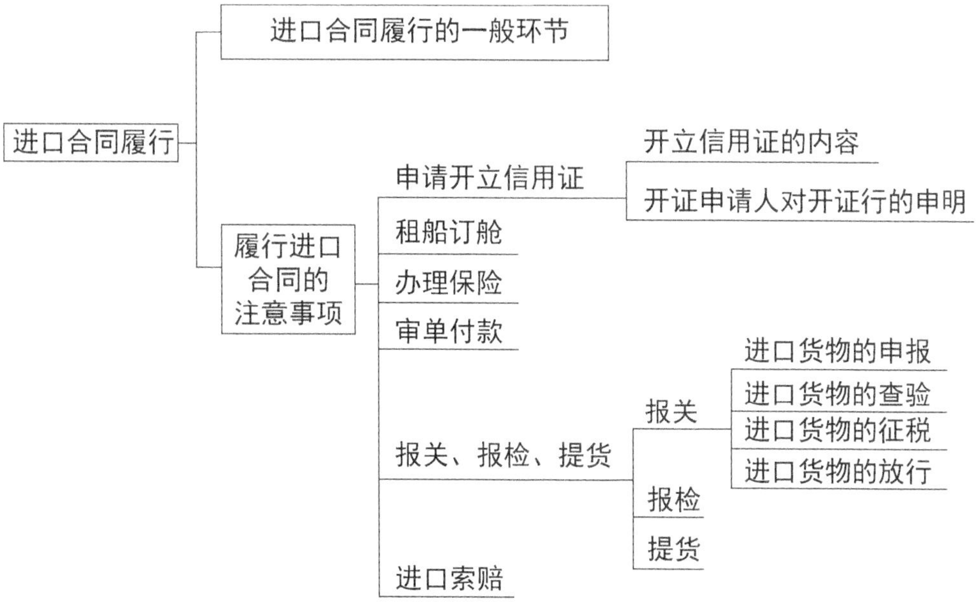

知识拓展

在对外进口贸易中，买方应承担的最基本的义务是接受货物、检验货物和支付货款。进口方采用不同的贸易术语和不同的支付方式，合同履行的环节有所不同。下面以 FOB 贸易术语和 L/C 支付方式的进口合同履行为例，阐述进口合同的履行环节。

在履行进口合同时，进口货物的基本环节包括：申请开立信用证、租船订舱、办理保险、审核单据付款、报关、报检、提货、索赔等。

第四篇 模块二十一
进口合同履行

知识要点解读

若使用其他贸易术语及付款方式时，其履行的环节有所区别。例如：

（1）在履行 CFR 进口合同时，买方不负责租船订舱，该环节应由卖方办理；

（2）在履行 CIF 进口合同时，买方不承担货物从装运港到目的港的运输工作，并且也不负责办理货运的投保手续。

一、申请开立信用证

作为履行合同的前提，买方在签订合同后，应按要求向开证银行办理开证手续，填写开证申请书，申请开立信用证。

知识要点解读

1. 开证申请人申请开立信用证所需提交的材料

（1）开证申请书。

（2）贸易合同。

（3）减免保证金合同或其他文件。

2. 开立信用证注意事项

（1）信用证的开立必须以合同为依据，按合同的规定与要求填写。

（2）信用证的开证时间应按合同规定办理。如果买卖合同中规定了开证时间，买方应在规定的期限内开立信用证；如果合同中只规定了装运期，但未规定开证时间，买方应在合理时间内开证，一般在合同规定的装运期前一个月。

（3）单据条款要明确。信用证是单据交易，银行只审核单据，不审核贸易的履行过程。所以，买方在申请开立信用证时，必须要列明卖方需要提供的各项单据种类、份数和签发机构，并针对单据的内容提出具体的要求。

二、租船订舱

履行 FOB 价格条件的进口合同时，由买方安排运输，负责租船订舱。买方在接到卖方的备货通知后，填写进口订舱委托书，委托货运代理公司安排船只和舱位，订立运输合同。在办理好租船订舱的手续后，买方需将船名和船期通知卖方，以便卖方备货装船。为防止出现船货脱节问题，买方需及时催促卖方做好备货装船工作。

知识要点解读

FOB 术语下租船订舱的注意事项如下。

（1）买方及时发出装船指示。在 FOB 术语下，买方负责安排船只，卖方负责发运货物。买方应及时将船名、船期通知卖方。如果买方指定了船只，但没有及时将船名、船期通知卖方；或者买方指定的船只没有按时到达，买方要承担由此产生的一切风险和损失。反之，如果船只按时到达装运港，卖方却未备好货及时装运，则卖方要承担责任。

（2）买方应催促卖方按时装运。为了防止船货脱节现象，买方应及时向卖方发出催促装船通知。

（3）买方派人监运。对于数量大或重要的货物，买方可派专人到出口装运地监督装运，以保证卖方按时按质完成交货义务。

三、办理保险

FOB 条件下的进口合同，由买方办理保险。在实践中，为了简化投保的手续，大多数进口方采用预约投保的方式。

知识要点解读

1．预约保险投保步骤

（1）买方事先与保险公司签订保险合同（OPEN POLICY）。

（2）买方在收到卖方的“装船通知”后，将品名、数量、金额、装运港、目的港等内容通知保险公司。保险公司据此按约定承保，按具体出运情况收取保险费。保险公司对该批货物负有自动承保责任。

2．适用范围

预约保险单一般用于经常有相同类型货物需要装运的或交易数量大的货物。若数量不大时，进口投保可采用逐笔投保方式。

四、审单付款

信用证受益人在发运货物后，将全套单据向银行议付。《UCP600》规定，开证行或付款行应在不超过收到单据次日起的第 5 个银行营业日内，审核和决定是否接受单据，并相应地通知交单方。开证行审核单证后认为“单证一致，单单一致”，按照即期付款、承兑或信用证规定的到期日付款；如果开证行审单后发现单证不符，则有权拒付。

知识要点解读

1．开证行审单的依据是信用证和《UCP600》

2. 开证行拒付的操作步骤如下

（1）时间。在不超过收到单据次日起的5个银行营业日内提出拒付。

（2）内容。填写拒付通知，在通知上注明单据所有不符点；说明处理单据的方式。

（3）方式。以电讯方式或其他快捷方式。

3. 开证行审单时发现单证不符时处理的办法如下

（1）停止对外付款。

（2）相符部分付款，不符部分拒付。

（3）货到检验合格后再付款。

（4）凭卖方或议付行出具担保付款。

（5）在付款的同时提出保留索赔权等。

五、报关、报检、提货

买方在收到银行转交的货运单据后，还需报关、纳税，并经海关查验货物放行后，才能从国外进口货物。

1. 报关

进口报关的一般流程为：进口货物的申报、进口货物的查验、进口货物的征税和进口货物的放行四个环节。

1）进口货物的申报

进口货物在入境时，需要由收货人或其代理人向海关申报、提交规定的单据，请求办理进口手续。进口货物申报时应填写一式两份的“进口货物报关单”，随附发票、提单、装箱单、许可证等文件。

知识要点解读

根据我国《海关法》的规定，进口货物的收货人应当自运输工具申报入境之日起14天内，在货物的进境地向海关申报。超过规定期限向海关申报的，由海关从第15天起按日征收滞报金。如果自运输工具申报进境之日起超过3个月未向海关申报，其进口货物将由海关提取变卖。

2）进口货物的查验

根据《中华人民共和国海关法》的规定，进口货物除特殊原因外都应接受海关的查验。海关以进口货物报关单、进口许可证等为依据，对进口货物进行核对和检查。海关对货物的查验既能确保货物合法进口，又能准确计征进口关税。

3）进口货物的征税

按照《中华人民共和国海关进口税则》的规定，我国海关对进口货物计征进口关税和进口调节税。

4）进口货物的放行

进口货物的放行是海关对一般进出口货物监管的最后一个环节，海关在货运单据上签印放行后，收货人或其代理人凭海关签印放行的货运单据才能提货。

2. 报检

对列入《出入境检验检疫机构实施检验检疫的进出境商品目录》的进出口商品和其他法律、法规规定需经检验的进出口商品，必须经过出入境检验检疫部门或其指定的检验机构检验。进口商品在报检时，需提供买卖合同、国外发票、提单、装箱单等单证。

3. 提货

经过进口报关、报检等手续后，买方便可提货。买方在货物交接时应检查货物的状况是否完好，根据提单、发票、装箱单等单据核对货物的数量，再签字确认接收。

六、进口索赔

如果买方所收货物的品质、数量、包装等不符合合同规定，买方可提出索赔。根据造成损失原因的不同，买方可以向卖方、船公司和保险公司索赔。

知识要点解读

（1）向卖方索赔的情况：货物数量不足；货物品质、规格与合同不符；包装不当使货物受损；未按期交货或拒不交货等。

（2）向船公司索赔的情况：货物数量少于提单所载明数量；提单为清洁提单，但货物有残缺情况，而且属于船方造成等。

（3）向保险公司索赔的情况：由于自然灾害、意外事故或运输中其他事故造成的货物损失，且属于承保险别范围内；船公司不予赔偿、金额不足以抵补损失的部分，并且属于承保范围内。

案例解析

在本案例中，印度公司的做法是想将运费转嫁给我方承担。

预付运费是指在签发提单前或签发提单后需预先支付的运费。在国际贸易中，一般都采用CIF或CFR价格条件，在签发提单前由卖方在装货港支付运费，以便交易双方尽早结汇。

我方外贸公司以FOB价格成交货物，依据惯例应由进口商支付运费。为了确保我方的利益不受损害，可采取以下两种做法：一是要求印度公司修改信用证，将“运费预付”改为“运费到付”；二是要求印度公司在装船前将从中国口岸到大阪的运费付给我方。在此基础上可同意在提单上标明“运费预付”字样。

模块训练

一、单选题

1.《UCP600》规定，开证行或付款行应在不超过收到单据次日起的（　　）个银行营业日内，审核和决定是否接受单据，并相应通知交单方。

A. 3　　B. 4　　C. 5　　D. 7

2. 一张有效的信用证，必须规定一个（　　）。

A. 有效期　　B. 装运期　　C. 交单期　　D. 备货期

3. 信用证的开立应以（　　）为依据。

A. 商业发票　　B. 提单　　C. 合同　　D. 装箱单

4. 根据我国《海关法》的规定，进口货物的收货人应当自运输工具申报入境之日起（　　）日内，在货物的进境地向海关申报。

A. 7　　B. 14　　C. 15　　D. 20

5. 在履行 CIF 进口合同时，买方承担（　　）。

A. 货物从装运港到目的港的运输任务

B. 办理投保手续的任务

C. 开立信用证的任务

D. 办理出口清关手续的任务

二、多选题

1. 进口报关的一般流程有（　　）。

A. 进口货物的申报　　B. 进口货物的查验

C. 进口货物的征税　　D. 进口货物的索赔

2. 按 CIF 成交的合同，卖方交货后办理交单议付，必须提交的单据包括（　　）。

A. 提单　　B. 保险单　　C. 商业发票　　D. 报关单

3. 在进口合同的履行过程中，买方备妥船后，应做好（　　）的工作。

A. 催促卖方做装船准备工作　　B. 掌握卖方备货情况

C. 掌握船舶的动态　　D. 将船名和船期通知卖方

4. 银行在进行审单时，如发现单证不符或单单不符，以下处理方式正确的有（　　）。

A. 拒付货款　　B. 相符部分付款，不符部分拒付

C. 待货到检验合格后再付款　　D. 凭议付行担保付款，但保留索赔权

5. 为了维护买方的利益，以下买方索赔内容和对象正确的是（　　）。

A. 货物品质、规格与合同不符，可向卖方索赔

B. 货物数量少于提单所载明数量，可向承运人索赔

C. 货物数量不足，可向卖方索赔

D. 由于自然灾害而使得货物遭受承保险别范围内的损失，可向保险公司索赔

三、判断题

（　　）1. 根据《2010 年通则》，FOB 术语规定应由买方办理进口清关手续。

（　　）2. 如果合同中只规定了装运期，但未规定开证时间，买方应在合理时间内开证。

（　　）3. 在 FOB 术语下，买方指定了船只，但没有将船名、船期通知卖方，则卖方要承担由此产生的一切风险和损失。

（　　）4. 信用证是单据交易，银行只审核单据，不审核贸易的履行过程，所以买方申请开立信用证时，要针对单据的内容提出具体要求。

（　　）5. 在 FOB 条件下，买方可自己安排船只，也可委托租船代理代办租船订舱手续。

四、实操题

请根据提供的合同内容填写信用证申请书。

进口商：杭州常秀化妆品贸易公司

HANGZHOU EVER-BEAUTY

COSMETICS TRADE COMPANY

168 HUSHU ROAD, HANGZHOU

CHINA

法人代表：陈秋

电话：23452345

账号：31-45-89120912

出口商：日本岩谷株式会社

IWATANI CORPERATION

1-3-6 HOMMACHI, OSAKA

JAPAN

进口产品：贝齿清凉薄荷漱口水

PLAX FRESHMINT MOUTHWASH

规格：250ml/Bottle，净重 300 克(G)/Bottle

贸易术语：CIF SHANGHAI 每瓶 1.88 美元

总数量：40320 瓶(Bottles)

总金额：75801.60 美元

装运港：大阪(OSAKA)

卸货港：上海(SHANGHAI)

运输要求：不允许分批，不允许转运，一个二十尺集装箱装运

最迟装运日：2018 年 3 月 15 日

支付方式：即期议付信用证，汇票金额为发票金额的百分之百

开证日期：2018 年 2 月 5 日

开证银行：中国银行杭州分行

开证方式：SWIFT

信用证有效期：2018 年 3 月 30 日

到期地点：日本大阪

单证要求：1. 发票一式三份显示合同号码和信用证号码；

2. 装箱单一式三份；

3. 已装船清洁提单一套，做成“凭指示”，空白背书，通知开证申请人；

4. 保险单一式两份，空白背书，承保中国人民保险公司的一切险，加一成，赔付地点为中国，赔付币制与汇票币制一致；

5. 有关当局签署的产地证一份；

6. 官方机构签署的质量检验证一份；

其他要求：交单期是提单日期后 15 天内但又必须在信用证有效期内；

第三方单证不接受，简式提单不接受；

中国以外的银行费用由受益人承担；

合同号码：TT090120

IRREVOCABLE DOCUMENTARY CREDIT APPLICATION

To:

<table>
<tr><td colspan="2">( )Issue by airmail
( )With brief advice by tele-transmission
( )Issue by SWIFT</td><td>Credit No.
Date and place of expiry (1)</td></tr>
<tr><td colspan="2">Applicant (2)</td><td>Beneficiary (3)</td></tr>
<tr><td colspan="2">Advising bank</td><td>Amount(figure and words) (4)</td></tr>
<tr><td>Partial shipment (5)
( )allowed
( )not allowed</td><td>Transshipment (6)
( )allowed
( )not allowed</td><td rowspan="3">Credit available with (8)
by
( )sight payment
( )acceptance
( )negotiation
( )deferred payment at days after
against the documents detailed herein and
( )beneficiary's drafts for % of invoice value
at drawn on</td></tr>
<tr><td colspan="2">Port of Loading: (7)
no later than
Port of discharge:</td></tr>
<tr><td colspan="2">( )FOB ( )CFR ( )CIF
( )Other terms</td></tr>
</table>

Documents required: (marked with×)

1. ( )Signed commercial invoice in ___ copies indicating L/C No.and contract No. TT090120.

2. ( )Full set of clean on board Bill of Lading made out to order and blank endorsed marked freight prepaid( )/( )collect notify_________.

( ) Air Waybill / cargo receipt / copy of railway bill issued by _______________showing freight prepaid( )/ ( )collect indicating freight amount and consigned to_________.

3. ( )Insurance Policy / Certificate in DUPLICATE for________% of invoice value showing claims payable in CHINA in the currency of the drafts, blank endorsed, covering all risks.

4. ( )Packing List in ___ copies.

5. ( )Certificate of Quantity / weight in_____copies issued by_______________________.

6. ( ) Certificate of Quality in ___ copies issued by( )manufacturer /( ) public recognized surveyor.

7. ( )Certificate of Origin in ___ copies issued by___________________.

8. ( )Beneficiary's certified copy of fax / telex dispatched to the applicant within_________hours after the shipment advising L/C No., name of vessel, date of shipment, name, quantity, weight and value of goods.

Other documents, if any

Description of goods: (9)

Additional instructions:

1. ( ) All banking charges outside China are for the account of beneficiary.

2. ( ) Documents must be presented within ____ days after the date of issuance of the transport documents but within the validity of this credit.

3. ( ) Third party documents is not acceptable, short form / blank back B/L is not acceptable.

4. ( ) Both quantity and amount ______% more or less are allowed.

5. ( ) All documents must be forwarded in___________.

Other terms, if any

STAMP OF APPLICANT (10)

五、案例分析

1. 信用证规定装船时间不得迟于3月8日，信用证的有效期为3月16日之前，在中国议付有效。因运输问题，经买方同意，开证行通知议付行装船期修改为“不迟于3月14日”。出口方在规定期装运后，并于3月20日备妥全套单据向银行议付，却遭到了银行的拒付。请说明银行拒付的原因。

2. 我国某外贸公司与外商按CIF条件签订一笔大宗商品出口合同。合同规定装运期为4月，但未规定具体开证日期。外商拖延开证，我方见装运期快到，从3月底开始，连续多次电催外商开证，直到4月5日，外商才发简电开证。我方怕耽误装运期，按简电办理装运。4月28日，外商开来信用证正本，但正本上对单据的规定与合同不符。我方审证时未予注意，通过银行议付，银行也未发现，但开证行以单证不符为由，拒付货款。我方以货物及单据均与合同相符为由，根据合同要求买方付款，经过多次交涉未果，最后我方遭受款货两空的损失。你认为我方应从中吸取哪些教训？

3. 我方进口一批货物，货物分两批装运，以不可撤销的L/C成交，每批货物分别开立一份信用证。第一批货物在装运后，卖方在有效期内向银行议付，开证行对议付行作了偿付。我方在收到第一批货物后，发现货物品质与合同不符，故要求开证行对第二份信用证项下的单据进行拒付，但遭开证行拒绝。请问开证行的做法是否合理？

反侵权盗版声明

举报电话：（010）88254396；（010）88258888

传　　真：（010）88254397

E-mail:　　dbqq@phei.com.cn

通信地址：北京市万寿路173信箱

　　　　　电子工业出版社总编办公室

邮　　编：100036